PAYMENTS 4.0

EDSON LUIZ DOS SANTOS
LUIS FILIPE CAVALCANTI

PAYMENTS 4.0

AS FORÇAS QUE ESTÃO TRANSFORMANDO O MERCADO BRASILEIRO

Linotipo
Digital

2024

Copyright © Edson Luiz dos Santos, 2020
Copyright © Luis Filipe Cavalcanti, 2020
Todos os direitos reservados

EDITORES: Laerte Lucas Zanetti e André Assi Barreto
COORDENADOR DE PRODUÇÃO: Laerte Lucas Zanetti
CAPA, DIAGRAMAÇÃO E PROJETO GRÁFICO: Rogério Salgado/Spress Diagramação & Design
EDIÇÃO E REVISÃO DE TEXTO: Flavia Furlan Nunes e André Assi Barreto
ÍNDICE ONOMÁSTICO E REMISSIVO: André Assi Barreto

Dados Internacionais de Catalogação na Publicação (CIP)
Angelica Ilacqua CRB-8/7057

Santos, Edson Luiz dos
    PAYMENTS 4.0 : as forças que estão transformando o mercado brasileiro / Edson Luiz dos Santos, Luis Filipe Cavalcanti. -- São Paulo : Linotipo Digital, 2020.
    248pp.

ISBN 978-65-990263-3-1

1. Economia - Brasil 2. Mercado de pagamentos - Brasil - Evolução I. Título II. Cavalcanti, Luis Filipe

20.3677   CDD-332.40981

Índices para catálogo sistemático:
1. Mercado de pagamentos - Brasil

Este livro segue as regras do Acordo Ortográfico da Língua Portuguesa, em vigor desde 01/01/2009.

Nenhuma parte dessa publicação pode ser reproduzida ou transmitida de qualquer forma ou por quaisquer meios sem a permissão por escrito dos editores.

2020
3ª tiragem - 2024
Todos os direitos desta edição reservados à Linotipo Digital Editora e Livraria Ltda.
Rua Álvaro de Carvalho, 48, cj. 21
CEP: 01050-070 – Centro – São Paulo – SP
www.linodigi.com.br – 55 (11) 3256-5823

Sumário

Agradecimentos 7
Prefácio (por André Street) 9
Nota sobre a escolha de Janus 13
Introdução 15

1 Como funciona o mercado de pagamentos 19
2 A complexidade da indústria 47
3 As 6 forças da transformação 63
4 A concorrência atual 69
5 Os novos entrantes 99
6 A evolução do comércio 117
7 Os reguladores do mercado 145
8 O avanço da tecnologia 163
9 O futuro próximo 183
10 O poder do consumidor 197
11 Os pagamentos no futuro 209

Posfácio (por Boanerges Ramos Freire) 229
Lista de siglas e abreviaturas 237
Índice onomástico e remissivo 239
Créditos das imagens 247

Agradecimentos

Este livro foi produzido em um período relativamente curto, cerca de oito meses. Nossa primeira reunião de trabalho aconteceu em um domingo, dia 26/01/2020, quando sequer imaginávamos que dali a pouco mais de um mês teríamos que permanecer em isolamento social em razão da pandemia do coronavírus

Então, veio a pandemia e passamos a trabalhar remotamente, por videoconferência e alguns poucos encontros presenciais, sempre em nossas residências. Este livro será uma das memórias desse período de isolamento. Tempos desafiadores, mas que, também, foram únicos e inspiradores.

Algumas pessoas contribuíram para a realização desta obra, com seu tempo, experiência e conhecimento, esclarecendo dúvidas e nos ajudando a contar um pouco da recente história da indústria de meios de pagamento com propriedade.

Para não ficar no anonimato, o nosso muito obrigado:
- À nossa família, em especial à Emilia Camera Santos e Anna Christiana Marinho Cavalcanti, que nos deram todo suporte para concluir essa obra;
- Pelo tempo dedicado, experiência e conhecimento dividido, somos muito gratos ao Pedro Coutinho, Rômulo Dias, Ricardo Dortas, Roberto Medeiros, José Mario de Paula Ribeiro, Dr. Giancarllo Melito, Eduardo Terra, Vlademir Santos, Fabiano Cruz e mais uma dezena de pessoas que contribuíram durante esse período;
- Ao amigo André Street pelo prefácio e por todo suporte na realização desta obra;

- Ao amigo Boanerges Freire, pela dedicação na construção do posfácio, dividindo conosco um pouco da sua experiência;
- Aos nossos patrocinadores e apoiadores culturais Visa do Brasil, Stone, ACI Worldwide e Zoop, principalmente na pessoa de Fernando Pantaleão, Fernando Telles, André Street, Augusto Lins, Vlademir Santos e Fabiano Cruz. Vocês viabilizaram esta publicação;
- À Flavia Furlan, amiga e jornalista brilhante. Sem a sua colaboração o resultado não seria o mesmo. Desejamos sucesso no seu novo desafio de cursar o mestrado.

Prefácio

O mercado de pagamentos brasileiro é vibrante. Nos últimos anos, gerou importante disrupção no setor bancário, atraiu investimentos estrangeiros e criou mais de R$ 200 bilhões em valor de mercado. A nossa indústria é a terceira maior do mundo, atrás apenas da China e dos Estados Unidos.

Este livro traz histórias, conceitos e uma visão de futuro para o setor. Foi escrito por quem viveu esse mercado desde seu início, verdadeiras autoridades no assunto. Edson não só fez a primeira abertura de capital do ramo (Redecard), vendendo a ideia do que seríamos como indústria para os primeiros investidores estrangeiros, como protagonizou sua evolução. Participou da abertura do mercado em 2011, quando presidiu a primeira firma americana a tirar a certificação para operar no Brasil, rompendo o domínio de Visanet e Redecard. Com uma capacidade analítica inigualável, ele é possivelmente a melhor pessoa para contar essa história de forma isenta e detalhada. Seu parceiro neste livro e nos negócios, Luis Filipe Cavalcanti, também é especialista na área. Foi executivo e empreendeu no mercado de meios de pagamento. Ficou mais de 15 anos na Muxi, antiga APPI, sócio do meu amigo Pi, na qual desenvolveram alguns dos principais sistemas operacionais de POS que funcionam por aí.

Payments 4.0 traz os bastidores dos grandes bancos para assegurar o status quo e depois a luta para se manterem dominantes em um mercado muito mais dinâmico. Fala sobre o dilema vivido pelas bandeiras internacionais e a criação das bandeiras nacionais no início da década passada, desenhando um novo tabuleiro para o jogo. Detalha a sina dos entrantes, que cavaram espaços em seus nichos enfrentando diversas batalhas e dificuldades. Todas as histórias são temperadas com personagens importantes como reguladores, criadores das políticas antitruste, advogados e economistas que participaram da formação dessa nova etapa do setor de pagamentos – e construíram as fundações para os próximos anos.

Em 2020, ano de lançamento deste livro, o Brasil tinha aproximadamente 9 milhões de estabelecimentos comerciais e 254 milhões de cartões (crédito e débito). Mas em 2018, segundo os dados mais recentes do Banco Central, o dinheiro ainda correspondia a mais da metade dos pagamentos feitos no país, o que significa que nossa indústria deverá crescer por muitos anos antes de ter números equivalentes aos dos países desenvolvidos.

Apesar dessa oportunidade e de ainda haver muito trabalho a ser feito, o sistema brasileiro está entre os mais modernos do mundo. Em 2001, o Banco Central criou um dos mais avançados sistemas de pagamento interbancário para a época. O Sistema de Pagamentos Brasileiro (SPB) deu origem à TED em tempo real em horário comercial. O PIX, lançado no mesmo ano deste livro, é uma nova evolução e promete ser transformacional para o sistema financeiro e de pagamentos. Mais veloz e eficiente, tem potencial para ser rapidamente adotado pelos brasileiros e acelerar a substituição do dinheiro. É fantástico constatar como esse mercado se tornou competitivo nos últimos dez anos, com novas empresas de serviços financeiros, crédito e *software*, tornando a vida de lojistas e autônomos mais fácil.

Admirável também é o fato de o Brasil ter estabelecido um dos mecanismos mais eficientes do mundo de concessão de crédito vinculado ao consumo: o parcelado lojista. Essa funcionalidade, apesar de polêmica, é na minha opinião um exemplo da nossa vanguarda no setor e o jeito mais barato de financiar o consumo. Foi por muitos anos mal compreendida, tratada como uma "jabuticaba" no sentido pejorativo, mas provou-se uma forma inteligente de criar competição no mercado de crédito para o comércio por meio das empresas credenciadoras, que permitiram aos lojistas fazerem uso desse mecanismo para parcelar suas vendas e aumentar a demanda. Inventada pelos bancos e pedida pelos lojistas nos anos 1980, foi questionada em 2015 pelos próprios bancos, quando a competição dos entrantes começou a ficar vigorosa e verdadeiramente mexer o ponteiro. Posteriormente, foi compreendido que as forças de mercado são soberanas e que não adianta lutar contra a vontade de milhões de comerciantes e contra a tendência de viabilizar competição na área de crédito para se reduzir o spread.

PREFÁCIO

Hoje, essa "jabuticaba" está virando moda no mundo. Empresas como Amazon, Afterpay, Klarna e Salt Pay ajudam comerciantes da América do Norte, Europa e Ásia a parcelar o pagamento para seus consumidores como alternativa ao crédito direto dos bancos.

O trabalho feito na última década pelo Banco Central foi brilhante para estabelecer competição justa no setor, com políticas claras e cada vez mais sólidas. Se a instituição já tinha uma boa reputação, nos últimos anos, elevou o Brasil ao patamar de primeiro mundo em termos de regulação e eficiência de mercado. Mas, naturalmente, as políticas públicas demoram alguns anos para se consolidar.

Há, portanto, uma fundação sólida para a expansão de um mercado que já cresce a dois dígitos por ano e ajuda a digitalizar a economia, gerando mais facilidade na arrecadação e mais segurança nas transações comerciais. Acredito que em breve chegaremos à penetração de pagamentos digitais similar à dos mercados desenvolvidos, pois temos condições para fazer isso de forma competitiva e por meio da tecnologia que vem se democratizando.

O setor se organizou de maneira que todos ganham. Os incumbentes, com o crescimento do mercado; os entrantes, com acesso a novas oportunidades e os investidores, com uma plataforma de investimento com regras cada mais claras e com um campo de jogo mais equilibrado. Com nossa recente conquista de taxas de juros de um dígito, uma vitória estrutural do Brasil que incentivará cada vez mais a entrada de capital na atividade econômica, tenho certeza de que o mercado ficará ainda mais vibrante e inovador. Desejo que sigamos assim, fazendo negócios em um ambiente benéfico para todos, melhorando um ecossistema que facilita a vida dos varejistas e dos consumidores, com incentivo à competição para gerar riqueza para o Brasil e para quem tem mérito. A Stone, companhia que Eduardo e eu fundamos no início da década contribuiu para este cenário e espera se manter prestando um serviço de altíssima qualidade, inovando para proporcionar mais eficiência aos seus clientes.

Visto que me coube a função de escrever este prefácio, sinto-me lisonjeado falando em nome de todos os empreendedores do nosso setor. Portanto, faço uma homenagem aos grandes nomes do nosso ramo como o próprio Edson Santos, nosso querido Augusto Lins, Thiago Piau, Vinicius Carrasco, Luiz Frias, Marcelo Noronha, Milton Maluhy, Márcio Schettini, David Vélez, Pedro Coutinho, Sergio Rial, Gustavo Marin, Henrique Capdeville, João Vitor Menin, o grande advogado e amigo Bruno Balduccini, o também advogado Eduardo

Salomão e o economista Cleveland Prates, além de muitos outros que não caberiam neste prefácio. Nota especial aos empreendedores do serviço público que trabalham no Banco Central do Brasil e também no Cade, construindo o campo de jogo ao longo desses anos e que pavimentarão o caminho para que a indústria de meios de pagamento tenha o belo futuro como profetizam os autores.

Que essa obra de Edson e Filipe sirva de material de estudo para os jovens, executivos e para a próxima geração de empreendedores. Boa leitura.

André Street
Fundador da StoneCo.

Nota sobre a escolha de JANUS

Janus, também conhecido como Jano, é um deus da mitologia romana. Originalmente um deus solar, Jano estava na origem de todas as coisas. Segundo a mitologia, Jano foi o inventor das guirlandas, dos botes, dos navios e foi o primeiro a cunhar moedas de bronze.

Sua representação era a de um homem com duas faces, uma voltada para o passado e outra para o futuro, mas também há representações das faces como a de um homem jovial e belo (representando o futuro) e a de um ancião de olhar profundo (representando o passado). Sua dupla face também pode ser entendida como se examinasse questões sob todos os seus aspectos.

É o deus das portas e portais, o porteiro celestial, senhor do sol e do dia, representante dos términos e dos começos, do passado e do futuro, das transições e transformações.

Ele era adorado no primeiro dia de todos os meses, nas épocas de plantio e colheitas, nos casamentos, nascimentos e outros acontecimentos considerados importantes na vida das pessoas. Representava, também, momentos de transição e as escolhas que mudavam o curso da vida.

Escolhemos Janus para estar presente na capa do livro por simbolizar conceitos inerentes ao momento que a indústria de pagamentos vive e que são extensamente abordados ao longo do livro. Janus representa a transformação, um momento de transição, a divisão entre o passado e o futuro, conceitos que nos motivaram a escrever esse livro e mostrar como as seis forças identificadas estão transformando o mercado e criando novos cenários para a indústria de meios eletrônicos de pagamentos.

Ainda ousamos e fomos além, na capa do livro ressignificamos a própria representação de Janus por meio da desmaterialização da moeda que o simboliza. Com isso enfatizamos que no cenário volátil, ágil e transformacional em que conduzimos os negócios na indústria de pagamentos os dogmas e certezas devem ser constantemente reavaliados, ou, talvez, não mais existam, devendo ser deixados definitivamente de lado.

Introdução

Desde que nos conhecemos em 2011, investimos uma parte do nosso tempo discutindo as transformações no mercado brasileiro de pagamentos. Em nossas carreiras, como executivos, conselheiros, consultores e empreendedores, participamos do dia a dia de diversas empresas, desenvolvemos e executamos planos estratégicos, formamos e lideramos equipes, criamos e transformamos negócios. Ao longo desse tempo, tivemos a missão de fomentar o crescimento e o fortalecimento da indústria de pagamentos, com a oferta de novos produtos e soluções para o mercado.

No decorrer da nossa jornada profissional, reunimos informações, conhecimento, dados e pesquisas. No início de 2020, chegamos à conclusão de que tínhamos em mãos um material precioso que deveria ser revelado ao público em geral, de forma organizada, com uma linha clara de raciocínio. Dessa aposta, surgiu a ideia de escrever um livro sobre um tema central: como deve evoluir o mercado de pagamentos brasileiro nos próximos anos? Quais são os fatores que estão influenciando a mudança no setor? Como podemos nos preparar e nos antecipar aos movimentos de mercado?

Entendemos que uma das formas chegar a conclusões sobre o futuro é olhar o passado – isto é, analisar a forma como a evolução de uma indústria ocorreu e, a partir daí, traçar cenários e realizar previsões. Entretanto, nesse momento, temos fortes indícios de que está ocorrendo algo único na indústria de pagamentos. Olhar o passado e fazer previsões sobre o futuro não será suficiente para colocar a sua empresa entre os vencedores no mercado de pagamentos.

O motivo é que muitos dos aspectos que estão moldando o futuro dos pagamentos são novos: a desmaterialização do plástico, os pagamentos invisíveis, o crescimento das plataformas e ecossistemas, o pagamento instantâneo e o crescimento exponencial, para citar alguns dos assuntos tratados ao longo do livro. Dessa forma, decidimos elencar e analisar profundamente o conjunto de forças que estão transformando o cenário de pagamentos no Brasil e como a combinação dessas forças tem resultado em um mercado inovador e vibrante, com uma velocidade de transformação jamais presenciada.

Para atingir esse objetivo e apoiar o leitor nessa jornada, organizamos esse livro em onze capítulos. Dedicamos o primeiro deles a colocar todos os leitores no mesmo nível de conhecimento sobre o mercado de meios eletrônicos de pagamento. A complexidade da indústria e os diversos tipos de empresas que oferecem produtos e serviços na cadeia de pagamentos é descrita no segundo capítulo. No terceiro capítulo, introduzimos quais são as seis forças que estão transformando completamente o mercado de pagamentos, em um modelo elaborado por nós a partir de anos de análise.

Nos capítulos quatro até oito descrevemos as forças que estão transformando o mercado atualmente e que influenciarão as empresas do setor em um horizonte de tempo de 3 a 5 anos. Essas forças são a concorrência atual, os novos entrantes, a evolução do varejo, os reguladores do mercado e o avanço das novas tecnologias. No capítulo nove demonstramos que essas forças, embora sejam independentes, têm o potencial de juntas trazer uma disrupção para o mercado de pagamentos, um processo que foi acelerado pela crise causada pela pandemia de COVID-19.

Reservamos o capítulo dez para tratar de uma força em particular, o poder do consumidor, que ganha especial relevância ao analisarmos as gerações que predominarão nas próximas décadas: a geração Y, também chamada de "millennials", e a geração Z. Elas já são mais da metade da população mundial e, em dez anos, serão 70% do mercado consumidor. Como elas foram influenciadas pelo contexto histórico? Como agem em relação ao trabalho e à vida? Qual a sua relação com as marcas?

É comum que as empresas do mercado de pagamentos foquem seus estudos no lojista, mas é preciso destacar que a influência das forças descritas neste livro tem levado à criação de novas soluções B2B2C e B2C, principalmente pela ascensão do telefone móvel como uma ferramenta única de interação com os consumidores. Além disso, o ritmo das transformações do varejo se dá, principalmente, pela influência de um consumidor soberano e cada vez mais exigente.

Por fim, trazemos no capítulo onze uma visão sobre como o comércio e os meios de pagamento devem se apresentar em dez anos. Discutimos como a transformação digital e a disseminação dos *smartphones* têm potencializado o desenvolvimento de plataformas e a criação de ecossistemas. Descrevemos a convergência de bancos, varejo, pagamentos e tecnologia na busca de novas fontes de receita. Falamos da desconstrução do plástico, de experiências de pagamento mais fluídas e dos pagamentos invisíveis. Abordamos como os serviços de assinatura e pagamentos recorrentes estão ampliando a participação no mercado, trazendo conveniência e previsibilidade. Por fim, discutimos a dinâmica dos pagamentos instantâneos, as oportunidades e os impactos para a indústria de pagamentos.

Esperamos que este livro seja uma pequena contribuição para a indústria de pagamentos. Desejamos que o leitor se divirta na jornada de leitura, tanto quanto nós no divertimos com os inúmeros debates que surgiram nas pesquisas e na elaboração dos textos. Não é simples escrever sobre um tema tão atual, ainda mais sob a influência da pandemia de COVID-19, que acelerou alguns dos movimentos já em curso na indústria. Finalmente, esperamos que a análise das seis forças descritas no livro contribua e passe a fazer parte da dinâmica de novos negócios e soluções que vivenciaremos na indústria de pagamentos daqui em diante.

1

Como funciona o mercado de pagamentos

Os meios de pagamento consistem em uma indústria vibrante e forte, que tem crescido nas últimas duas décadas a taxas médias de dois dígitos e que movimentou R$ 1,8 trilhão em 2019 no Brasil, de acordo com o Banco Central[1]. Contudo, é importante lembrar que eles foram criados para viabilizar o relacionamento entre compradores e vendedores. E, como o varejo se transforma de tempos em tempos para atender um consumidor cada vez mais exigente, tanto na escolha de bens e serviços quanto na decisão sobre sua própria jornada de compra, a indústria de pagamentos evolui na mesma velocidade para acompanhar essas mudanças que não param de acontecer.

Dentre todos os meios de pagamentos que o comércio de bens e serviços poderia utilizar em suas transações, vamos tratar neste livro, mais especificamente, dos eletrônicos, isto é, aqueles que dispensam um meio físico tradicional como dinheiro ou cheque para efetivar a transferência de valores do consumidor para o estabelecimento comercial ou o prestador de serviço. Nosso objetivo é analisar e explicar como esses instrumentos funcionam para permitir que o pagamento aconteça. Deixaremos para outros analistas avaliarem temas como consumo e endividamento, por exemplo.

As modalidades de pagamentos eletrônicos que mais se destacam no comércio de bens e serviços são os cartões de pagamento – sendo eles crédito, débito e pré-pagos – e as carteiras eletrônicas, também chamadas de digitais, que têm sido cada vez mais usadas em compras físicas ou *online*.

---

[1] Banco Central do Brasil, <https://www.bcb.gov.br/estatisticas/spbadendos>, acesso em 22/09/2020.

Uma boa forma de analisar os produtos disponíveis no mercado é pelo binômio "compra e pagamento" – é justamente nesses aspectos que reside a explicação para a explosão desses meios de pagamento no Brasil e em outros países do mundo. Adquirir um produto ou serviço agora e pagar apenas depois estimula compras e, como consequência, eleva as vendas no varejo. Comprar e pagar na mesma hora, sem ter de carregar dinheiro no bolso, traz mais comodidade. Já pagar agora para comprar depois tem sido a opção em situações como viagens internacionais, quando se busca a segurança no transporte de dinheiro ou no pagamento de benefícios aos trabalhadores brasileiros.

O cartão de crédito permite pagar a compra em uma data futura. Em um país com a memória de décadas de inflação alta – e, por consequência, juros exorbitantes, a possibilidade de desembolsar no futuro a mesma quantia que se desembolsaria hoje na compra de produto ou serviço sempre foi considerada um ótimo negócio.

Já no cartão de débito, que está sempre atrelado a uma conta bancária, tudo acontece na mesma hora: compra e pagamento. Para isso, o cliente deve ter disponibilidade do valor imediatamente, que acaba transferido ao comerciante no dia seguinte. A agilidade torna o tema segurança ainda mais sensível. Desde o lançamento desse produto no país, as transações são 100% *online*, em tempo real e autorizadas por meio de uma senha, chamada número de identificação pessoal (da sigla PIN – *Personal Identification Number*, em inglês).

Os cartões pré-pagos, por sua vez, surgiram principalmente em função dos cartões de benefícios, e inclui-se aqui o Programa de Alimentação do Trabalhador (PAT), do Ministério do Trabalho, em que o empregador desembolsa uma determinada quantia que o funcionário usará durante um período. Com o tempo, os cartões pré-pagos evoluíram para a gestão de despesas com funcionários, a exemplo de combustíveis e viagens. A lógica é o empregador desembolsar um valor que será utilizado para pagamento de despesas em determinado tempo.

O conceito do cartão pré-pago deu origem à conta de pagamento, regulamentada pelo Banco Central do Brasil em 2013[2]. Essa conta requer um saldo disponível a ser usado conforme a necessidade do consumidor. As contas de pagamento são normalmente oferecidas por meio de um aplicativo ou acesso

---

[2] Circular Nº 3.680, de 4 de novembro de 2013.

eletrônico também chamado de carteiras eletrônicas ou digitais. Um cartão pré-pago, chamado de *companion card*, pode inclusive estar atrelado a essas contas para realização de pagamentos.

As carteiras digitais, essencialmente, são instrumentos de pagamento que substituem o plástico. Dessa forma, elas também podem ser usadas para acessar uma conta relacionada a um cartão de crédito, não necessariamente a apenas um cartão de débito. Esse é o exemplo de carteiras como Samsung Pay, Apple Pay e Google Wallet.

Quem é quem

No momento em que estabelecimentos comerciais ou prestadores de serviços e compradores decidem que o pagamento será liquidado por um meio como os cartões, eles se conectam a uma mesma plataforma eletrônica em que as principais empresas participantes são as bandeiras, os emissores e as credenciadoras.

As bandeiras são responsáveis pela definição e gestão das regras gerais de funcionamento do sistema de cartões de pagamento. Pela prestação desses serviços, elas cobram dos emissores e das credenciadoras representantes de sua marca diversas tarifas.

Os emissores de cartões, por sua vez, concedem limite de crédito aos portadores para utilização no cartão de crédito no Brasil e/ou no exterior e efetuam a cobrança dos valores gastos. Como assumem o risco de crédito do portador perante o credenciador e garantem o pagamento, eles cobram das credenciadoras uma taxa de intercâmbio. Essa taxa, no entanto, é determinada pela bandeira e leva em consideração o tipo de cartão usado, o segmento do estabelecimento comercial em que o pagamento ocorreu e os riscos de fraude relacionados à forma de captura da transação.

Já os credenciadores são responsáveis pelo credenciamento de estabelecimentos comerciais, captura, transmissão, processamento e liquidação das transações com os cartões de pagamento. E cobram dos estabelecimentos uma taxa de administração pela prestação de serviços.

O mercado de dois lados

A indústria de cartões de pagamento segue a lógica do que se conhece na microeconomia como um "mercado de dois lados" ("two-sided market"), trazida à luz por dois economistas franceses chamados Jean-Charles Rochet (1957–) e Jean Tirole (1953–). A principal característica é a aproximação de classes distintas de clientes: o valor obtido por uma categoria de clientes aumenta à medida que se adquire mais clientes de outra categoria.

A interação entre os dois grupos é feita por meio de uma entidade intermediária ("multi sided platforms" ou "MSP"), isto é, uma empresa que fornece e coordena a infraestrutura de conexão entre as partes. Para atrair e manter os diferentes tipos de clientes conectados, essas empresas necessitam adotar estratégia de preços e investimentos sob medida.

A lógica é diferente daquela observada em uma cadeia de valor tradicional. Nesta configuração linear, o fluxo de mercadorias e serviços se move sempre de uma parte para outra com um aumento do valor agregado. De um lado, estão os custos relacionados aos fornecedores e, do outro lado, as receitas com o comércio do bem ou serviço.

Já em mercados de dois lados a divisão de custos e receitas não é linear. Uma mesma plataforma – ou empresa – serve a dois tipos diferentes de clientes, o que implica em custos e receitas advindos desses clientes distintos. Geralmente, essas plataformas subsidiam clientes de um lado e obtêm lucros apenas do outro. Desta forma, os preços praticados para um grupo de clientes não têm uma relação direta aos custos marginais em atender esses clientes.

Um exemplo são as companhias de sistemas operacionais para computadores. Essas empresas funcionam como uma plataforma para dois tipos de clientes: os consumidores que compram o sistema para usar no dia a dia e os desenvolvedores de *software*. Nesse campo, o Microsoft Windows adotou a estratégia de oferecer subsídios do kit de desenvolvimento de *software* para os profissionais que atuam como desenvolvedores de *software*. Como resultado, houve um forte crescimento no número de aplicações para computadores equipados com o sistema, tornando a plataforma atrativa para clientes empresariais e domésticos.

Já fábricas de consoles para videogames, a exemplo do PlayStation, da Sony, oferecem um forte incentivo financeiro para os desenvolvedores criarem diferentes jogos. Essa variedade acaba por atrair os usuários que preferem consoles de videogame que tenham muitas opções de jogos. Assim, fabricantes de consoles, outro exemplo de plataforma, conquistam desenvolvedores e usuários de games, obtendo mais sucesso entre esses dois lados do mercado.

Seguindo essa mesma lógica, os cartões de pagamento são essencialmente um mercado de dois lados, pois reúnem dois grupos distintos de usuários. De um lado, temos compradores dispostos a utilizar seus respectivos cartões ao realizarem suas compras de produtos e serviços. De outro lado, fornecedores de produtos e serviços dispostos a aceitar os cartões de seus clientes.

Há uma "interdependência positiva" entre as duas classes de clientes viabilizada por um intermediário, no caso uma plataforma. Em um "efeito de rede", os dois grupos são atraídos um pelo outro, uma vez que o valor de um produto ou serviço para um grupo aumenta pelo maior número de usuários do outro grupo. Como consequência, as plataformas de sucesso desfrutam de alto ganho de escala, uma vez que os clientes se sentem ainda mais atraídos para estar conectados a elas à medida que mais usuários estejam engajados.

Para ter sucesso, qualquer empresa em um mercado de dois lados necessita criar uma estrutura de preços que produza um balanceamento dos números de cada lado do mercado, que maximize seus resultados e que leve em conta pontos como a elasticidade da demanda e o custo marginal para oferecer produtos e serviços nos dois lados.

Existem alguns mercados com plataformas líderes, o que normalmente está relacionado a três fatores:

1) Custos elevados de propriedade: representa todos os custos que os usuários incorrem para adotar e manter a afiliação a uma plataforma. Na indústria de cartões de pagamento, é comum que os clientes possuam mais de um cartão porque os custos para isso são relativamente baixos. Por outro lado, na indústria de PCs[3], os clientes têm um alto custo para manter computadores com diferentes sistemas operacionais, incluindo *hardware*, *software*, treinamento e manutenção, o que leva à predominância de uma única plataforma;

---

[3] "Personal computers".

2) Efeitos de rede elevados e positivos: representa os efeitos que um produto ou serviço têm para um grupo de clientes pelas ações de outro grupo de clientes. Como já vimos, para o setor de cartões, à medida que mais cartões são emitidos, mais comerciantes estão dispostos a aceitá-los. Também é válido pensar que quanto mais comerciantes aceitarem um determinado tipo de cartão, mais usuários estarão dispostos a possuí-lo;

3) Pouco espaço para diferenciação: quando produtos e serviços em um setor possuem oportunidades de diferenciação, concorrentes podem investir em soluções para nichos de mercado, evitando, assim, a predominância de uma única plataforma. Os cartões de pagamento possuem oportunidades para diferenciação, por exemplo, na oferta dos serviços de valor agregado aos portadores e nas taxas cobradas.

Com base nesses pontos, é possível concluir que não existe uma forte razão para uma única plataforma ser dominante no mercado de cartões. Portadores têm mais de um cartão porque os custos para isso são relativamente baixos, então as plataformas são acessíveis. Quanto mais cartões são emitidos, mais comerciantes estão dispostos a aceitá-los – e quanto mais comerciantes aceitam, mais usuários estão dispostos a ter um cartão –, o que significa que há "efeito em rede". Além disso, os cartões de pagamento possuem oportunidades para diferenciação, por exemplo, na oferta dos serviços de valor agregado aos portadores e nas taxas cobradas.

Dessa forma, duas ou mais plataformas coexistirão e competirão no mercado de cartões. Na prática, observamos que tal dinâmica ocorre na competição entre as bandeiras de cartão Visa e Mastercard, sem uma clara dominância a nível global.

A história do nascimento e desenvolvimento do uso de cartões como meio de pagamento no Brasil e em outros países comprova que o sucesso está diretamente relacionado ao equilíbrio do valor percebido por cada um dos lados. Mas como se cria um mercado de dois lados? Como nasceu a indústria de cartões de pagamento? Para responder a essas perguntas, apenas se voltando para a História.

Como surge esse mercado

O ano era 1950, os Estados Unidos eram o palco e a pioneira se chamava Diners Club – hoje apenas Diners[4]. A oferta da empresa era baseada numa vantagem bastante interessante: os clientes poderiam usar um só cartão de pagamento em diferentes estabelecimentos comerciais ou prestadores de serviços, surgindo o conceito de cartão de uso genérico, uma evolução do cartão de loja que existia até então, também chamado de *private label*.

A Diners recolhia dos consumidores os valores das compras e repassava aos estabelecimentos em uma data combinada. Para administrar e rentabilizar esse cartão, a companhia cobrava do estabelecimento comercial uma taxa de desconto que, inicialmente, era de 7% do valor de cada transação. Já os consumidores arcavam com uma tarifa anual de US$ 3 para receber faturas mensais discriminando seus gastos nos diversos estabelecimentos comerciais.

A Diners dominou esse modelo até 1958, quando mais empresas de crédito foram surgindo e prestando o mesmo serviço, como Bank Americard e American Express. Neste momento, os bancos americanos tinham uma dificuldade em entrar nesse mercado. Até o final da década de 1990, a maioria dos bancos americanos era estadual e, pela legislação do país, não podia atuar fora de seus estados de origem – assim, o cliente de uma instituição financeira nova-iorquina não conseguia usar o cartão em um estabelecimento comercial que estava do outro lado do rio Hudson, em Nova Jersey.

A saída encontrada foi criar associações bancárias, que formavam uma rede conectada, definiam ações de marketing e desenvolviam produtos de pagamento. Os membros, inicialmente bancos, emitiam cartões e cobravam tarifas dos portadores. Além disso, credenciavam estabelecimentos comerciais e definiam as taxas de desconto recolhidas a cada transação. O cartão poderia ser usado num local cujo relacionamento foi feito pelo próprio banco ou por outro membro da associação. Havia cooperação em áreas que geravam eficiência – por exemplo, tecnologia para processar transações – e competição em temas como preços e serviços.

Seguindo esse modelo, em 1966, em Buffalo, NY, um grupo de 17 bancos estaduais fundou a Interbank Card Association (ICA) que não era dominada apenas por uma única instituição bancária e cujos membros passaram a oferecer

---

4 SANTOS, Edson Luiz dos. *Do Escambo à inclusão financeira: a evolução dos meios de pagamento*. São Paulo: ed. Linotipo Digital, 2014.

um cartão de crédito aceito em diversos estados. A partir de 1969, a ICA se associou a outro grupo de bancos, passando a adotar o nome de Master Charge e, em 1979, mudou para Mastercard. Também em 1966, na Califórnia, o Bank of America transformou seu sistema de cartões em uma franquia chamada Bank Americard, que três anos mais tarde se converteria em uma associação chamada National Bank Americard Inc. (NBI) e, em 1973, adotaria o nome Visa.

No Brasil, o cartão de crédito chegou em 1954 por meio do empresário tcheco Hanus Tauber. Em sociedade com o empresário Horácio Klabin, dono de uma agência de viagens no centro do Rio de Janeiro, ele lançou no mercado brasileiro o Diners Club. No entanto, naquela época, o plástico era apenas um cartão de compra, exigindo o pagamento integral no vencimento da fatura. Só depois de uma década é que os bancos brasileiros realmente começaram a se interessar pelo negócio de cartões de crédito.

Durante o período de inflação galopante no país, que trouxe uma alta instabilidade econômica, os cartões de crédito, apesar do apelo interessante ao consumidor, eram pouco aceitos pelos estabelecimentos comerciais. Somente após a estabilização econômica, advinda da implementação do Plano Real, que se experimentou um crescimento espetacular dessa indústria. Houve um avanço na concessão de crédito via cartão aos portadores, proveniente do crescimento do número de emissores do mercado, e um aumento da aceitação de cartões Visa e Mastercard no Brasil, que até 2010 era promovido por duas empresas.

Até julho daquele ano, o mercado brasileiro de cartões de pagamento tinha uma característica muito particular relacionada ao setor de credenciamento: a Visanet (atual Cielo) – inicialmente dos acionistas Bradesco, Banco do Brasil, ABN e Visa – era a credenciadora exclusiva da bandeira Visa. Já a Redecard (atual Rede) – detida por Citibank, Itaú e Unibanco – era a única credenciadora capturando transações da bandeira Mastercard, embora a exclusividade entre Redecard e Mastercard tenha se encerrado em 2001.

Desde a criação de Visanet e Redecard, em meados da década de 1990, elas foram responsáveis pela ampliação da aceitação de cartões e, em conjunto com indicadores positivos da economia e o avanço do crédito ao consumidor, beneficiaram-se de um crescimento enorme de seus negócios, transformando em receitas algumas das oportunidades que surgiram ao longo do caminho. Pode-se creditar a elas também a automação na forma de captura de transações, uma vez que essas empresas investiram em uma rede de equipamentos de captura ("Point of Sale" – POS), chamados popularmente de "maquininhas".

Com o fim da exclusividade entre Cielo e Visa promovida em julho 2010 – importante destacar aqui que a Mastercard já aceitava outra credenciadora, embora a Rede tivesse quase a totalidade das transações –, todos os credenciadores do Brasil passaram a aceitar as principais bandeiras que dominavam o mercado à época: Mastercard e Visa. Para o mercado, esse fato representou a possibilidade de surgimento de mais credenciadores, nacionais e estrangeiros.

Com o passar do tempo, o setor de cartões de pagamento acabou por ganhar novos negócios para atender compradores e estabelecimentos comerciais ou prestadores de serviços. Na internet, os "facilitadores de pagamentos" passaram a permitir, no fim dos anos 1990, que os consumidores usassem seus cartões para aquisições em lojas *online*. No início, era um mercado mais tímido, porém, exigia especialização em requisitos de segurança por questões de fraudes. Em meio ao forte crescimento do uso da internet, outro desafio dessas companhias era superar o obstáculo da desconfiança que existia entre compradores e vendedores em realizar transações que não fossem presenciais.

Entre as empresas que se especializaram nesse serviço está a americana PayPal. Na história de pagamentos dos últimos 60 anos, em nossa opinião, a criação da companhia foi uma das principais inovações disruptivas. É a possibilidade de fazer uma compra utilizando o PayPal, em vez de informar os dados de seu cartão a um estranho, fez com que muitos consumidores se sentissem seguros, confiando que essa nova empresa se encarregaria de guardar seus dados e garantir sua tranquilidade. Do outro lado, permitiu que empresas e indivíduos pudessem transacionar no *e-commerce*, melhorando suas vendas de forma segura a custos acessíveis.

No Brasil, empresas que começaram como facilitadoras de pagamento na internet acabaram por se aventurar no mundo físico também, vendendo equipamentos de cartão. Elas acabaram por formar uma categoria no mercado chamada de "subcredenciadoras", que são companhias que não têm relacionamento direto com a bandeira, somente por intermédio de um credenciador, mas que se especializaram em credenciar estabelecimentos comerciais em determinadas regiões do país ou em setores específicos da economia.

Embora sejam intermediárias, essas empresas encontraram um espaço para concorrer, de certa forma, com os próprios credenciadores, oferecendo produtos e serviços mais focados na necessidade do cliente. Assim surgiram nomes da indústria como PagSeguro, do grupo Uol, que acabou se tornando credenciadora; Mercado Pago, do Mercado Livre; e Moip, comprada em 2016 pela Wirecard e vendida para a PagSeguro em 2020.

Com o surgimento de novas empresas, a cadeia de valor dos cartões de pagamento foi se tornando mais complexa. Há processadores que capturam as transações para os credenciadores, fazendo o controle de contas a pagar aos estabelecimentos comerciais – esses processadores também organizam os saldos a receber dos portadores de cartão pelos emissores. Existem ainda fabricantes de maquininhas, desenvolvedores de *software*, empresas de "embossy" (a marcação em alto relevo das informações do cartão) e produtores de chips, para citar apenas alguns exemplos, uma vez que vamos falar mais sobre a complexidade do setor no próximo capítulo.

A partir da abertura do mercado, em 2010, o modelo de pagamentos, organizado basicamente em torno de duas bandeiras, duas credenciadoras e grandes bancos emissores, ganhou mais dinamismo. Hoje, além das bandeiras internacionais, existem ainda as bandeiras nacionais e regionais. Estima-se que o Brasil tenha por volta de 750 emissores de algum tipo de cartão de pagamento, mais de 25 credenciadoras nacionais e 200 subcredenciadoras.

A dinâmica do mercado brasileiro

O mercado de cartões de pagamento brasileiro reúne uma série de características peculiares frente a outros países. As explicações para essa dinâmica diferenciada do restante do mundo estão na forma como a indústria se desenvolveu, nas condições econômicas do país ou até mesmo nas soluções encontradas pelos participantes para superar obstáculos do dia a dia, a exemplo das fraudes.

Rede de equipamentos

No Brasil, os estabelecimentos comerciais ou prestadores de serviços têm a opção de alugar as máquinas de cartão de pagamento, uma fonte de receitas importante para as principais credenciadoras e que não é encontrada em outros países em que os meios de pagamento estão mais desenvolvidos. Estimamos no mercado que metade dos equipamentos em funcionamento seja alugada pelos estabelecimentos comerciais ou prestadores de serviços.

Automatizar a captura da transação por meio das máquinas de cartão, isto é, tornar eletrônica, em vez de manual, tornou-se importante para a indústria porque dava velocidade à transação, permitia ganho de escala, reduzia custos do sistema e, além disso, inibia fraudes. Como curiosidade, na captura manual, o processo era demasiadamente burocrático. As credenciadoras entregavam semanalmente aos vendedores um caderno com uma lista, elaborada em colaboração com os emissores, referente aos cartões cancelados por fraudes. No momento da compra, caso o cartão apresentado pelo comprador estivesse na lista, a compra era cancelada imediatamente. Se não estivesse, aí então começava um demorado processo de pagamento: o atendente ligava para uma central e solicitava um número de autorização para a transação.

A esta altura, os terminais custavam caro porque tinham de ser importados, uma vez que não havia produção no país. Para ter uma ideia, os primeiros equipamentos disponíveis no Brasil custavam o equivalente a mais de US$ 1,2 mil, um gasto inimaginável para os estabelecimentos comerciais, ainda mais se considerada a baixa penetração que os cartões tinham no país à época. No entanto, esses equipamentos já reduziam para cerca de 45 segundos o tempo de transação. Coube, então, à Redecard (hoje Rede) e à Visanet (hoje Cielo) investir na compra desses terminais e, em vez de revendê-los, alugar aos lojistas, modelo que foi ficando com o passar do tempo. Hoje, em média, um terminal custa US$ 150, dependendo do modelo e do volume da compra feita pelo credenciador, enquanto o aluguel equivale a algo entre US$ 15 e US$ 25 mensais, um excelente retorno para o investimento.

A segurança da transação motivou os credenciadores a investir nos terminais. Alugá-los aos estabelecimentos comerciais era uma maneira de controlar o equipamento e promover mais segurança ao mercado. Os credenciadores exigiam cada vez mais que os fabricantes de terminais investissem em segurança, por exemplo, reduzindo o tamanho dos equipamentos para evitar que fraudadores pudessem instalar dentro deles "skimmers", popularmente chamados de "chupa-cabra", capazes de ler a tarja magnética e roubar os dados dos clientes.

Esse desconforto diminuiu com o avanço dos cartões com chip, também chamados de cartões inteligentes, que seguem o padrão de segurança das principais bandeiras, o EMV (Europay, MasterCard e Visa). Entre o final de 2013 e o início de 2014, os fabricantes conseguiram produzir uma miniatura do terminal de captura (POS), isto é, sem a impressora do comprovante de pagamento e que se utiliza do celular do estabelecimento comercial ou prestador de serviço para se comunicar com a credenciadora. Esses aspectos permitiram que o preço final do equipamento ficasse abaixo de US$ 100. Alguns dos novos entrantes que focaram principalmente na base da pirâmide, mais precisamente no grupo de microempreendedores individuais, passaram a ofertar a venda do equipamento, em vez do aluguel.

Cartão de crédito

A forma de funcionamento do produto cartão de crédito diferencia o mercado de cartões de pagamento no Brasil do restante do mundo. Esse produto tem três características peculiares que marcam sua forma de funcionamento.

A primeira delas é que o portador tem o período entre a realização da compra e o efetivo pagamento da fatura sem arcar com juros, que só começam a ser cobrados a partir da data de vencimento da fatura, o que se convencionou chamar, em inglês, de "true grace system". A título de comparação, nos Estados Unidos, onde o cartão é uma forma extremamente comum do consumidor financiar as suas compras, quando o portador deixa de pagar a totalidade da sua fatura no vencimento, o juro é aplicado a partir da data da compra.

A característica de não pagar juro por um período incentivou o uso do cartão de crédito como meio de pagamento entre os consumidores brasileiros. Talvez devido às taxas altas aplicadas no país, perto de 90%[5] dos portadores pagam a fatura integralmente na data de vencimento. Em outras palavras, só não paga a fatura quem não tem alternativa. E, novamente, é bom lembrar que comprar agora e pagar depois é considerado um ótimo negócio para um consumidor de um país com memória inflacionária.

Outra característica importante no mercado de cartão de crédito brasileiro é que, em média, o lojista recebe do credenciador os pagamentos que recebeu dos consumidores em seus equipamentos 30 dias depois da data que a transação foi realizada, enquanto no restante do mundo esse repasse do credenciador ao estabelecimento comercial ou prestador de serviço, chamado de "liquidação" da transação, se dá em dois dias. Interessante notar que uma compra realizada no Brasil, mas com um cartão emitido no exterior, seguirá a regra

---

[5] Segundo estudo realizado pelo Instituto Datafolha e a Associação Brasileira das Empresas de Cartões de Crédito e Serviços (Abecs) em dezembro de 2019.

predominante internacionalmente, com o pagamento sendo feito ao estabelecimento comercial ou prestador de serviço em dois dias.

Na verdade, até meados da década de 1980, o Brasil também fazia a liquidação das transações com cartões de crédito aos lojistas em prazos menores[6], porém, a um alto custo. Naquela época, era uma prática do mercado que se cobrasse dos varejistas uma taxa de desconto de 8% a cada transação e o valor era transferido à conta do estabelecimento comercial em 2 dias. Para a taxa de 6%, o pagamento era em 30 dias e, se a cobrança fosse de 4%, o depósito era realizado em 60 dias.

O sistema funcionava bem, até que a economia começou a ir de mal a pior e a inflação saiu do controle. Os portadores de cartão começaram a usar ao máximo o "grace period", elevando os custos do emissor, que liquidava o estabelecimento comercial em dois dias, em um claro desbalanceamento entre prazos de recebimento e pagamento dos valores. A solução para as empresas que emitiam cartões foi ir às ruas renegociar com os clientes que a taxa de desconto de 8% caísse para 2%, mas com prazo de liquidação ao estabelecimento comercial em 30 dias – tornando-se, com o tempo, o "novo normal" da indústria de pagamentos com cartão de crédito no país.

Como resultado, enquanto no mundo inteiro é o emissor do cartão de crédito quem fornece o "funding" para o sistema de pagamentos com cartões de crédito, no Brasil o varejo passou a ter essa função, o que resultou em uma transferência de renda do comércio para o setor bancário. Contribuiu para o varejista ter assumido essa função o fato de que, naquele período, pouco mais de 30 mil lojistas aceitavam cartões de crédito no Brasil, concentrados nas grandes cidades. Além disso, o varejista já financiava seus clientes com instrumentos como cadernetas, carnês e cheques pré-datados.

A terceira característica são as transações de cartão de crédito "parcelado sem juros". Na primeira metade da década de 1990, com a inflação sob controle, a Visanet (hoje Cielo) e Redecard (hoje Rede) reinavam absolutas e não competiam entre si, uma vez que o lojista que quisesse aceitar as duas bandeiras teria de ter contrato com cada uma delas. A saída encontrada pelas credenciadoras para crescer e ganhar escala, portanto, seria atacar outras formas de pagamento, e o escolhido foi o cheque pré-datado, com o lançamento do produto concorrente "parcelado sem juros".

---

[6] <https://edsoncolink.wordpress.com/2016/12/28/cartao-de-credito-por-que-o-lojista-so-recebe-em-30-dias/>, acesso em 02/03/2020.

Convencer o lojista não foi tão difícil. A operação com cheques exigia o trabalho de manuseio, guarda e transporte, havia risco de inadimplência e as fraudes eram frequentes. Diante do cartão de crédito, o cheque começou a ser visto como uma modalidade mais arriscada. As credenciadoras, então, tiveram a ideia de oferecer ao lojista a possibilidade de receber os valores em 30, 60 e 90 dias. A modalidade fez enorme sucesso no mercado, por incentivo dos próprios varejistas.

Para o credenciador, o prazo mais longo sempre esteve associado à cobrança de uma taxa de desconto maior. Mas, por mais incrível que pareça, o emissor de cartão não necessariamente recebia uma fatia maior da transação. Naquela época, se a operação ocorresse no mesmo dia, a taxa de intercâmbio do emissor era de 1%, mas se não ocorresse no mesmo dia, caso em que a captura era manual, a taxa seria de 1,44%. Apenas em 2006 surgiu a primeira tabela de taxas de intercâmbio que passou a considerar que o parcelado sem juros exigia uma remuneração mais elevada, tendo em vista que nessas operações há um risco de inadimplência maior.

O parcelado sem juros, essa invenção genuinamente brasileira, no entanto, cria diferenciação no sistema. Aqui, vale a máxima do economista Milton Friedman (1912-2006) de que "não existe almoço grátis". O varejista não diferencia o valor da compra à vista ou parcelada sem juros, o que significa que já existe um juro embutido na transação, ou os valores seriam distintos – menor à vista, no caso. Ao fazer isso, o varejista não dá a alternativa de o cliente se financiar em outro lugar, impedindo a concorrência entre os agentes financeiros e vetando a possibilidade de barateamento do crédito como um todo.

Embora ganhe mais com o "parcelado sem juros", o varejista passa o risco para o emissor do cartão. Em geral, 60% do valor de transações com cartão de crédito no país são na modalidade do "parcelado sem juros" e, em épocas como o Natal, essa fatia chega a ser de 80%. Na média, as transações têm ficado em 4,5 parcelas, sendo que em alguns casos as compras podem chegar a 12 parcelas sem juros[7].

O pagamento do credenciador ao estabelecimento comercial ou prestador de serviço em 30 dias e a oferta ao consumidor das compras com cartão de crédito parceladas sem juros, típicas "jabuticabas" brasileiras, trouxeram para o credenciador outra linha de receita: o pré-pagamento. Quando a transação é capturada, o credenciador registra contas a pagar para o lojista e contas a rece-

---

[7] <ttps://braziljournal.com/parcelado-sem-juros-quem-ganha-e-quem-perde>, acesso em 02/03/2020.

ber da bandeira. Quando o lojista precisa de dinheiro – por exemplo, porque está com problemas de liquidez –, ele pode solicitar um pré-pagamento (também conhecido como antecipação).

Como não são instituições financeiras, portanto não podem financiar os clientes, os credenciadores podem pré-pagar os valores devidos aos estabelecimentos comerciais com uma taxa de desconto, obtendo uma receita adicional. Daí surge uma das linhas mais atraentes e interessantes aos credenciadores: a taxa de antecipação de recebíveis. Mas, com a abertura do mercado em 2010 e, principalmente, com a regulamentação que surge a partir do final de 2013, esse mercado se transforma ao ponto que os recebíveis com cartões de crédito passarão, no futuro próximo, a ser ofertados pelo próprio varejista ao mercado em geral, aumentando a concorrência pelos recebíveis.

Dessa forma, no Brasil, as credenciadoras têm três linhas de receitas: a taxa de desconto a cada transação, a taxa de antecipação dos recebíveis e o aluguel ou venda dos equipamentos. Já no restante do mundo as companhias desse segmento ganham um valor a cada transação, bem como tarifas com a prestação de outros serviços.

O fluxo de pagamento

Cartão de débito

Uma transação com cartão de débito se dá em tempo real, no que se convencionou chamar no mercado de pagamentos em "D-0". Isso significa que o consumidor já tem debitado de sua conta bancária o valor correspondente ao bem ou serviço adquirido no momento exato em que o pagamento é feito no equipamento ainda no estabelecimento comercial ou no prestador do serviço.

Tudo isso só é possível porque os principais *players* no mercado – emissores, bandeiras e credenciadores – estão organizados em uma plataforma eletrônica para se comunicar imediatamente e fazer com que os valores das compras cheguem até a conta do varejista no menor tempo possível.

Na teoria, funciona assim: com a sinalização da bandeira, o emissor recebe o valor das compras do portador, redireciona ao credenciador que, por sua vez, liquida a transação com o lojista no dia seguinte.

Mas, na prática, tudo isso é feito dentro do ambiente da Câmara Interbancária de Pagamentos (CIP), em que os sistemas de todos esses elos da cadeia estão conectados de forma a permitir que os valores saiam diretamente da conta do portador do cartão para a conta do estabelecimento ou prestador de serviço a partir de uma "grade de liquidação". De maneira mais simples: todo mundo coloca o dinheiro "na mesa" e a CIP faz a liquidação, uma forma mais ágil.

No momento em que o emissor disponibiliza o valor que recebeu do portador para a CIP ("clearing house"), ele já deduz a sua taxa de intercâmbio, usada para remunerá-lo pela prestação de seus serviços. Já o credenciador, quando informa à CIP sobre o valor a pagar ao lojista, deduz a sua taxa de desconto, cobrada a cada transação realizada com cartão. No quarto trimestre de 2019, a taxa de intercâmbio ficou em média de 0,55% nas transações com cartões de débito, enquanto no caso do credenciador a taxa de desconto foi de 1,21%, segundo dados do Banco Central[8].

Para exemplificar melhor, com base nesses números, considerando uma compra de R$ 100,00 no momento em que o cliente passa o cartão no equipamento, esse valor já é descontado da conta bancária para o emissor. Mas o emissor repassa ao sistema R$ 99,45. Nessa situação, o emissor ficou com R$ 0,55 referente à taxa de intercâmbio.

Já o credenciador vai instruir a CIP a pagar ao varejista. O valor será os R$ 100,00 da compra menos a taxa de desconto, que no exemplo fica em R$ 1,21. Portanto, serão repassados R$ 98,79. Neste caso, a diferença entre o valor que o emissor repassa ao sistema e o valor que o sistema repassa ao varejista fica com o credenciador: R$ 99,45 menos R$ 98,79, equivalente a R$ 0,66.

Com base nos ganhos que tiveram na transação, emissores e credenciadores remuneram a bandeira, em taxas que não são divulgadas ao mercado.

Cartão de crédito

No caso do cartão de crédito, descrito na Figura 1, a conta do consumidor não é sensibilizada no momento exato da transação de pagamento, tendo

---

[8] Banco Central do Brasil. <https://www.bcb.gov.br/estatisticas/spbadendos>, acesso em 22/09/2020.

em vista que o consumidor tem um prazo maior para quitar sua fatura, sem que seja cobrada a taxa de juros, conforme discutido anteriormente.

Em uma transação com cartão de crédito, em média, os valores das compras dos portadores são recebidos pelos emissores em 25 dias, repassados aos credenciadores em 28 dias e, em 30 dias, chegam à conta do estabelecimento comercial ou prestador de serviço.

Nesses casos, também são feitos descontos de taxas por emissores e credenciadores. No quarto trimestre de 2019, considerando as transações com cartões de crédito à vista e parceladas, os emissores cobravam em média 1,65% de taxa de intercâmbio e os credenciadores aplicavam em média uma taxa de desconto de 2,30%.

Em uma transação de R$ 100,00, portanto, o emissor receberia do portador do cartão de crédito R$ 100,00 no prazo de, em média, 25 dias. Ele ficaria com uma fatia de R$ 1,65 e, orientado pela bandeira, repassaria R$ 98,35 em 28 dias para o sistema.

O credenciador informaria a CIP de que é preciso pagar ao varejista R$ 100 menos a taxa de desconto de R$ 2,30, isto é, R$ 97,70, o que ocorreria em 30 dias. Neste caso, a diferença entre o valor que o emissor repassa ao sistema e o valor que o sistema repassa ao varejista fica com o credenciador: R$98,35 menos R$ 97,70, equivalente a R$ 0,65.

Figura 1 – Exemplo de fluxos e valores nos cartões de crédito

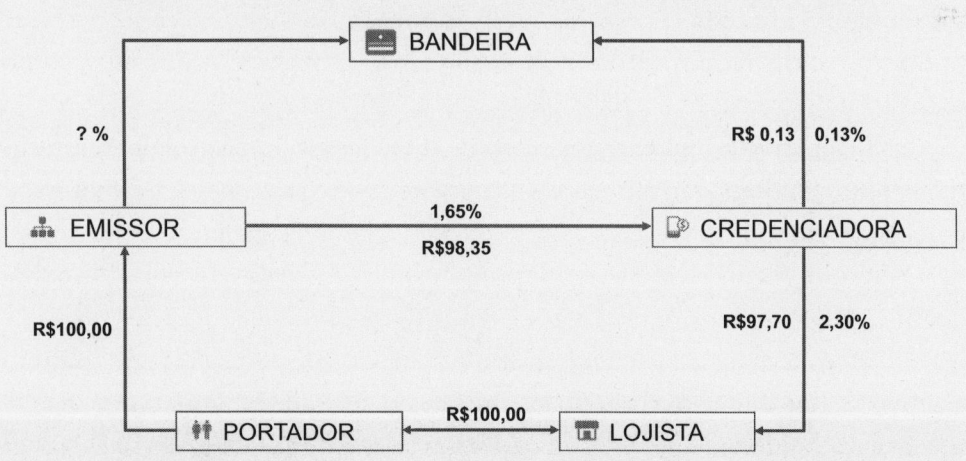

Vale lembrar que as taxas demonstradas acima são as médias do mercado brasileiro. Entretanto, há uma grande variação de cobranças realizadas, principalmente por parte dos credenciadores e subcredenciadores para os estabelecimentos comerciais ou microempreendedores individuais. As cobranças são inversamente proporcionais ao valor total das transações processadas pelo cliente. Assim, um pequeno estabelecimento comercial paga uma taxa bem superior à de uma grande rede de lojas, por exemplo.

As taxas do mercado

As bandeiras cobram de emissores e credenciadoras algumas tarifas para que eles façam parte de seu sistema de pagamentos. Esses valores, que não são públicos, variam de produto para produto.

Os emissores, por sua vez, cobram uma taxa de intercâmbio que, em geral, é determinado pela própria bandeira. Funciona da seguinte maneira: a bandeira ouve todos os elos da cadeia, contrata um agente externo, avalia as condições do mercado e determina uma transferência de preçosl ou intercâmbio. As tabelas mais recentes de taxas de intercâmbio das principais bandeiras do país, Visa e Mastercard, utilizam aspectos similares para determinar os percentuais.

O primeiro deles é a forma como a transação foi capturada, sendo ela presencial, pela internet ou via celular (mobile). Pagamentos presenciais com cartões têm menor risco de ocorrência de fraudes pois exigem digitação de senha. Assim, nas transações de pagamento no *e-commerce*, por gerar maior risco de fraude, o emissor do cartão recebe uma receita de intercâmbio maior.

O segundo ponto a ser considerado para determinar a taxa de intercâmbio é o tipo da transação realizada. Pagamentos com cartão de crédito à vista, parcelados em seis vezes ou em 12 vezes têm níveis de risco diferente, sendo que nesta última a chance de o cliente inadimplir sobe consideravelmente. Portanto, quanto maior o prazo, maior a taxa de intercâmbio.

O terceiro aspecto considerado é o mercado que se quer atingir. Existem segmentos que não suportam taxas muito altas porque a margem é extremamente baixa, a exemplo de supermercados ou postos de gasolina. Ou seja, cobrar muito poderia inibir a oferta de pagamentos com cartões por esses estabelecimentos comerciais ou prestadores de serviços aos seus clientes. Em compensação, há mercados com baixa penetração dos cartões de pagamento e, para incentivar o uso, a taxa de intercâmbio tende a ser baixa, como por exemplo no pagamento de tributos aos governos.

Por último, a forma de precificação da taxa de intercâmbio leva em consideração qual o produto do emissor usado na transação com cartão de pagamento. Quanto mais simples e básico o cartão, com menos benefícios concedidos ao portador, considerando milhagem e "cashback", por exemplo, menor o intercâmbio.

Importante destacar aqui que a tabela da taxa de intercâmbio, inicialmente dividida em apenas dois valores – 1% para captura no mesmo dia e 1,44% para captura com prazo maior, como dito anteriormente –, foi se tornando cada vez mais sofisticada com o passar do tempo, dificultando o entendimento por parte do varejista.

Evolução das taxas

Desde 2009, com o fim da exclusividade na atividade de credenciamento, as taxas cobradas no mercado de cartões de pagamento por credenciadores e emissores estão caindo, embora com alguns períodos de elevação. Essa tendência reflete a maior competição, advinda da entrada de novos players no mercado.

Nas transações com cartão de crédito à vista e parceladas, no quarto trimestre de 2009, eram descontados em média 2,98%[9] pelo credenciador do estabelecimento comercial ou prestador de serviços, de acordo com a Figura 2. No quarto trimestre de 2019, porém, esse patamar médio já tinha caído para 2,30%, tendência que continua a ser observada mais recentemente.

Interessante observar que, embora tenha ocorrido uma queda mais forte nos primeiros dois anos de maior concorrência no mercado, proveniente da disputa entre a própria Cielo e a Redecard, foi somente a partir de 2015 que as taxas de desconto iniciaram novamente a trajetória de queda, quando de fato começaram a surgir mais credenciadores no mercado.

Em relação à taxa de intercâmbio, cobrada pelo emissor, ela foi de 1,54% no quarto trimestre de 2009 para 1,65% no quarto trimestre de 2019. O que

---

[9] Banco Central do Brasil, <https://www.bcb.gov.br/estatisticas/spbadendos>, acesso em 22/09/2020.

ocorreu neste caso foi o fenômeno da "platinização". Nada mais é do que o processo de o emissor verificar em sua base de portadores de cartões o comportamento de pagamento e oferecer plásticos com mais benefícios aos clientes, cobrando uma taxa maior para isso, o que eleva suas receitas com a taxa de intercâmbio. A partir de 2012, houve uma forte "platinização" do mercado.

Uma consequência desse movimento é que as margens dos credenciadores foram fortemente impactadas. Enquanto a taxa de desconto, aquilo que ele recebe do varejista em cada transação, caiu 22,8% devido ao maior ambiente competitivo, a taxa de intercâmbio, aquilo que ele tem de pagar ao emissor, cresceu 6,8% no mesmo período, decorrente do evento da "platinização"[10].

No caso do cartão de débito, no entanto, a taxa de desconto, cobrada pelo credenciador do varejista também caiu. Ela foi de 1,61% em 2009 para 1,21% em 2019, uma redução de 24,8%. Já a taxa de intercâmbio, aquela paga ao emissor, que caiu de 0,78% para 0,55% no período analisado, por determinação do Banco Central.

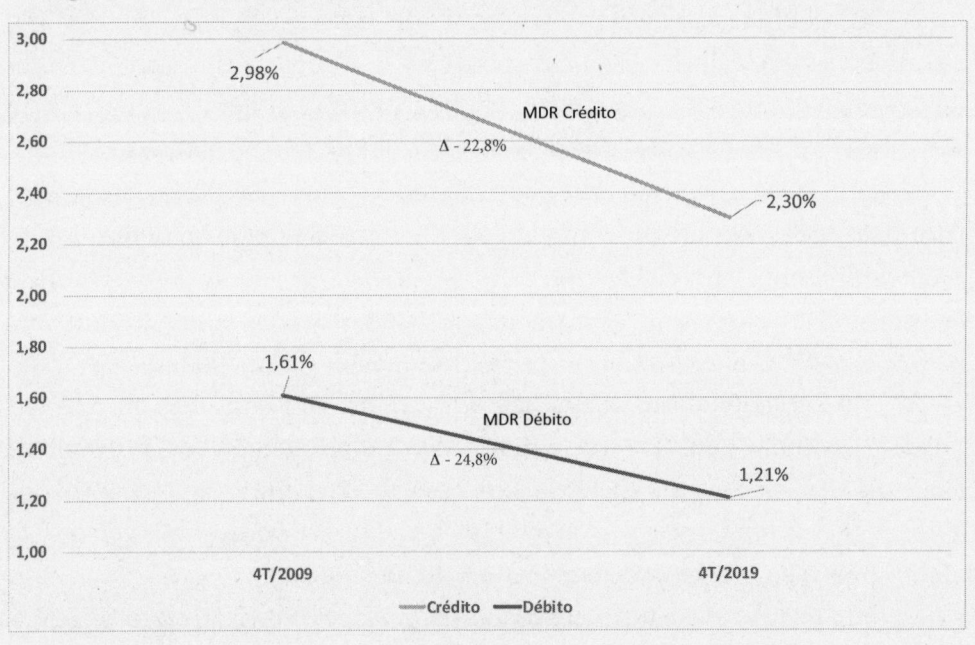

Figura 2 – Evolução das Taxas de Desconto (MDR) – Crédito e Débito

	4T/2009	4T/2019
MDR Crédito	2,98%	2,30% (Δ - 22,8%)
MDR Débito	1,61%	1,21% (Δ - 24,8%)

(Fonte: Banco Central do Brasil, Estatísticas de Pagamentos de Varejo e de Cartões no Brasil).

---

[10] <https://valor.globo.com/financas/noticia/2018/07/17/taxa-de-desconto-do-lojista-cai-mas-fatia-de-emissor-aumenta.ghtml>, acesso em 02/03/2020.

Em março de 2018[11], o Banco Central publicou uma circular que determinou que a taxa de intercâmbio não pode ultrapassar o máximo de 0,8% do valor de cada transação com cartão de débito, enquanto a média que deve ser buscada pelo mercado é de 0,5%, com o objetivo de reduzir o custo do cartão de débito para o comércio. Neste caso, representou uma compressão de 36,7% em relação ao patamar da taxa de intercâmbio praticado em 2009.

A expectativa é de que essa redução da taxa de intercâmbio seja repassada pelo credenciador ao estabelecimento comercial e deste para o consumidor, por meio da concorrência e, também, da possibilidade de diferenciação de preços, trazendo mais transparência ao mercado de meios eletrônicos de pagamento. Com custos mais baixos, os cartões de débito devem se tornar mais competitivos em comparação aos outros meios de pagamento, como dinheiro em espécie, transferências eletrônicas e cartão de crédito, aumentando o seu uso.

Competição no mercado

O mercado de credenciamento de cartões tinha apenas dois credenciadores em 2009, que representavam 100% das transações realizadas com cartões de pagamento no país. Novos competidores, no entanto, têm sido capazes de avançar sobre essa participação de mercado, conforme mostra a Figura 3.

Para que se tenha uma ideia, no segundo semestre de 2016, Cielo (ex--Visanet) e Rede (ex-Redecard) eram responsáveis por 83,1%[12] do valor total capturado em transações com cartões de pagamento no país, sendo que a Cielo detinha mais da metade do total, com 50,2%. Quatro anos depois, no segundo trimestre de 2020, a parcela de ambas as empresas havia caído para 58,4%, sendo que a fatia da Cielo havia sido reduzida para 32,4%.

Considerando as novas concorrentes desse mercado, a Getnet, do banco Santander, cresceu de 8,6% para 12,9% de participação no volume total de transações com cartões de crédito e débito entre o segundo trimestre de 2016 e o primeiro trimestre de 2020. A independente Stone foi de 1,5% para 8,2% no período, enquanto a PagSeguro, do grupo UOL, que simplesmente não fazia parte das estatísticas no segundo trimestre de 2016, conseguiu

---

[11] Banco Central do Brasil - *Circular nº 3.887 de 26/3/2018*.
[12] Cardmonitor - Relatório de Monitoração do Mercado de Cartões.

6,9% de participação no valor transacionado pelo mercado no primeiro trimestre de 2020.

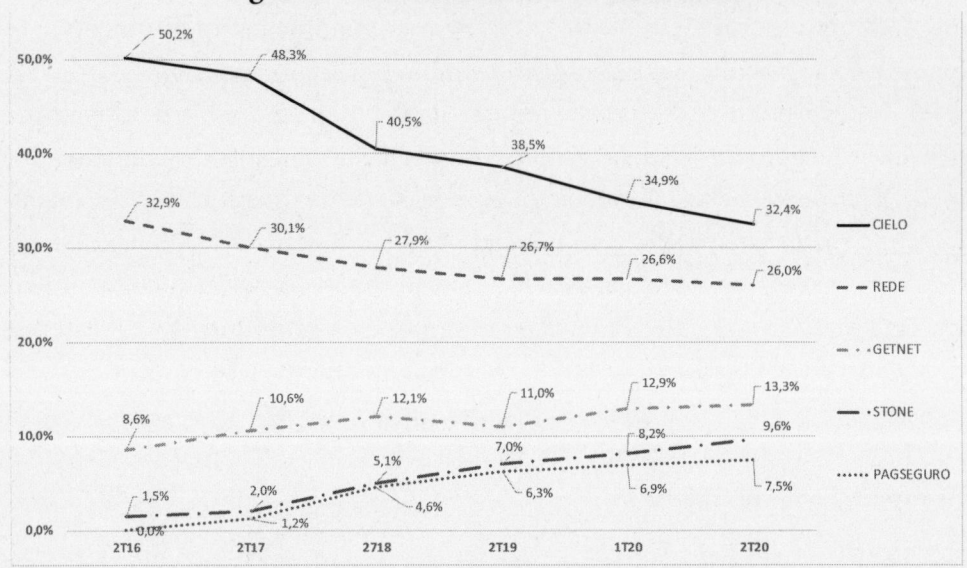

Figura 3 – *Market Share* **Credenciadoras**

Trimestre	CIELO	REDE	GETNET	STONE	PAGSEGURO
2T16	50,2%	32,9%	8,6%	1,5%	0,0%
2T17	48,3%	30,1%	10,6%	2,0%	1,2%
2T18	40,5%	27,9%	12,1%	5,1%	4,6%
2T19	38,5%	26,7%	11,0%	7,0%	6,3%
1T20	34,9%	26,6%	12,9%	8,2%	6,9%
2T20	32,4%	26,0%	13,3%	9,6%	7,5%

(Fonte: Cardmonitor - Relatório de Monitoração do Mercado de Cartões.)

Evolução do mercado

Nas últimas duas décadas, a economia brasileira foi impactada por eventos internos e externos que frearam ou simplesmente afundaram a atividade econômica do país. Entre eles, a depreciação da moeda brasileira em 2000, os ataques terroristas em 11 de setembro em 2001, o "apagão elétrico" de 2002 que deixou grande parte do país no escuro, a crise de liquidez nos mercados em 2003 decorrente do processo eleitoral, a crise do "subprime" americana em 2008 que levou grandes instituições financeiras à falência e, mais recentemente, a crise econômica de 2014 a 2018 no Brasil.

Em todas essas crises que afetaram a economia mundial e, também, a brasileira, o mercado de cartões de pagamento seguiu em franca expansão. De acordo com a Figura 4, entre 2000 e 2019, o valor total das transações com cartões de crédito no mercado doméstico cresceu a um ritmo de 18,1% em média ao ano no país, enquanto no caso dos cartões de débito o aumento verificado no montante transacionado foi de 25,4% em média ao ano no mesmo período. O volume de cartões pré-pago começou a ser divulgado a partir de 2016, o crescimento médio de 207,2% no período[13].

Figura 4 – Crescimento dos volumes de cartões de crédito, débito e pré-pago

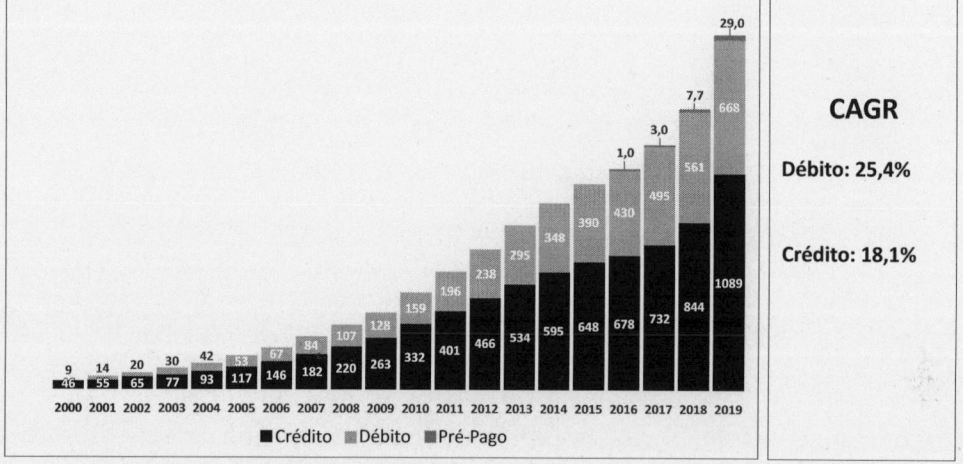

(Fonte: Banco Central do Brasil, Estatísticas de Pagamentos de Varejo e de Cartões no Brasil).

Com esse ritmo espetacular de crescimento, o mercado de cartões de pagamento chegou a alcançar o total de R$ 1,8 trilhão em valor transacionado no ano de 2019, uma evolução de 26,4% em relação ao ano anterior, segundo mostra a tabela 1 elaborada de acordo com dados do Banco Central, o maior avanço anual dos últimos oito anos[14].

Considerando os distintos produtos hoje no mercado, os cartões de crédito cresceram 29% em valor transacionado entre 2018 e 2019[15], para R$ 1,1 trilhão, enquanto os cartões de débito aumentaram 19,1%, para R$ 668 bilhões. Já os cartões pré-pagos somaram R$ 29 bilhões, mas tiveram um salto de 276,6% em 2019, impulsionados pela criação de contas de pagamento e a inclusão financeira da população que ainda não tem acesso a serviços bancários no país, chamados de não-bancarizados.

---

[13] Banco Central do Brasil, <https://www.bcb.gov.br/estatisticas/spbadendos>, acesso em 22/09/2020.
[14] Banco Central do Brasil, <https://www.bcb.gov.br/estatisticas/spbadendos>, acesso em 22/09/2020.
[15] Banco Central do Brasil, <https://www.bcb.gov.br/estatisticas/spbadendos>, acesso em 22/09/2020.

Tabela 1 – Crescimento dos pagamentos com cartão em transações domésticas

	2019	2018	VARIAÇÃO
Volume Total	1786	1413	26,4%
Cartões de Crédito	1089	844	29,0%
Cartões de Débito	668	561	19,1%
Cartões Pré-Pagos	29	8	276,6%

(*) Volume em bilhões

(Fonte: Banco Central do Brasil, Estatísticas de Pagamentos de Varejo e de Cartões no Brasil).

E por que o mercado de cartões de pagamento mantém a trajetória de crescimento mesmo enquanto toda a economia é impactada por eventos internos e externos?

Uma das repostas é que os cartões estão substituindo outras formas de pagamento mais tradicionais, como dinheiro ou cheque, um espaço disponível ainda para ser ocupado pelos meios eletrônicos de pagamento. Os dados do Banco Central[16], descritos nas Figuras 5 e 6, mostram claramente o processo de substituição de meios de pagamentos que ocorre no Brasil e que, portanto, sustenta o crescimento do mercado de cartões.

No ano de 2009, os cartões de crédito, débito e pré-pagos representavam 18,4% do valor transacionado de pagamentos no país, correspondente a R$ 391 bilhões. Os saques em dinheiro correspondiam a 30,2%, ou R$ 640 bilhões, e os cheques compensados somavam 51,4% do total, isto é, R$ 1,09 trilhão.

Com base nos dados de 2019, a situação muda completamente. Os cartões saltam para uma participação de 44,5% do valor total de pagamentos no país, para R$ 1,8 trilhão. Os saques cresceram menos, para uma fatia de 35,7% de todo o volume, correspondente a R$ 1,4 trilhão. Os cheques compensados, por sua vez, tiveram redução da participação, para 19,8% do total, com um volume de transações também menor, de R$ 794 bilhões.

Portanto, de acordo com os dados, no período de 2009 a 2019 acumulado, os cartões tiveram um crescimento de 357% na representatividade dos pagamentos realizados pelos brasileiros, enquanto o saque em dinheiro

---

[16] Banco Central do Brasil, <https://www.bcb.gov.br/estatisticas/spbadendos>, acesso em 22/09/2020.

evoluiu, porém, num ritmo menor, de 124%, e os cheques compensados caíram 27%.

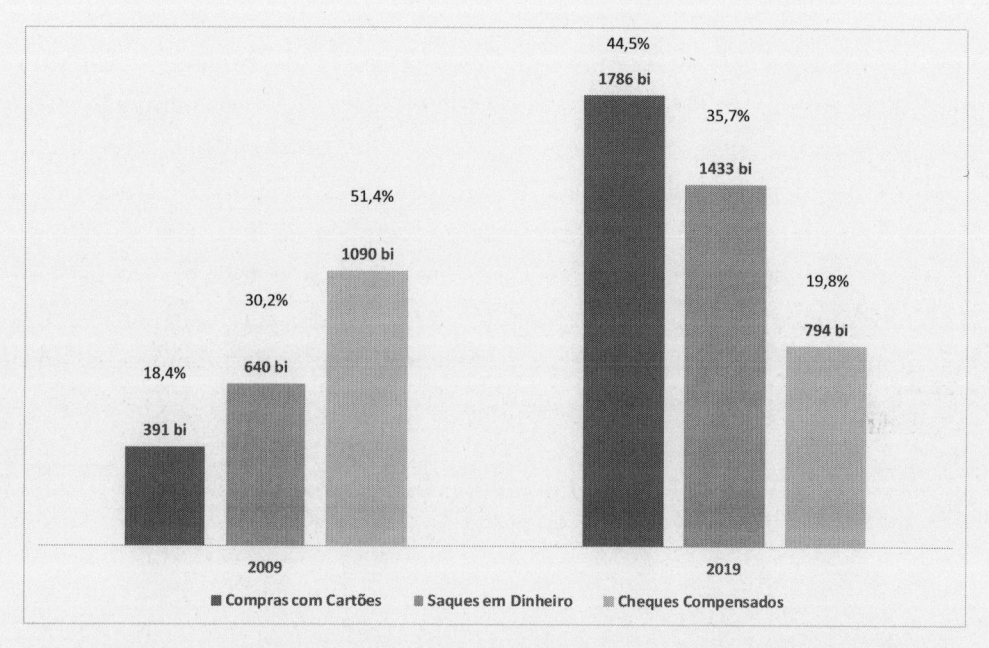

Figura 5 – Processo de substituição de meios de pagamento

	2009			2019		
Compras com Cartões	391 bi (18,4%)			1786 bi (44,5%)		
Saques em Dinheiro	640 bi (30,2%)			1433 bi (35,7%)		
Cheques Compensados	1090 bi (51,4%)			794 bi (19,8%)		

(Fontes: Abecs e Banco Central do Brasil, Estatísticas de Pagamentos de Varejo e de Cartões no Brasil).

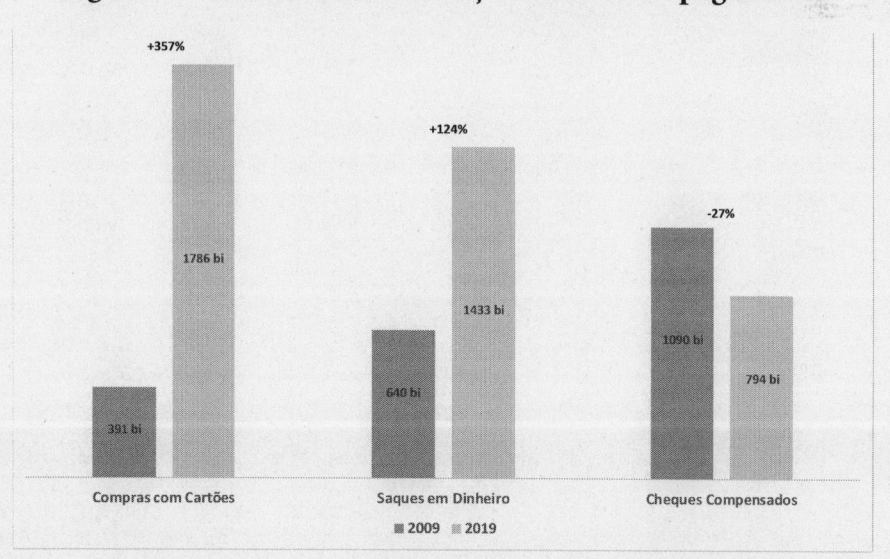

Figura 6 – Processo de substituição de meios de pagamento

	2009	2019	Variação
Compras com Cartões	391 bi	1786 bi	+357%
Saques em Dinheiro	640 bi	1433 bi	+124%
Cheques Compensados	1090 bi	794 bi	-27%

(Fontes: Abecs e Banco Central do Brasil, Estatísticas de Pagamentos de Varejo e de Cartões no Brasil).

Penetração dos cartões

Existem diversas formas de avaliar a penetração do uso dos cartões de pagamento em uma sociedade, que vão desde o número de equipamentos ou cartões por habitante até a quantidade de lojas que aceitam os cartões de pagamento. Mas, em nossa opinião, a melhor forma de analisar a questão é pela participação do valor transacionado com cartões no consumo privado total no país.

Considerando essa relação, no quarto trimestre de 2019[17], conforme a Figura 7, o valor transacionado com cartões de pagamento alcançou 43% do consumo privado no Brasil – historicamente, a cada ano, esse percentual tem crescido em média dois pontos percentuais. O valor transacionado com cartões tem aumentado num ritmo de 2 a 2,5 vezes o aumento nominal do consumo privado nacional (que inclui inflação).

Figura 7 – Uso dos cartões de pagamento no consumo privado das famílias

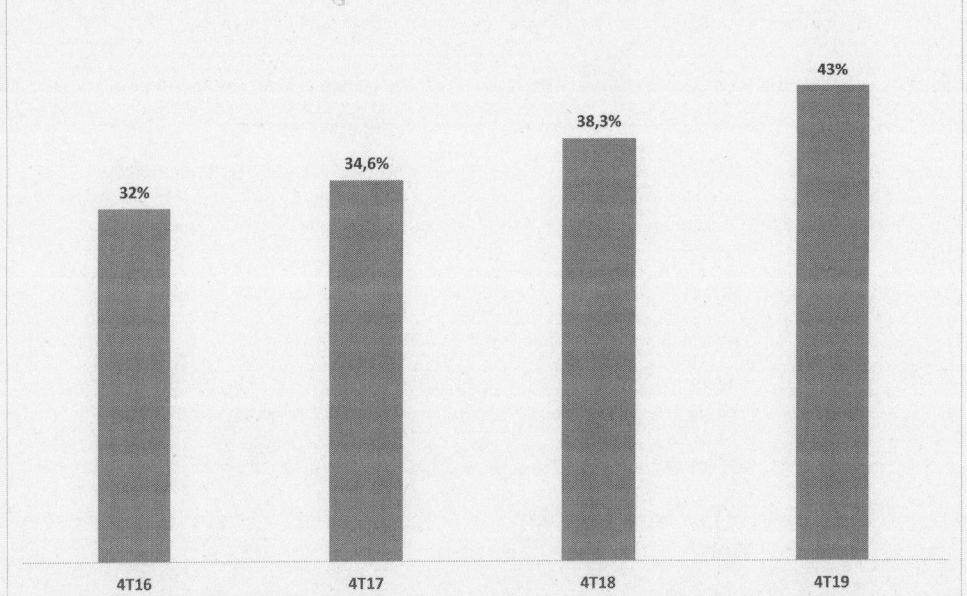

Trimestre	Percentual
4T16	32%
4T17	34,6%
4T18	38,3%
4T19	43%

(Fonte: Meios Eletrônicos de Pagamentos – Balanço de 2019, abril de 2020, Abecs).

---

[17] Meios Eletrônicos de Pagamento – Balanço 2019, Abecs, abril de 2020.

De maneira geral, estimamos que mercados com menos de 20% de penetração são "emergentes" no mundo de cartões de pagamento. Entre 20% e 45%, são mercados "em crescimento" e, acima disso, são mercados "maduros". Para ficar em alguns exemplos, na Coreia do Sul a penetração dos cartões de pagamento chega a 70%, enquanto no nos Estados Unidos, Canadá e Reino Unido é superior a 50%.

A comparação internacional desvenda o potencial de crescimento do uso dos cartões no Brasil, ainda mais se analisada a penetração desse meio de pagamento nas diversas regiões do país. Segundo nossa análise, no Sudeste, o valor total transacionado com cartões de pagamento atingiu 45% do consumo privado em 2019. No total, os brasileiros dessa região transacionaram R$ 1,1 trilhão em 2019, um crescimento de 18,7% em relação ao ano anterior.

O destaque fica por conta do estado de São Paulo, cuja penetração dos cartões de pagamento atingiu 49% do consumo privado das famílias paulistas, um percentual digno de mercado maduro.

Mas o que chama atenção é que esse patamar não é encontrado em nenhuma outra região do país. No Sul, onde a cultura do uso do dinheiro ainda predomina, foram transacionados R$ 223,5 bilhões com cartões de pagamento em 2019, mas correspondente a uma participação de 28% no consumo privado em 2019, segundo nossa análise com base em dados da Abecs (Associação brasileira das empresas de cartões de crédito e serviços) e do Instituto Brasileiro de Geografia e Estatística (IBGE).

No Nordeste, estimamos que a penetração de cartões frente ao consumo privado foi de 36% em 2019, sendo que o valor total das transações foi de R$ 247,2 bilhões naquele ano, com avanço de 18,7% em relação ao ano anterior. Já o Centro-Oeste apresentou um patamar de 34% de penetração, enquanto o valor total transacionado com cartões de pagamento foi de R$ 160 bilhões em 2019, aumento de 21,0% em relação ao ano anterior. No caso do Norte, o valor total transacionado de 2019, de apenas R$ 73,1 bilhões, cresceu mais fortemente que nas outras regiões, 24,1%, mas correspondeu a 28% do consumo privado.

Há uma lacuna nas estatísticas oficiais sobre o mercado de pagamentos no Brasil: elas não conseguem abranger bandeiras e emissores regionais, que atuam em localidades específicas e atendendo nichos de clientes. Estima-se que o Brasil tenha cerca de 600 bandeiras não contabilizadas – que, embora sejam numerosas, não devem ser capazes de mudar as tendências gerais reveladas pelos números oficiais, segundo os autores.

O que chama atenção, no entanto, é a oportunidade regional que bandeiras, emissores e credenciadores têm no Brasil. Os cartões de crédito, débito e os pré-pagos ainda não chegaram a essas regiões de maneira a simplificar a vida das pessoas que ali vivem, a exemplo do que ocorreu em maior escala no Sudeste.

2

A complexidade da indústria

A indústria de cartões de pagamento foi organizada basicamente em torno de bandeiras, emissores e credenciadoras, mas ganhou cada vez mais complexidade à medida que os consumidores começaram a usá-los em suas compras do dia a dia, os vendedores aceitaram a modalidade em seus negócios e novas empresas prestadoras de serviço passaram a fazer parte do processo de uma transação.

Uma forma mais clara de entender o que aconteceu é imaginando a expansão dessa indústria como a expansão de uma rodovia. Uma pequena estrada foi construída no início dos anos 1950 nos Estados Unidos, com fluxo limitado regionalmente e destinada a poucos passageiros e empresas de transporte. Com o passar do tempo, essa estrada tornou-se uma grande "highway", passou a ter conexões com outras regiões e países, atraiu o interesse de novas transportadoras e recebeu mais viajantes. No início, era preciso apenas uma faixa para dar conta do tráfego limitado, porém, foi preciso construir mais faixas, cada vez maiores, para suportar um fluxo que simplesmente não parava de crescer. Com isso, novas empresas passaram a prestar serviços auxiliares ao tráfego, como socorro em caso de acidente, recolhimento de pedágio e postos de conveniência. A estrada agora havia se tornado uma poderosa rede de transporte.

Assim também aconteceu com a indústria de cartões, que começou com uma plataforma americana Diners, preparada a atender um fluxo limitado de transações de um seleto grupo de estabelecimentos comerciais e consumidores na década de 1950, a exemplo da pequena estrada citada acima. Hoje, no entanto, ela já se transformou em uma "highway" com transações realizadas em todas as partes do mundo, feitas por consumidores de cada canto do planeta e viabilizadas por inúmeras empresas de pagamento e outros prestadores de serviços auxiliares.

Toda essa plataforma – ou "payments rails" – foi desenvolvida sempre com base na busca por segurança, velocidade e simplicidade a cada transação, sem que se tivesse uma explosão dos custos aos portadores do plástico nem das fraudes para os estabelecimentos comerciais. Caso contrário, o comprador iria voltar para os competidores de sempre dos cartões, o dinheiro ou o cheque. Para que isso não ocorresse, em 70 anos de história, houve uma extraordinária melhoria dos processos: a captura das transações deixou de ser manual para se tornar eletrônica, eliminou-se a necessidade de autorização por telefone e os tempos de autorização, processamento e liquidação do pagamento caíram consideravelmente.

Para que se tenha uma ideia, no Brasil, até o início dos anos 2000, os cartões eram colocados na base de uma impressora manual[18], um equipamento conhecido como "reco-reco" ("Zip Zap", nos Estados Unidos) que copiava no carbono as informações em alto relevo do plástico. Uma via ficava com o portador do cartão, uma com o estabelecimento comercial e a outra era enviada para o banco, que faria o crédito na conta do vendedor. Tudo de maneira física, o que – é claro – dava margem para erros e fraudes. As instituições financeiras conviviam com grandes perdas decorrentes da falta de segurança, já que lojistas poderiam depositar boa quantidade de recibos de vendas falsos.

Somente em 1974, com o advento da tarja magnética, essa realidade começou a melhorar no mercado americano e, no Brasil, no início dos anos 1990. Essa tecnologia possibilitava rastrear as transações, o que permitiu redução das fraudes – mas, como citado anteriormente, era só o início desse processo, porque os golpistas logo começaram a desenvolver a capacidade de roubar os dados da tarja por meio de dispositivos "skimmers" instalados nas máquinas de cartão, chamados de "chupa-cabras", forçando a indústria a novamente se sofisticar com a criação do código de verificação do cartão (CVC), informado no momento da compra.

À época da captura manual, a autorização da transação era feita por telefone, portanto era comum o pagamento demorar durante os tempos de festas, como por exemplo o Natal, quando os estabelecimentos ficavam repletos

---

[18] SANTOS, Edson Luiz dos. *Do Escambo à inclusão financeira: a evolução dos meios de pagamento*. São Paulo: ed. Linotipo Digital, 2014.

de clientes e os funcionários eram obrigados a ligar para a central para checar se a transação poderia ser fraudulenta. A demora, muitas vezes, acabava desincentivando o uso do plástico como forma de pagamento.

Em 1974, a então ICA (hoje Mastercard) passou a utilizar um sistema informatizado, eliminando a necessidade de autorizações telefônicas nos estabelecimentos comerciais. A evolução foi tamanha desde então que, atualmente, a percepção do portador é de que uma transação com cartão é feita em aproximadamente cinco segundos, o que pode ser mais rápido ou demorado, dependendo do local em que se está.

Toda essa evolução no setor, feita para garantir mais segurança, agilidade e simplicidade, levou ao surgimento de outros negócios na cadeia de pagamentos, conforme mostra a Figura 8, logo adiante. Em primeiro lugar, a transação só acontece quando um emissor entrega um cartão para o comprador. Mas não um simples cartão. Um fabricante insere um chip com informações e parâmetros sobre o portador e o tipo de plástico. Empresas especializadas ainda fazem a marcação dos dados no próprio cartão, para identificar informações do usuário. A entrega do cartão ao portador ainda exige uma logística com alto nível de segurança no transporte, para que ele não caia nas mãos dos fraudadores.

No estabelecimento comercial ou prestador de serviço, a credenciadora torna o varejista apto a receber o pagamento por suas vendas com cartões. Antes disso, fabricantes das máquinas criam diferentes modelos para os equipamentos, dependendo do público a ser atendido. Empresas de tecnologia desenvolvem os *softwares* a ser utilizados nesses dispositivos, que farão a comunicação com a plataforma de cartões. Companhias de telecomunicações permitem a conectividade da máquina, uma vez que 80% dos terminais no Brasil são sem fio e têm um cartão SIM Card inserido.

Prestadores de serviços especializados vendem, principalmente aos estabelecimentos com mais de um ponto de venda, o "pin pad", equipamento que está integrado à frente de caixa e conectado ao sistema de captura chamado "TEF" (Transferência Eletrônica de Fundos). Na própria comunicação entre as diferentes empresas do mercado, as informações são encaminhadas criptografadas e, portanto, é preciso um *hardware*, conhecido como "HSM" ("Hardware Security Module"), de uma prestadora de serviço especializada que venda essa solução. Já a liquidação da transação é realizada em uma "clearing house", isto é, em uma câmara de liquidação, que no caso do Brasil é a Câmara de Pagamentos Interbancários (CIP).

Caso esteja no comércio eletrônico, o estabelecimento comercial ainda tem à disposição um sistema de captura de transação específico e, se for um pequeno varejista *online*, pode se conectar a um "gateway" de pagamento, companhia responsável por fazer a comunicação com um credenciador. Outras empresas ainda fornecem o serviço de antifraude no *e-commerce*, realizando checagens com base no perfil do comprador, do vendedor e da compra do bem ou serviço em si. Com isso, elas criam um *score* de risco da transação, utilizado pelo varejista para gerenciar a aprovação da compra e evitar um futuro "chargeback" por fraude.

Figura 8 – Complexidade da Indústria

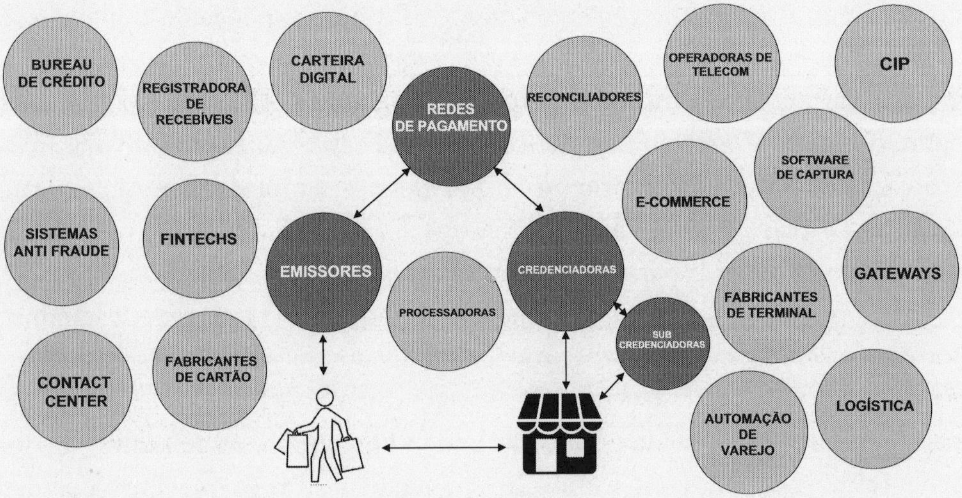

No total, são mais de 25 tipos de negócios diferentes que compõem a indústria de cartões de pagamento no Brasil, os quais auxiliam consumidores, estabelecimentos comerciais ou dão suporte às atividades de bandeiras, emissores e credenciadores. No entanto, um efeito colateral dessa extensa cadeia foi que ela acabou se tornando complexa e cara. O reflexo disso está na taxa de desconto cobrada do lojista em cada transação, a remuneração de todos os participantes.

Essa indústria se tornou, de certa forma, como uma "máquina de Goldberg", em referência ao inventor e cartunista norte-americano Reuben Garrett Lucius Goldberg (1883–1970)[19]. Ele desenhava máquinas extremamente complicadas, com vários equipamentos interligados de maneiras diferentes e inusitadas,

---

[19] <https://en.wikipedia.org/wiki/Rube_Goldberg>, acesso em 04/03/2020.

mas que executavam tarefas extremamente simples, como acender uma lâmpada ou encher um copo com água, de acordo com o que está representado na Figura 9.

Figura 9 – Máquina de Goldberg

É o que ocorre quando utilizamos um cartão de pagamento. Para os consumidores, existe a sensação de ser algo simples e veloz. Entretanto, o que acontece nos bastidores é totalmente diferente. Nos primeiros segundos da transação é obtido um código de autorização para que ela ocorra. No decorrer do dia, os principais participantes da indústria processam os pagamentos em lotes ou filas, momento chamado de "processamento batch", algo que leva tempo e envolve diversos atores do mercado. A liquidação efetiva da transação só ocorre no dia seguinte, se for uma transação de cartão de débito, ou em 30 dias, no caso de uma transação de cartão de crédito à vista. Daí a alusão à máquina de Goldberg.

De maneira mais direta, o que a indústria de cartões está fazendo é buscar o dinheiro do comprador e transferir ao vendedor, com pouca fricção e muita eficiência. Mas, por trás dessa simplicidade, existe uma estrutura robusta – uma "highway" – construída ao longo de décadas e mantida até o momento. Interessante notar que essa estrada, no entanto, poderá passar por mudanças profundas nos próximos anos. O avanço da tecnologia tem sido capaz de permitir a transferência de valores entre pagador e recebedor de forma rápida, simples e segura, da mesma forma como transferimos uma foto, um vídeo, um áudio ou um texto. Será possível dizer que há espaço para a indústria de cartões passar por uma verdadeira "inovação disruptiva"?

A inovação disruptiva

O conceito de "inovação disruptiva" foi apresentado pela primeira vez por Clayton Christensen (1952-2020) e Joseph Bower (1938), em 1995[20]. Eles identificaram que empresas líderes em seus setores apresentavam dificuldades em permanecer nessa posição quando tecnologias ou condições de mercado apresentavam rápidas mudanças. Olhando em retrospectiva, era possível observar esse movimento com a Xerox, que permitiu que a Canon entrasse no mercado das copiadoras de pequeno porte. Ou, então, a líder do mercado de *mainframes* IBM, que negligenciou o advento dos minicomputadores. Já na indústria automobilística, Ford e Chevrolet viram a competição crescer quando a Toyota, a Hyundai e a Kia, após iniciarem suas jornadas com carros populares, gradativamente passaram a atender segmentos "premium", de automóveis com valor mais alto.

Empresas líderes de mercado costumam falhar em perceber a chegada de novas tecnologias devido a um dogma bastante conhecido na gestão de negócios: o fato de ficarem muitas vezes presas ao passado. Com alta lucratividade, taxas históricas de crescimento e foco em atender aos clientes atuais, normalmente grandes e lucrativas contas, elas acabam investindo em inovações incrementais que irão melhorar os produtos e serviços existentes. Dessa forma, o investimento em novos mercados que não atendem as demandas de crescimento da empresa já estabelecida acaba preterido. Mesmo porque explorar um novo segmento ou faixa de cliente envolve incertezas que os modelos tradicionais de análise de risco e retorno não estão preparados para tratar.

Toda essa lógica resulta no que Christensen e Bower chamam de o "dilema da inovação" das empresas líderes de mercado. Essas companhias deixam

---

[20] BOWER, J.; CHRISTENSEN, C. "Disruptive Technologies: Catching the Wave", *Harvard Business Review*, Janeiro-Fevereiro de 1995.

de olhar novos grupos de clientes e mercados que demandam alternativas de produtos mais simples e baratos, permitindo que *startups* – negócios novos e com alto potencial de crescimento – passem a focar nas oportunidades que existem nesses nichos. O risco é que, com o tempo, a "novata" do mercado desenvolva e melhore tanto seu produto ou serviço que passe a atender cada vez mais a um grupo maior de clientes, ameaçando inclusive ganhar mercado da empresa incumbente. Uma forma de driblar essa realidade seria as empresas estabelecidas criarem unidades de negócios, ou novas empresas, focadas em atender a novos segmentos de clientes e mercados, com uma nova oferta de produtos e serviços e uma estrutura de custos adequada.

Empresas estabelecidas costumam subestimar o impacto de uma nova tecnologia para o mercado, na medida em que essa tecnologia pode não atender à demanda do grupo de clientes já conquistados. Como exemplo: a Xerox era a empresa líder na venda de copiadoras nos setores corporativo e governamental, seus clientes eram bem atendidos pelos produtos da empresa, bem como pelas suas inovações incrementais. Uma copiadora portátil não atenderia a esse grupo de clientes, afinal não faria sentido trocar um produto robusto e com excelente performance por um produto mais barato e frágil. No entanto, a concorrente Canon decidiu criar uma copiadora portátil, de olho em quem estava desassistido neste mercado, passando a atender empresas de menor porte e pessoas físicas – como resultado, o lançamento foi um sucesso. Decisões de investimento racionais e analíticas, utilizadas por empresas líderes em seus mercados, tornam difíceis o direcionamento de recursos para inovações que atendam novos mercados e clientes emergentes que são à primeira vista pouco significativos.

O modelo de inovação disruptiva de Christensen e Bower está baseado no surgimento de novos entrantes que iniciam a sua operação servindo clientes menos rentáveis, ou mercados não atendidos. Essas empresas começam com uma oferta de produto conhecida como "bom o suficiente". À medida que o tempo passa e os produtos se tornam melhores, maduros e confiáveis, estas empresas evoluem a sua estratégia para atender cientes mais sofisticados, passando a competir com empresas estabelecidas e líderes. A Figura 10 mostra a trajetória de incumbentes em comparação aos novos entrantes, que começam por mercados desatendidos e atingem os mercados principais.

Figura 10 – Modelo de Inovação Disruptiva

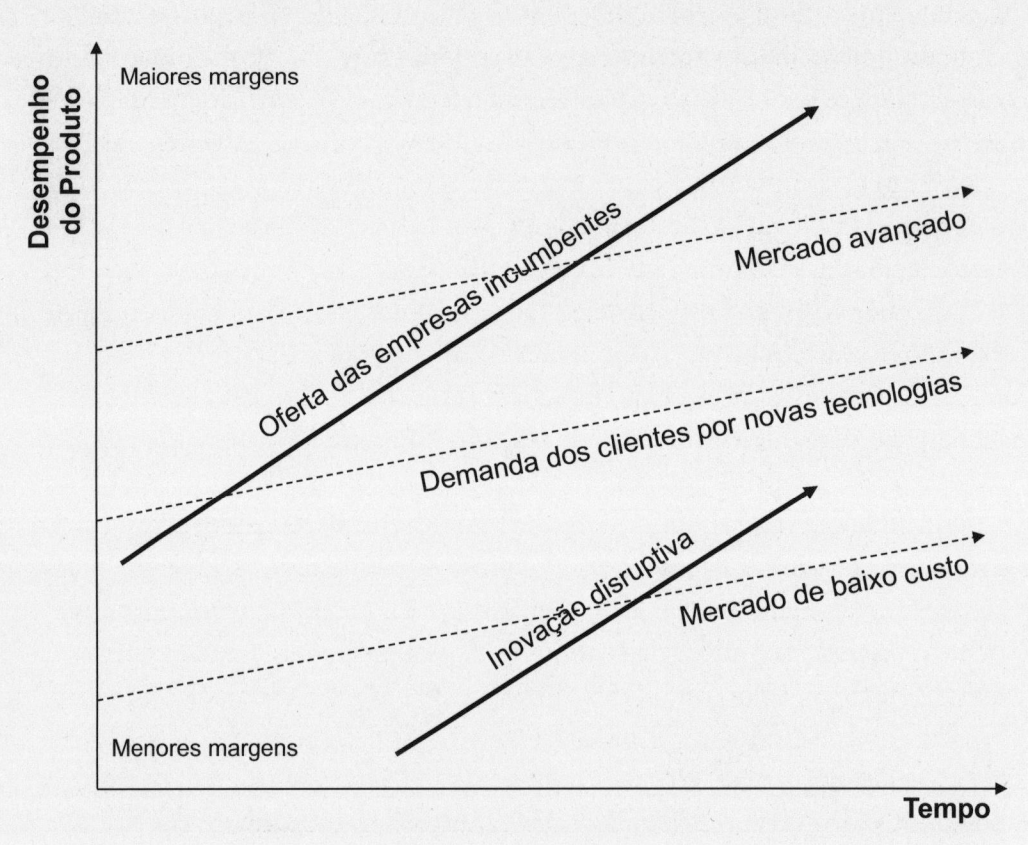

Eixo Y: Desempenho do Produto (Maiores margens / Menores margens)
Eixo X: Tempo

- Oferta das empresas incumbentes → Mercado avançado
- Demanda dos clientes por novas tecnologias
- Inovação disruptiva → Mercado de baixo custo

(Fonte: "What is Disruptive Innovation?", Christensen, C., Raynor, M., McDonald, R., *Harvard Business Review*, dezembro de 2015).

A plataforma de *streaming* de séries e filmes Netflix é um bom exemplo do modelo de inovação disruptiva. A Blockbuster era líder de mercado, atendendo clientes premium, que buscavam conveniência e qualidade ao assistir filmes recém-lançados ou clássicos. No início, a Netflix entrou com um modelo de entrega de filmes via correio, levando alguns dias entre o pedido e a entrega, o que necessitava planejamento e nem sempre atendia a demanda dos clientes que usavam a Blockbuster. Nesse modelo, a Netflix focava clientes que não se importavam em ser os primeiros a assistir um lançamento, que eram novos usuários de DVD e compravam *online*.

Com a evolução da tecnologia, no entanto, a Netflix passou a oferecer *streaming* de vídeo pela internet *on demand*, com baixo preço, alta qualidade e conveniência, passando a servir também o mercado dos clientes da Blockbuster. É interessante refletir que caso a Netflix tivesse iniciado no mercado tendo como alvo os mesmos clientes da Blockbuster, certamente a reação inicial da empresa líder não teria sido negligenciá-la.

Abaixo, descrevemos dois exemplos clássicos de inovação disruptiva: o caso da Kodak, na indústria de fotografia, e o da Nokia, no mercado de celulares.

Kodak

A Kodak, uma empresa da indústria de fotografias criada em 1888 por George Eastman com sede nos Estados Unidos, era líder em seu mercado no século XX, com a venda de filmes, câmeras e equipamentos para seus clientes em todo o mundo.

Steve Sasson, engenheiro da companhia, desenvolveu em 1975[21] a primeira câmera digital, que não necessitava de um filme para tirar as fotos e revelá-las. No entanto, a tecnologia não foi bem explorada estrategicamente dentro da empresa. A Kodak via as câmeras digitais como uma ameaça ao seu modelo de negócio, uma vez que com elas as vendas de filmes fotográficos iriam cair drasticamente, algo que se tornou inevitável posteriormente.

No momento em que entendeu que o mundo digital poderia ser uma forma de otimizar seu negócio, a Kodak comprou uma empresa, em 2001, que permitia montar álbuns *online* de fotografias e revelá-las, muito antes da explosão das plataformas de compartilhamento de fotos, a exemplo do Instagram. O que a companhia estava fazendo era, na verdade, uma digitalização de um negócio que ela já fazia. A Kodak falhou em entender que, na verdade, o grande negócio era justamente permitir o compartilhamento de fotos entre seus clientes pela internet.

Concorrentes como a Fuji, por exemplo, se repaginaram e partiram para novos negócios. Usaram a capacidade que tinham em revelação e foram para outros mercados, a exemplo das áreas de cuidados médicos e saúde. A Kodak, no entanto, continuou apostando em seu modelo tradicional, e acabou por perder a onda digital da inovação em sua indústria. Em 2012, foi decretada a falência da Kodak e, curiosamente, no ano seguinte, o Facebook comprou o Instagram por US$ 1 bilhão.

---

[21] DIAMANDIS, P., KOTLER, S., "Goodbye Linear Thinking: Hello Exponential!", *Rotman Management Magazine*, primavera de 2016.

Nokia

Criada em 1865 na Finlândia para fabricação de produtos de madeira, papel, pneus, calçados de borracha, cabos e materiais elétricos, a Nokia foi aos poucos iniciando a produção de telefones, rádios e computadores até que, em 1992, focou na indústria de telecomunicações com o lançamento do primeiro celular com tecnologia Group Special Mobile (GSM)[22], o Nokia 1011. Como a primeira companhia a criar uma rede por celular em todo o mundo, a Nokia era líder global na venda de celulares no fim dos anos 1990 e início dos anos 2000, superando, em 1998, a Motorola em *marketshare*.

Com o passar do tempo, no entanto, a empresa começou a se preocupar com a concorrência. Em meados dos anos 2000, a indústria de telecomunicações estava mais competitiva. Novas empresas asiáticas entraram nos mercados europeu e americano de venda de aparelhos, com novas capacidades de design, produção e distribuição de telefones, com o objetivo de atender o mercado "low end" (conhecidos como "feature phones") com preços mais baixos.

Em 2003 a empresa Research in Motion (RIM) lançou o telefone BlackBerry com a funcionalidade de leitura de e-mail, mirando o mercado corporativo. Em 2007 a Apple lançou o iPhone nos Estados Unidos, com o produto ganhando escala mundial no ano seguinte. Com o iPhone, a indústria de telefones celulares consolidou uma transição do foco no aparelho (*hardware*) para foco nos aplicativos e no sistema operacional. Também fez parte desse movimento o sistema Android, desenvolvido pela Google, e que foi distribuído em caráter *open source* para fabricantes de aparelho. A partir daí, a Nokia começa a perder participação de mercado para os *smartphones* produzidos pela Apple e aqueles dotados do sistema operacional Android. Enquanto isso, aumentava as suas apostas no seu sistema operacional Symbian[23].

Para responder à concorrência do Google na área de serviços de localização, em março de 2007, a Nokia decidiu comprar uma empresa chamada

---

[22] Estudo de Caso feito em Harvard. "Ascensão e Queda da Nokia". Cf.: ALCACER, Juan; KHANNA, Tarun; SNIVELY, Christine, *Harvard Business School*,716-P06, 21-fevereiro-2014.

[23] ALCACER, Juan; KHANNA, Tarun; SNIVELY, Christine, "The Rise and Fall of Nokia", *Harvard Business School*. Estudo de Caso, 9-714-428, Revisto em 11 de Junho de 2020. Cf.: <https://www.hbs.edu/faculty/Pages/item.aspx?num=46041>. Acesso em 22/09/2020.

Navteq, por US$ 8,1 bilhões, que tinha como principal negócio produzir e instalar nas estradas sensores para acompanhar o trânsito e apontar nos mapas da Nokia os caminhos mais livres. A Navteq tinha sensores instalados ao longo de 400 quilômetros de estradas em 13 países da Europa.

Enquanto a Navteq montava essa robusta estrutura física na Europa, em Israel, era desenvolvido o Waze, um aplicativo que permitia usar os próprios celulares dos clientes como sensores de trânsito. O Waze dependia de um *hardware* que já estava nas mãos das pessoas, espalhado por todo o mundo: o celular. Com isso, o custo marginal de adicionar novos usuários era praticamente zero. Já a Naviteq dependia da instalação física de sensores, uma estrutura cara e demorada. Dois anos depois, o Waze já tinha 50 milhões de usuários, isto é, "sensores". Já a Nokia, com a Naviteq, não conseguiu atingir esse crescimento exponencial na mesma forma.

A Nokia acabou sendo vendida para a Microsoft em 2013, quando valia US$ 7,2 bilhões, praticamente o mesmo preço que pagou pela Naviteq. Mas, quando adquiriu a Naviteq, a Nokia tinha um valor de mercado de US$ 140 bilhões. Já o Waze foi vendido para o Google em 2013 por US$ 1,1 bilhão.

O conceito de inovação disruptiva de Christensen e Bower tem sofrido críticas ao longo dos anos. A dupla parte da ideia de que os novos entrantes iniciam a sua operação servindo clientes menos rentáveis, ou mercados não atendidos. Dessa forma, empresas como Uber e Apple teriam criado inovações incrementais porque não entraram no mercado com soluções para atender clientes desassistidos[24].

No entanto, a Apple reformulou o ecossistema entre operadoras de telefonia e desenvolvedores de aplicativos. Já o Uber, embora inicialmente tenha tido como proposta de valor o lançamento de uma experiência diferenciada envolvendo carros "black" e consumidores dispostos a pagar até mais caro para ter a melhor experiência, acabou por atingir uma população que não tinha recursos para pagar por um táxi. E mais: o Uber inspirou outros modelos de negócio, como a plataforma de hospedagem Airbnb, cunhando o termo que

---

[24] CHRISTENSEN, C.; MCDONALD, R.; RAYNOR, M., "What is Disruptive Innovation?". *Harvard Business Review*, dezembro de 2015. Cf.: <https://hbr.org/2015/12/what-is-disruptive-innovation>. Acesso em 22/09/2020.

descreve o chamado efeito "uberização". Como não classificar o Uber como uma das grandes inovações da última década?

A inovação de sustentação, ou incremental, tem o foco em melhorar produtos e serviços existentes, atendendo clientes e segmentos atuais por meio de fidelização e vendas adicionais. A disrupção, por sua vez, ocorre atendendo novos clientes, diminuindo custos, mudando a experiência ou a forma como um produto ou serviço é entregue ao consumidor.

Não entraremos no mérito se os conceitos de inovação disruptiva definidos por Christensen e Bower continuam válidos. Adotaremos como conceito de inovação disruptiva a tecnologia ou modelo de negócio – ou ambos – que criam ou melhoram um novo produto ou serviço de uma forma que o mercado não espera, gerando novos mecanismos para capturar valor, gerando disrupção em empresas e mercados estabelecidos, levando ao surgimento das chamadas "organizações exponenciais".

As organizações exponenciais

Em todo o mundo, indústrias como a de cartões de pagamentos, complexas, repletas de intermediários e, portanto, caras, têm sofrido mudanças significativas nas últimas décadas decorrentes da quarta revolução industrial, em que a capacidade de processamento dos computadores disparou, o custo de armazenamento de informações se tornou mais acessível e a velocidade da comunicação ficou cada vez mais rápida.

Os especialistas têm estudado as características dessa nova revolução para poder aprimorar sua definição. Um destaque coube ao trabalho de Peter Diamandis (1961-)[25], da Singularity University e X Prize Foundation. Ele observou que o extraordinário crescimento das empresas na quarta revolução industrial, que são capazes de mudar sua indústria completamente, está baseado em um ciclo composto por seis fases, nomeadas como "6Ds", descrito na Figura 11: digitalização, decepção, disrupção, desmaterialização, desmonetização e democratização.

---

[25] DIAMANDIS, P.; KOTLER, S. "Goodbye Linear Thinking: Hello Exponential!", *Rotman Management Magazine*, primavera de 2016.

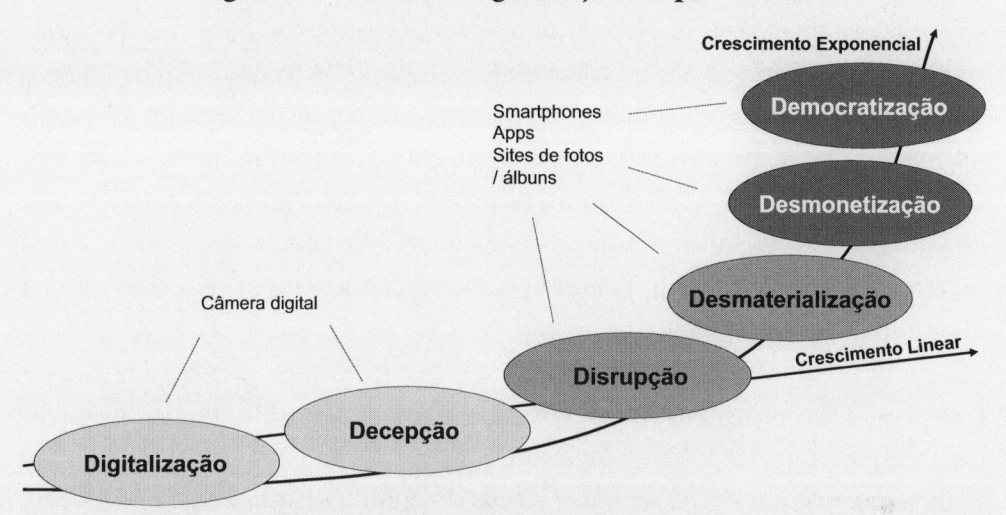

Figura 11 – 6Ds das Organizações Exponenciais

(Fonte: "Goodbye Linear Thinking: Hello Exponential!", Diamandis, P., Kotler, S., *Rotman Management Magazine*, primavera de 2016).

Diamandis parte da premissa de que tudo que é "digitalizado" pode ser disseminado mais facilmente e, portanto, tem chance de entrar em uma fase de crescimento exponencial. No entanto, logo em seguida, há uma "decepção", uma vez que a tecnologia digital em estágio inicial de implementação não apresenta saltos de crescimento como normalmente é esperado. No início, o crescimento exponencial de números pequenos – como 0,01, 0,02, 0,04 e 0,08 – é basicamente zero, pouco notado. É preciso tempo para que a tecnologia realmente entre numa fase de "disrupção", com os saltos de crescimento de 1 mil para 100 mil, 1 milhão e 1 bilhão ocorrendo com magnitudes mais relevantes.

Quando uma tecnologia se torna disruptiva, nas fases iniciais do crescimento exponencial, ela provoca a "desmaterialização" do que antes existia – como o GPS, a câmera fotográfica, a calculadora, o sistema de vídeo conferência, entre outros produtos que se tornaram aplicativos de celulares. Assim que a desmaterialização ocorre, os ativos se tornam digitais e, portanto, mais baratos, alguns deles até mesmo gratuitos. A digitalização em conjunto com a desmaterialização ainda leva à desintermediação, provocando o barateamento de processos e serviços. É neste momento que ocorre a "desmonetização", ou seja, a redução de custos pela desmaterialização de ativos e desintermediação de processos e cadeias. Aqui, o sentido de desmonetizar não seria eliminar a moeda em uma transação, mas sim reduzir significativamente os preços.

Como exemplo, basta pensar que o Skype desmonetizou as operadoras de longa distância, o iTunes fez o mesmo com as lojas de música, o Uber reduziu os ganhos das empresas de táxis, a Amazon ameaçou as livrarias tradicionais, o eBay substituiu a ida dos consumidores às lojas de comércio local e a XP possibilitou o acesso de investidores com menor renda a produtos de investimento mais sofisticados, que antes estavam disponíveis apenas no segmento "private" de grandes bancos. A última etapa, portanto, é a "democratização", quando mais pessoas e empresas conseguem ter acesso ao produto ou serviço, porque está disponível ou é mais barato.

Essas características, os "6Ds", estão presentes nas chamadas organizações exponenciais, que crescem em uma velocidade muito maior do que as empresas denominadas lineares, usando menos recursos, novas formas de estruturação de equipe e tecnologias digitais, segundo os criadores do conceito, Salim Ismail (1965-), Michael S. Malone (1942-) e Yuri van Geest (1973-)[26].

Organizações lineares tradicionais adotam uma estrutura hierárquica rígida e processos sequenciais, em que as estratégias de crescimento são definidas tendo como base os dados históricos, "olhando o retrovisor", e extrapolando para o futuro, refletindo processos inflexíveis, com pouca experimentação e inovação, baixa autonomia e intolerância a riscos. Para crescer, as empresas lineares contratam mais pessoas e ampliam os ativos fixos próprios, tornando-se cada vez mais robustas. Elas não investem em tecnologia como uma estratégia para automação de processos e ganhos de eficiência e, como resultado, as taxas de crescimento são proporcionais ao número de funcionários e dos ativos fixos.

Organizações exponenciais, por sua vez, funcionam de maneira totalmente diferente. Em vez de manter uma hierarquia rígida, elas dão mais autonomia aos funcionários, são organizadas horizontalmente e formam equipes menores com elevada responsabilidade sobre o que estão fazendo. Elas abrem espaço para experimentação, que pode ser criada internamente, surgir da demanda de um cliente ou de uma parceria no mercado. Mantém um seleto grupo de funcionários altamente capacitado, que usa de maneira intensa a tecnologia para garantir crescimento, mas com "leveza" da estrutura física.

---

[26] ISMAIL, Salim; MALONE, Michel S.; VAN GEEST, Yuri. *Organizações Exponenciais: por que Elas São 10 Vezes Melhores, Mais Rápidas e Mais Baratas que a sua (e o que Fazer a Respeito)*. Rio de Janeiro: ed. Alta Books, 2018.

Além disso, elas utilizam o conceito de "equipe sob demanda", no qual profissionais com elevado "know-how" em um tema são contratados para reforço e treinamento do time. Fazem uso massivo de algoritmos para automatizar processos e analisar dados. Constroem comunidades engajando funcionários, parceiros e clientes com base em um propósito de negócio transformador e de elevado impacto. Utilizam *dashboards* para gerenciamento do negócio em tempo real, fomentando transparência, rápido *feedback* e melhoria contínua. Essas organizações usam inovações disruptivas em seus negócios, o que as permite crescer dezenas[27] de vezes mais rapidamente do que as concorrentes tradicionais, ou "lineares".

O crescimento exponencial é alcançado por meio da inovação. Historicamente, grandes companhias líderes em seus mercados têm dificuldade em inovar. É mais fácil fazer inovações incrementais em cima de um modelo de negócio já existente do que simplesmente abrir uma "nova estrada". A "inovação disruptiva" é mais difícil de ser alcançada pelas companhias estabelecidas, com processos lineares, portanto acabam ocorrendo no mundo das *startups*.

De certa forma, essas organizações usam a digitalização para criar negócios que levam à desmaterialização de ativos, à desintermediação de cadeias, à desmonetização e, como resultado, à democratização. No princípio, é normal a curva de crescimento do negócio ser igual ao das organizações lineares, o que faz com que passem despercebidas por alguns anos. Com o passar do tempo, no entanto, as diferenças começam logo a aparecer, em benefício das organizações exponenciais.

---

[27] *Idem* nota 26.

3

As 6 forças da transformação

Sob a ótica da indústria de pagamentos, ainda não é possível enxergar claramente de que forma se dará a "inovação disruptiva" ou quais são as "organizações exponenciais" que devem surgir. Mas existe a percepção de que certamente a disrupção acontecerá e novos líderes podem se formar porque toda indústria que é complexa acaba passando por esse movimento em algum momento de sua história. É possível afirmar com segurança e tranquilidade que a indústria de cartões de pagamento está vivendo uma verdadeira revolução.

Uma boa analogia é com uma grande tempestade tropical. No começo, é difícil entender a direção que ela tomará e prever todos os danos que ela pode causar, em meio aos ventos, raios e trovões, chuva forte e a destruição que deixa pelo caminho. O propósito, com esse livro, é assumir o papel de um homem do tempo, que colhe e analisa os dados disponíveis para ajudar o leitor a tomar as decisões estratégicas necessárias para a atuação nesse mercado. De certa forma, apontar para onde caminha a tempestade ou como sair com menos danos dela.

Para quem atua na indústria, o material apresentado não deveria ser uma grande novidade, principalmente quando analisamos os dados e informações isoladamente. Entretanto, para os tomadores de decisão, o tempo para analisar com mais profundidade a revolução do mercado de cartões de pagamento, ou a "tempestade", é um ativo escasso. As empresas estão brigando por espaço frente à concorrência, enquanto executivos e empreendedores estão buscando melhorar seu produto, a experiência do cliente e alavancar as vendas. A procura por resultado de curto prazo muitas vezes impede que se analise o mercado como um todo, o que significa que o imediatismo pode ser um dos piores inimigos na construção de uma visão estratégica mais duradoura.

Aos especialistas ou aos curiosos, falaremos de seis forças da transformação que estão transformando o mercado de cartões de pagamento no Brasil, conforme a Figura 12 abaixo: a competição atual, os novos concorrentes, a evolução do comércio, os reguladores, as novas soluções de tecnologia e o comportamento do consumidor.

Figura 12 – As forças de transformação do mercado de pagamentos

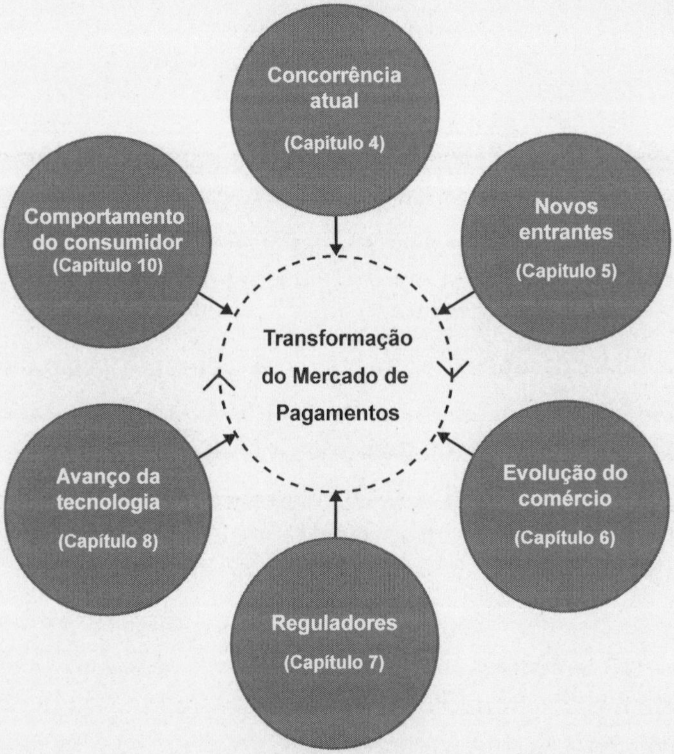

A primeira delas é a competição atual, como as empresas tradicionais do mercado de pagamentos estão respondendo frente às transformações que se apresentam. Aqui, vale lembrar do futurólogo James Canton (1951-), que trabalhou na Apple numa época em que a população em geral não tinha sequer ainda conhecimento do que era um computador pessoal. A maneira como ele olha para o futuro é muito simples, sem a necessidade de usar uma bola de cristal. Ele observa o que os laboratórios de pesquisa das empresas espalhados em todos os continentes estão fazendo, quais problemas estão tentando resolver.

Quando ele encontra uma certa quantidade de especialistas trabalhando em uma determinada solução, ele se assegura que a solução do problema acontecerá, tratando-se apenas de uma questão de tempo. Dessa forma, fica mais fácil observar de onde virá a "disrupção" nos mercados.

No caso da indústria de cartões de pagamento, principalmente no Brasil, o que estão pensando as veteranas especificamente? Enquanto tentam defender sua participação de mercado e sua rentabilidade, ameaçadas por novos competidores, elas têm conseguido inovar? Qual a proposta de valor desses novos participantes do mercado? A guerra de preços vista nos últimos anos – e que persiste até hoje – e a mudança na forma de vender os produtos aos clientes são indicativos de como os incumbentes estão atuando em meio à "tempestade".

Novos competidores, por sua vez, consistem em uma força específica. Nesse grupo, há empresas que entendem que os pagamentos podem ser parte de seu negócio, adicionando uma receita que antes não existia, mesmo que não sejam o "core business", como é o caso de companhias de tecnologia e das "bigtechs"[28], por exemplo. Há, ainda, as "fintechs"[29], que surgem para resolver os problemas de alguns clientes do mercado, inclusive aqueles que não estão incluídos ainda nas modalidades eletrônicas de pagamento. Nesse grupo, também estão fornecedores, uma vez que nem sempre a concorrência traz uma pressão direta, mas indireta na cadeia e estimula a competição. Esse foi o caso da chinesa PAX com máquinas de cartão mais baratas que ampliaram a terminalização dos estabelecimentos comerciais ou prestadores de serviços no país.

A evolução do comércio pode ser considerada como uma força e, portanto, merece uma atenção especial. A indústria de cartões de pagamentos só existe porque existe o comércio, que evolui com o passar do tempo para atender a um consumidor cada vez mais exigente e que pertence a diferentes gerações que coexistem.

---

[28] *Bigtechs* são empresas de tecnologia que dominam o mercado, "Inicialmente pequenas startups, essas organizações, geralmente localizadas no Vale do Silício, criaram serviços inovadores e disruptivos se utilizando de um modelo de negócios escalável, dinâmico e ágil. Muitas vezes gratuitos, esses produtos passaram a fazer parte do dia a dia de várias pessoas, como é o caso dos serviços do Google, da Uber e da Netflix". Cf.: < https://blog.simply.com.br/big-techs-o-que-sao-e-seu-impacto-no-mercado-financeiro/>. Acesso em 30/10/2020. (Nota dos Editores, doravante N. dos E.).

[29] *Fintechs* são empresas que oferecem serviços financeiros a custos mais baixos que instituições tradicionais, graças ao benefício do vasto alcance da internet (N. dos E.).

O papel das entidades reguladoras é imprescindível para todas as mudanças que estão ocorrendo nessa indústria. O Banco Central estudava o mercado de cartões de pagamento desde 2001, inclusive no exterior, com um corpo de profissionais muito bem preparado, mas que não tinha o poder de mudar o mercado, apenas publicava estudos e indicava caminhos. A partir de 2013, quando passa a ser o agente regulador, muda as regras do jogo e introduz segurança jurídica. Além disso, o Conselho Administrativo de Defesa Econômica (Cade) tem atuado para inibir práticas anticoncorrenciais, mas apenas quando recebe denúncias do próprio mercado.

Uma das medidas tomadas pelo Banco Central foi a criação das contas de pagamento, passo importante para o surgimento de novos entrantes que passaram a oferecer produtos pré-pagos e pós-pagos, incluindo as carteiras digitais, tendo como base o novo arcabouço regulatório. A partir de novembro de 2020, o regulador deve colocar em operação o sistema de pagamentos instantâneos no Brasil, chamado de PIX, que trará uma nova forma de realizar pagamentos por meio de uma plataforma disponível 24 horas por dia, 7 dias por semana, mais simples e barata, utilizando as tecnologias de *QR Code* e carteiras digitais como base para a captura transacional.

A partir do PIX, o Banco Central está criando um "Payments Rail", uma nova estrada de pagamentos, garantindo a interoperabilidade entre contas e estimulando a maior competição e eficiência na indústria. Embora ainda não seja possível quantificar os efeitos deste novo ecossistema no Brasil, acreditamos que eles serão importantes e estruturais, com características de uma disrupção. Potencialmente, o PIX poderá ter impactos na diminuição relevante do uso dos cartões de débito, na circulação do dinheiro em espécie e no uso dos serviços de TED e DOC, porém, como se trata de um novo "rail", abre oportunidades para que *fintechs* surjam e criem produtos.

As novas soluções de tecnologia não poderiam deixar de ser citada, já que é um dos principais fatores que pode impactar o mercado de cartões de pagamento. Basta analisar o processo de "tokenização"[30] – substituição dos

---

[30] "A tokenização é o processo de usar *tokens* digitais criptográficos para representar a propriedade de um determinado ativo. Os *tokens* podem representar ativos tangíveis (imóveis, precatórios, metais preciosos), instrumentos financeiros (ações, títulos, fundos), propriedade intelectual e outros ativos intangíveis. Cada *token* pode representar, e.g., uma porcentagem da propriedade daquele ativo". Em: <https://blog.mercadobitcoin.com.br/o--que-e-tokenizacao>. Acesso em 30/10/2020. (N. dos E.).

dados do cartão por uma identidade digital –, liderado pelas bandeiras e que permitiu a proliferação de compras mais seguras em plataformas de comércio eletrônico e pelas carteiras digitais, como Apple, Google e Samsung. Recentemente, o código de imagem, chamado de *QR Code*, também passou a ser utilizado como meio de identificação e captura para transações com carteiras digitais, as quais não estão baseadas em tecnologia sem contato, o NFC ("Near Field Communication").

Disseminadas na China pelas empresas WeChat, da Tencent Holdings e Alipay, do Alibaba, as compras por meio de *QR Code* ganharam força no Brasil com a adoção por aplicativos, como iFood Pay, Rappi Pay, PicPay e Mercado Pago. Os pagamentos com *QR Code* representam uma evolução na indústria de pagamentos, mas não uma revolução. As carteiras digitais continuam utilizando a infraestrutura clássica de cartões. Nelas, o cartão físico é digitalizado, um novo intermediário passa a fazer parte do processo – o proprietário da carteira – e o consumidor ganha um novo método de pagamento que beneficia e melhora alguns casos de uso de compras.

A própria mudança de comportamento do consumidor é uma força relevante, analisada no capítulo 10. Para entender essa transformação, é preciso analisar as diferentes gerações: os "baby boomers", a geração Y, a geração X (ou "millennials") e a novata geração Z que, embora convivam no ambiente familiar, profissional e no mercado consumidor, apresentam hábitos, valores e forma de agir completamente distintos. Hoje os "baby boomers" ainda são maioria entre os compradores, mas eles tendem a reduzir sua representatividade, uma mudança a qual as empresas precisam se adaptar.

É difícil observar qual será o caminho para os meios de pagamento apenas com o olhar sobre uma força. Em alguns casos, elas precisam atuar de maneira conjunta. Basta pensar no uso do celular, que há cinco anos vem sendo considerado como a grande aposta no mundo dos pagamentos, mas que até agora ainda não tem a abrangência que era projetada pelos especialistas do setor. Isoladamente, ele não foi suficiente para mudar os ventos e, portanto, o rumo da "tempestade". Mas com a mudança de comportamento do consumidor, houve o crescimento do uso do *delivery*, em função da busca por mais conveniência, segurança e simplicidade. Essa expansão só foi possível porque os pagamentos podem hoje ser feitos pelo celular, o que levou os próprios varejistas a desenvolver seus aplicativos para facilitar o comércio. Nesse caso, a mudança de hábito do consumidor, a tecnologia e a postura do varejo, as três forças juntas, estão promovendo a mudança no mundo dos pagamentos.

O exemplo mostra que, se cada uma das forças pode mudar sensivelmente a indústria de maneira isolada, quando combinadas, elas ganham um impulso disruptivo. É aí que entra a "tempestade" citada anteriormente. É difícil decidir para que lado ir e como agir, isto é, como investir os recursos escassos das empresas para acompanhar o desenvolvimento dessa indústria. Mas, após a discussão de todas elas, tentaremos resumir ao leitor como essas forças podem produzir efeitos significativos nos próximos anos. O propósito é que a tomada de decisão seja mais bem embasada para executivos e empreendedores após a leitura, assim como uma pessoa decide ou não ir à praia após ouvir a previsão do tempo.

4

A concorrência atual

"As *commodities* só existem na mente dos ineptos"[31]. Foi assim que Arnoldo Hax (1936-)[32], professor emérito da escola de negócios do prestigiado Instituto de Tecnologia de Massachusetts (MIT), provocou os seus alunos da disciplina de estratégia de negócios em um dos cursos de Master of Business Administration (MBA). É claro que Hax não estava negando a existência das *commodities*, isto é, produtos que têm baixa diferenciação entre si e cotações internacionais. Mas ele estava se referindo à forma com que os clientes utilizam os produtos e serviços de uma empresa. Como os clientes no mundo real são diferentes entre si, o conceito de *commodity* não existiria na medida em que empresas entendam as necessidades e individualidades de cada um deles.

O problema é que muitas empresas demoram a perceber isso. Elas partem de um conceito de gestão que define a estratégia como a obtenção de uma vantagem competitiva superior. Segundo Hax, este conceito é perigoso porque coloca os competidores como o centro da definição da estratégia, e ao fazer isso as empresas tendem a olhar demais os competidores e a tentar imitá-los. O processo de imitação leva ao "mais do mesmo", dificilmente conduz uma empresa a grandes resultados, podendo, ainda, levar a algo muito pior, que é a "comoditização" do negócio. Quando a única alternativa que resta às empresas

---

[31] "Commodities only exist in the minds of the inept".
[32] Alfred P. Sloan, "Professor of Management" e professor emérito da escola de negócios MIT Sloan.

e executivos é brigar por preço, ocorre um natural aumento da rivalidade, com impactos negativos na criação de valor e na lucratividade.

Em seu livro *O Modelo Delta: Reinventando sua Estratégia de Negócios*[33], o professor Hax ressalta que tratar a estratégia como uma guerra não é a forma mais efetiva de gerenciar um negócio, afinal guerras levam à devastação. Os clientes, e não os competidores, que devem ser o centro ou a força motriz da estratégia, o que passa por entender profundamente as necessidades e apoiar os clientes de uma forma mais efetiva. Com o novo mundo digital e as tecnologias disponíveis, é possível implementar estratégias para atender as necessidades dos clientes de forma única e individual[34]. Indo além, ele propõe no modelo "Delta", o conceito de empresa estendida ("extended enterprise"), em que a definição da estratégia parte não apenas das necessidades dos clientes, mas também das capacidades da empresa, seus fornecedores e complementadores para enriquecer a proposta de valor.

Diferentemente das propostas do professor Hax, algumas empresas no mercado de cartões de pagamento brasileiro têm caído nas armadilhas da "comoditização" de produtos e serviços, imitação da concorrência e guerra de preço. Principalmente na atividade de credenciamento, ao longo da história, as principais empresas líderes no setor têm tido dificuldades em implementar estratégias para atender e agregar valor ao cliente final, enquanto observam a chegada de uma nova concorrência. A explicação pode estar no enorme tamanho alcançado, na cultura bastante enraizada ou no sucesso extraordinário obtido.

Muitas vezes o desafio está no próprio conhecimento extenso do mercado, que as cega e impede que vejam ou compreendam o que está acontecendo ao redor e que, eventualmente, possa vir a impactá-las. No dilema da inovação, as líderes normalmente têm de abdicar de algo para inovar, o que pode representar uma ameaça ao próprio modelo de negócio vigente. Com poucos dados disponíveis, mas com muito a perder, as líderes acabam tornando-se conservadoras. A dificuldade reside no fato de que, por décadas, as líderes montaram uma estrutura que deu certo.

---

[33] HAX, Arnoldo. *The Delta Model – Reinventing Your Business Strategy*. Nova York: ed. Springer, 2009.
[34] HAX, Arnoldo. "Strategy As Love, Not War", *MIT Sloan Management Review*, 2009. Cf.: <https://sloanreview.mit.edu/article/strategy-as-love-not-war/>. Acesso em 22/09/2020.

No mercado de cartões de pagamento brasileiro, durante o período de exclusividade entre bandeiras e credenciadoras, Cielo e Rede foram capazes de conquistar ativos importantes – portanto, difíceis de arriscar – para ter sucesso em seu campo de atuação: uma plataforma tecnológica robusta, uma ampla rede de distribuição e produtos e serviços desejados pelos clientes.

Essas credenciadoras desenvolveram um sistema com capacidade de captura e autorização de uma transação de pagamento eletrônico *online* e em tempo real, trazendo segurança, comodidade e rapidez para os portadores dos cartões. Sem essa plataforma funcionando 100%, os problemas na hora do pagamento – como a falta de conexão ao sistema ou a negativa de uma transação – afastariam consumidores e varejistas do mundo dos cartões, fazendo com que eles optassem pelo dinheiro ou cheque, como faziam anteriormente.

Elas ainda se valeram de uma extensa rede de distribuição que alcança clientes dos rincões do país. As credenciadoras não montaram essa estrutura sozinhas, o que levaria muito tempo e seria custoso. As líderes do setor aproveitaram um canal disponível: as agências de seus bancos acionistas. Banco do Brasil e Bradesco são sócios controladores da Cielo, o Itaú Unibanco detém a Rede e o Santander é proprietário da Getnet, uma das primeiras concorrentes a entrar no mercado após a abertura em 2010 e que acabou se firmando no terceiro lugar em participação. Apenas a Caixa Econômica Federal, entre os grandes bancos, não tem uma credenciadora própria.

Em um país continental como o Brasil, todos os dias nascem novos negócios. E, quando um empreendedor inicia a atividade, é muito comum que depois de constituir a sociedade e um Cadastro Nacional de Pessoa Jurídica, o famoso "CNPJ", ele vá a uma agência para abrir uma conta no banco. Por que não aproveitar este momento e oferecer também as máquinas de cartão, uma vez que o próprio cliente está indo até o ponto de venda? Pois as credenciadoras fizeram exatamente esse movimento para promover o crescimento de seus próprios negócios.

No período de duopólio, as credenciadoras líderes do setor, Visanet (hoje Cielo) e Redecard (hoje Rede), mantiveram-se focadas em oferecer a captura de transações com cartões basicamente para grandes estabelecimentos comerciais e prestadores de serviços, avançando pouco – ou quase nada – na oferta de novas soluções, especialmente para varejistas menores ou empreendedores.

Contudo, a partir da abertura do mercado, em 2010, a expectativa era que houvesse mais competidores e mais inovações em produtos e serviços, o que levaria a uma redução significativa de participação dessas empresas. Entretanto, embora tenha havido uma diminuição da concentração das líderes no setor, esse movimento não ocorreu de forma estrutural: o mercado de pagamentos ainda reflete a concentração bancária tradicional no país. Os cinco maiores bancos brasileiros (Itaú Unibanco, Bradesco, Banco do Brasil, Caixa Econômica Federal e Santander) têm, juntos, 82,7% dos ativos financeiros totais do sistema financeiro. Já como controladores de credenciadoras (com exceção da Caixa), a participação de mercado vai a 80,1% das transações, por meio de Cielo, Rede e Getnet. Ou seja, quem está no topo no setor bancário também está no topo no mercado de credenciamento.

Diante da chegada de mais concorrência a partir de 2010, o que as líderes do setor fizeram, como agiram e quais as inovações que eles trouxeram ao mercado?

Cielo

Quando ocorreu a abertura do mercado em 2010, esperava-se que a Cielo fosse uma das empresas que mais sentisse o reflexo da concorrência, pois era líder e até então detinha a exclusividade de credenciamento da bandeira Visa no Brasil que, naquele momento, possuía participação de mercado superior à concorrente Mastercard.

A Cielo buscou se preparar para um novo cenário competitivo, por meio do desenvolvimento de produtos e serviços de valor agregado que aumentassem a fidelização dos varejistas. A lógica era que, se fosse para o cliente escolher entre uma máquina da empresa ou da concorrente Rede, ele iria preferir ficar com a primeira porque oferecia mais benefícios. Esses serviços tinham como objetivo elevar a receita do estabelecimento comercial como forma de fidelizá-lo num ambiente que – esperava-se – fosse mais competitivo. Exemplos de tais iniciativas foram a recarga de celular, as parcerias com Dotz, Premmia e Smiles, além do seu próprio programa de fidelidade, que permitia incentivos entre a credenciadora e o varejista, bem como entre o varejista e seus clientes finais.

Na busca por ampliar os serviços, a partir de 2010, a empresa partiu para as compras. O processo teve início com a aquisição de 50,1% da M4U, em agosto daquele ano, por R$ 100 milhões – na transação, a American Bank Note

S.A. adquiriu 30% do capital social da companhia. A M4U atua nos mercados de telecomunicações, a partir da distribuição de recarga de celular pré-pago, e financeiro, com produtos de pagamento móvel. A estratégia era usar esse conhecimento para desenvolver produtos e serviços de mobilidade em novos segmentos. Menos de um ano depois, em maio de 2011, a Cielo adquiriu a Braspag, que detinha na época 65% de participação de mercado no *e-commerce* no Brasil. A companhia tinha uma plataforma que cuidava da integração entre as lojas virtuais e os credenciadores, processando pagamentos com cartões e boletos. Quatro meses depois, em setembro de 2011, em conjunto com o Banco do Brasil, a credenciadora ainda comprou 50% da Oi Paggo, para lançar soluções de uso do celular como um meio de pagamento.

Mas foi em julho de 2012 que a líder do setor deu sua tacada mais ousada. A empresa comprou uma companhia norte-americana chamada Merchant e-Solutions (MeS), que foi fundada em 2000[35] e oferecia serviços de credenciamento para o comércio físico, eletrônico e para pagamentos móveis. À época da compra, a MeS processava US$ 14 bilhões por ano em transações, tinha uma base de 70 mil varejistas e parceria com 250 instituições financeiras nos Estados Unidos. O valor pago foi de US$ 670 milhões, representando um múltiplo de 11 vezes o Ebitda[36].

A MeS foi construída num mundo digital, portanto atendia muito bem clientes do *e-commerce* e físicos. O movimento foi uma resposta à ameaça dos novos concorrentes, que diziam estar preparados para chegar ao mercado de credenciamento de cartões no país com plataformas mais modernas e flexíveis, a exemplo da credenciadora independente Stone, que estava ainda em fase pré-operacional e afirmava deter sistemas altamente digitalizados que viriam a provocar uma disrupção no mercado.

Os sistemas legados da Cielo tinham pouca flexibilidade para atender as demandas competitivas do novo mercado aberto. Assim, o objetivo com a aquisição da MeS era buscar uma plataforma moderna para processamento tanto no *e-commerce* como em lojas físicas, que substituísse a anterior, e que permitisse o desenvolvimento flexível de novos produtos para os varejistas,

---

[35] <https://valor.globo.com/empresas/noticia/2012/07/02/cielo-comprara-merchant-e-solutions-por-us-670-milhoes.ghtml>, acesso em 21/03/2020.

[36] Sigla para *Earnings before Interest, Taxes, Depreciation e Amortizartion*, ou Lucro antes de Juros, Impostos, Depreciação e Amortização.

além de oferecer novas capacidades de realizar ofertas customizadas e segmentadas aos parceiros, bancos e bandeiras. A credenciadora afirmou, segundo fato relevante encaminhado à Comissão de Valores Mobiliários (CVM) à época, que a tecnologia da empresa adquirida proporcionaria "maior automatização de processos, mais flexibilidade e agilidade no desenvolvimento de novos produtos e consequente diminuição do tempo para venda". Além disso, a empresa buscava presença no Vale do Silício, como uma forma de aprimorar os seus processos de inovação tecnológica.

O que se esperava é que a credenciadora líder do mercado adaptaria a plataforma da MeS para que ela funcionasse conectada ao Sistema de Pagamentos Brasileiro, concorrendo com mais eficiência com os entrantes no setor. No papel, a proposta fazia bastante sentido. Entretanto, passados alguns anos, o consenso é de que a aquisição não revolucionou a credenciadora como fora anunciado inicialmente – e há tentativas de vender a MeS, embora o entendimento seja de que dificilmente seja possível recuperar o valor total desembolsado.

Em 2012, a Cielo tentou um movimento bastante arrojado, em mais uma tentativa de internacionalização da companhia, buscando oportunidades de crescimento. A ideia seria adquirir a americana Global Payments. O acordo chegou a ser fechado, em Atlanta, nos Estados Unidos, aprovado no conselho de administração da Cielo no Brasil, mas ao final acabou barrado pelo conselho de administração do Bradesco. O valor que a Cielo teria desembolsado pela companhia seria de US$ 4,2 bilhões. Na época de produção do livro, a Global Payments valia US$ 50 bilhões na bolsa de Nova York. Tudo indica que o motivo do Bradesco recusar a operação tenha relação com o seu notório conservadorismo em investimentos fora do Brasil.

A partir de 2013, a Cielo começou a sentir uma competição diferente do mercado, de empresas que ofereciam credenciamento a um público antes desassistido, os microempreendedores individuais, entre elas a PagSeguro, do grupo Uol, e outras subcredenciadoras como a SumUp. Então, em outubro daquele ano, anunciou uma nova versão do produto Cielo Mobile, integrado com o leitor de chip por intermédio de conectividade "bluetooth".

O produto funcionava plenamente como uma maquininha POS, aceitando os cartões de crédito, débito, *vouchers*, além da possibilidade de realizar pagamentos parcelados. A empresa lançou o produto cobrando uma mensalidade de R$ 11,90, como uma "taxa de conectividade", dando direito ao estabelecimento comercial de trocar o leitor de chip quando necessário. Inicialmente, foi mantida a oferta no modelo de aluguel de terminal, uma fonte importante de receita para a companhia, enquanto as demais concorrentes ganhavam mercado porque adotavam a venda do equipamento ao cliente.

Além disso, em junho de 2014, foi feita uma parceria com a Linx. As empresas assinaram um Memorando de Entendimento para criação de uma *joint venture* para desenvolver no Brasil o conceito de iPOS ("Integrated Point of Sale"). Porém, a *joint venture* não foi à frente e a Cielo perdeu uma oportunidade enorme de firmar parceria com uma empresa que, seis anos depois, tornou-se valiosa pela participação no mercado de *software* de varejo. No momento em que o livro está sendo escrito, a Linx está no centro de uma disputa pela aquisição entre a TOTVS e a Stone.

Como a negociação com a Linx não evoluiu, a Cielo lançou, em abril de 2016, um equipamento próprio chamado "LIO". Ele foi desenvolvido para resolver um problema do varejista: o terminal de captura sem fio, chamado "wireless", costuma não estar integrado com a frente de caixa do lojista, então se faz necessária a contratação de outro sistema para fazer o controle e a conciliação das vendas. Além disso, a LIO permitia que o lojista fizesse o *download* de outras aplicações para a máquina, como automação comercial, programa de fidelidade e controle de estoque, a partir de uma loja de aplicações fornecida pela própria Cielo.

A companhia buscou, com a LIO, resolver o problema do lojista trazendo ao Brasil algo que já era oferecido nos Estados Unidos, por companhias como a Clover, uma *startup* adquirida em 2013 pela First Data. O serviço consiste na venda de uma plataforma de *hardware* e *software* para controle e gestão do estabelecimento comercial, incluindo o leitor de chip acoplado para a realização do pagamento. Era uma ideia que fazia bastante sentido de um produto bastante disseminado no exterior.

Com os acionistas, a Cielo fez vários negócios ao longo dos últimos anos. Em novembro de 2014, anunciou, em conjunto com o Banco do Brasil, um acordo para a criação da Cateno, uma *joint venture* para gerir os negócios de processamento de cartões de crédito e débito do banco. A Cielo ficou com 70% do capital social da nova sociedade. Em 2015, adquiriu 30% da Stelo, na época uma facilitadora de pagamentos *online* e carteira digital, e uma subsidiária integral da Companhia Brasileira de Soluções e Serviços (CBSS), controlada por Bradesco e Banco do Brasil. Posteriormente, em janeiro de 2018, anunciou a aquisição dos outros 70% da Stelo, ficando com controle total da companhia. A estratégia era de fazer concorrência com a PagSeguro, com o foco em crescimento no mercado de pequenos empreendedores. Desta forma, a Cielo apresentou um maior apetite em competir em segmentos de nicho, ainda pouco explorados e com potencial de crescimento.

Ainda de olho na competição no ramo de microempreendedores, em agosto de 2019 a empresa lançou o Cielo Pay, banco digital com o propósito de apoiar a bancarização deste segmento de clientes, permitindo a conta integrada à maquininha, e oferta de serviços adicionais dentro da plataforma. Por fim, em junho de 2020, a empresa anunciou uma parceria com o Facebook para a realização de pagamentos por meio do WhatsApp, podendo funcionar na modalidade pessoa a pessoa, como uma transferência (P2P), e para pagamento de um estabelecimento comercial (P2B).

De maneira geral, diante da concorrência, a Cielo se movimentou por caminhos que aparentemente faziam sentido. Desde a abertura do mercado, fica claro que a empresa passou a maior parte do tempo mantendo uma estratégia de preservação das margens. Nesses períodos, a companhia não entra em guerra de preços, investe em tecnologia para desenvolver uma oferta diferenciada de produtos e serviços para o varejo e procura garantir a excelência na execução dos novos projetos. Porém, em períodos recentes, a empresa parece alternar em alguns momentos para priorizar crescimento – ou manutenção – da participação de mercado em detrimento de margem, eficiência e diferenciação.

Tudo parece indicar que os investimentos em novos produtos e serviços, a busca por uma maior eficiência operacional e as mudanças na estratégia não se mostraram suficientes frente ao avanço da concorrência e as pressões de preço.

Embora ainda seja a líder de mercado, a Cielo tem sido ameaçada pelos novos concorrentes e tem visto seu lucro e valor de mercado caírem. A empresa registrou o primeiro prejuízo da sua história no segundo trimestre de 2020, resultado que foi potencializado negativamente pelos efeitos da pandemia causada pela COVID-19. A Cielo USA/MeS registrou prejuízo de R$ 141 milhões de reais no primeiro semestre de 2020[37]. Além disso, as demais subsidiárias da Cielo, excluindo a Cateno, apresentam resultado líquido negativo há alguns trimestres[38].

---

[37] Conferência de apresentação de resultados do segundo trimestre de 2020, disponível em <https://ri.cielo.com.br/informacoes-financeiras/central-de-resultados/>. Acesso em 22/09/2020.

[38] Release de resultados dos primeiro e segundo trimestres de 2020. Primeiro ao quarto trimestre de 2019, disponível em <https://ri.cielo.com.br/informacoes-financeiras/central-de-resultados/>. Acesso em 22/09/2020.

Atualmente, a estratégia da empresa é buscar aumento de rentabilidade com o crescimento no varejo de pequenos e médios estabelecimentos. A empresa também planeja crescer o volume de antecipação de recebíveis. As apostas recaem em novas iniciativas como o Cielo Pay, as contas digitais e a possibilidade de conceder crédito ao varejista.

Rede

Em relação à Rede, a fase competitiva do mercado não se mostrou nada fácil inicialmente. Logo na pré-abertura, a companhia teve um problema em seu sistema, justamente na época de Natal, quando as vendas com cartões costumam crescer significativamente. Era dia 23 de dezembro de 2009 e o sistema ficou fora do ar por um dia inteiro, sendo que, mesmo depois de ter voltado, ainda apresentava instabilidade. Os portadores, àquela época, só podiam passar cartões Mastercard nas máquinas da Rede, o que significa que esse problema acabou por trazer perdas elevadíssimas de vendas para muitos estabelecimentos comerciais. Depois desse episódio, a expectativa de que a Rede pudesse alcançar 50% de participação de mercado com a abertura, diante dos 40% detidos anteriormente, não se concretizou.

A postura do Itaú Unibanco após a abertura do mercado foi de proteção da Rede: reduzir os gastos e promover mais eficiência operacional. Nesse sentido, um primeiro passo foi trazer a empresa para dentro de sua estrutura a partir do fechamento de capital em setembro de 2012. Alguns eventos facilitaram para que esse processo ocorresse. O primeiro deles foi que logo após a abertura de capital em bolsa da Rede, em 2007, a crise financeira mundial levou o Citibank a vender sua participação na credenciadora para o Itaú e o Unibanco. O segundo foi que ambas as instituições financeiras brasileiras anunciaram uma fusão dos negócios em 2008.

Trazer a Rede para "dentro de casa", adquirindo a totalidade das ações e fechando o capital da empresa, significava reduzir custos, evitando manter duplicidade em áreas como a administrativa e a financeira. Depois de ser incluída na estrutura do Itaú, a Rede passou um bom tempo integrando suas áreas com o próprio banco. Como resultado, foi perdendo as parcerias que construiu com outras instituições financeiras – ironicamente, com o passar do tempo, e o avanço da regulamentação e da tecnologia no setor, elas resolveram lançar suas próprias credenciadoras para competir com as incumbentes, inclusive a Rede.

Após o fechamento de capital, houve troca de liderança, mudanças significativas na equipe, com a Rede perdendo contas importantes em mercados que liderava, como supermercados e companhias aéreas, por exemplo. Em qualquer companhia, a cadeia de comando traça uma visão, mas à medida que essa cadeia de comando vai mudando, essa visão também vai sendo alternada e, portanto, estratégias ficam pelo caminho. No caso da Rede, essa troca de comando aconteceu com uma certa frequência, muitas vezes atrapalhando o que estava sendo implementado. Quando se fala em uma líder do setor, isso pode sacrificar a corrida frente à concorrência.

Entre 2009 a 2014, a empresa praticamente "andou de lado", mas mostrava resultados por conta da redução de custos obtida. Apesar disso, não criava nada de novo. A Rede também investiu em novos negócios, comprou o *gateway* de pagamento MaxiPaggo! em 2014, avançando na cadeia de valor dos clientes, oferecendo mais do que apenas a captura do pagamento. Em 2015, a empresa fechou uma parceria com a americana Poynt para lançar o conceito de "smart terminal", produto similar ao Cielo LIO. A empresa investiu na formação de um ecossistema de desenvolvedores de aplicativos para o terminal com o objetivo de oferecer produtos ao varejista que iriam além do pagamento, como a integração com a automação comercial e a solução dos problemas com a conciliação de recebíveis.

A segunda colocada no mercado, no entanto, tem usado uma estratégia diferente nos últimos anos: usado sua posição para mexer nos preços. Em abril de 2019, a companhia zerou a taxa de antecipação de recebíveis para os clientes nas transações com cartões de crédito à vista. Normalmente, o repasse do credenciador ao estabelecimento dos recursos obtidos com essas transações é feito em 30 dias, mas pode ser antecipado para dois dias mediante a cobrança de uma taxa de desconto. A Rede, por sua vez, zerou a taxa cobrada para estabelecimentos comerciais que faturam até R$ 30 milhões por ano. Um ponto que chamou a atenção dos concorrentes é que a oferta era apenas para clientes com conta bancária no controlador, o Itaú Unibanco.

Após questionamentos da concorrência feitos no Conselho Administrativo de Defesa Econômica (Cade), um processo foi instaurado para apurar o movimento da Rede. Antes mesmo de uma decisão final, a credenciadora estendeu a isenção da taxa de antecipação de recebíveis em transações com cartões de crédito à vista para todos os clientes, e não apenas os correntistas do Itaú Unibanco, em dezembro de 2019.

Críticos dessa prática da Rede dizem que a companhia promoveu uma verdadeira "guerra de maquininhas" – como ficou reconhecido o movimento recente das credenciadoras de cartões de reduzir as taxas em busca de aumentar a base de clientes – porque tem uma posição dominante do mercado propiciada pelo controlador, o Itaú Unibanco, que ainda é líder no setor bancário e na emissão de cartões no país. O assunto também já foi discutido no Congresso, que trouxe ao debate o tema da desverticalização, isto é, a venda de ativos da cadeia de cartões por parte das instituições financeiras do país. Integrada ao banco controlador, a Rede deve cada vez mais refletir uma participação de mercado equivalente ao que o próprio acionista, o Itaú Unibanco, tem no mercado bancário como um todo.

GetNet

A GetNet surgiu com uma proposta de valor diferenciada junto ao Santander, que assumiu o controle da companhia em 2014 ao valor de R$ 1,1 bilhão, mas comprou 100% das ações em dezembro de 2018, por mais R$ 1,43 bilhão[39]. Embora também use o canal bancário para distribuição, a empresa tem uma equipe separada do time do banco e oferece os produtos e serviços de credenciamento como uma "plataforma" distinta da bancária. As máquinas de cartão e seus serviços atrelados, no caso da GetNet, não são apenas um acessório à conta bancária, mas sim a principal aposta de uma série de produtos ao cliente.

Como uma entrante de peso, por ter o Santander como controlador, a GetNet focou desde o início na interoperabilidade de aceitação das bandeiras. Ela sabia que para ganhar mercado perante as líderes, precisava aumentar a aceitação na sua "maquininha" e, portanto, foi a primeira credenciadora a ter as bandeiras Elo e Hiper integradas. A empresa, ao longo da sua trajetória, focou em alguns pilares estratégicos, sendo eles: eficiência como um "mantra"; satisfação do cliente com foco em melhoria de NPS ("Net Promoter Score", que

---

[39] <https://valor.globo.com/financas/noticia/2018/12/19/santander-fica-com-100-da-getnet-ao-comprar-fatia-residual-de-115.ghtml>, acesso em 21/03/2020.

mede a lealdade do cliente); inovação centrada em resultados para o cliente; e robustez da infraestrutura tecnológica.

Alguns pontos chamam a atenção na estratégia da GetNet. Em abril de 2019, a empresa padronizou as taxas de débito e crédito à vista em 2% para autônomos e microempreendedores individuais, mercado que demorou a atender. Com a padronização das taxas, o objetivo era a simplificação do modelo comercial para a classe de microempreendedores e a busca de um mercado até então dominado pela PagSeguro. Comparada com os demais credenciadores, a GetNet se esforça em ter uma maneira mais transparente e criativa de fazer o seu marketing. A ideia é fugir de letras miúdas e propagandas enganosas. Posteriormente, a empresa implementou mais uma etapa na chamada "guerra das maquininhas", quando lançou a portabilidade de terminais fornecidos aos microempreendedores. O processo é realizado a partir do *download* de um aplicativo que faz o pareamento entre o sistema da GetNet e a "maquininha" do concorrente, permitindo, a partir daí, o recebimento de pagamentos por intermédio da empresa.

No quesito tecnologia, a empresa seguiu uma tendência do setor de apresentar uma oferta integrada de produtos, envolvendo o fornecimento da maquininha, nas modalidades de aluguel ou venda, sistema antifraude, serviço de conciliação de recebíveis, um *gateway* de pagamentos e TEF por intermédio da subsidiária Altar. Mirando o mercado crescente de *e-commerce,* visando a diversificação da oferta, a GetNet lançou no início de 2019 a "loja integrada", uma solução para montagem de lojas virtuais para pequenas empresas, trazendo serviços como *checkout* digital, emissão de boletos, recorrência, antifraude, cálculo de frete e cupons de desconto. A empresa se compromete com o prazo de 48 horas para a montagem da loja.

A GetNet também iniciou o processo de internacionalização com um piloto em andamento no México. Existe o plano de iniciar operações na Argentina e Chile até o final de 2020 e, depois disso, alcançar a Europa e os Estados Unidos. No pilar de eficiência, a GetNet reporta ter 25% da quantidade de funcionários de outras credenciadoras. Além disso, a empresa desenvolve parcerias com bancos para a distribuição das suas soluções de pagamento.

A GetNet é uma empresa que vem atuando com foco em fazer bem o básico. Tem uma clara estratégia em execução cunhada em eficiência operacional, diferencial tecnológico e ofertas segmentadas, desde o microempreendedor, passando pelo pequeno e médio varejo, até as grandes contas. A principal liderança, Pedro Coutinho, está no cargo de CEO desde outubro de 2014, o que confere à empresa uma estabilidade na condução do negócio. A credenciadora não tem planos de investir em soluções de frente de caixa, fidelidade e conversão dinâmica de moeda (ou DCC, "Dynamic Currency Conversion").

As novas credenciadoras

Em 2020, o Brasil tinha mais de 25 credenciadoras e mais de 200 subcredenciadoras. Obviamente, essa quantidade de participantes é um indicador de mudança de nível de concorrência. Além disso, pressupõe certa inovação no mercado.

Entretanto, para não ser repetitivo, vamos focar apenas na PagSeguro e Stone, cuja participação no mercado já mostra diferença, não apenas pela sua estratégia, mas pela fatia de mercado conquistada ao longo de sua jornada.

Um empurrão para a chegada dessas empresas veio do próprio Banco Central. Em outubro de 2013, o órgão regulador efetivamente assumiu o seu papel de acompanhar, orientar e fiscalizar as atividades que formam o mercado de pagamentos eletrônicos, uma vez que desde a abertura do mercado três anos antes os novos entrantes – empresas nacionais e internacionais que buscam promover maior competitividade ao setor –, sofriam com barreiras e entraves operacionais que impediam seu desenvolvimento ou mesmo sua capacidade de operacionalizar serviços básicos.

O que de fato ocorreu foi que alguns desses competidores atingiram setores e mercados que não eram servidos antes pelas incumbentes, como o caso da PagSeguro, do grupo UOL, que focou na oferta de equipamentos para microempreendedores, um público antes desassistido pelas credenciadoras. Há ainda o surgimento de credenciadoras que passaram a oferecer pagamentos, mas logo foram adicionando outros serviços, a exemplo da independente Stone, que disponibiliza ferramentas para a gestão do negócio.

Um olhar mais atento ao mercado mostra que essas duas empresas estão se diferenciando das demais. Pensando na lógica do crescimento exponencial dos negócios disruptivos, existe a possibilidade de uma delas vir a se tornar a nova líder do mercado de credenciamento de cartões nos próximos anos.

PagSeguro

A história dessa empresa remonta à década passada e ao fato de que nem tudo na vida é planejado, ou segue um planejamento previamente definido. O UOL fez uma oferta pública de ações em 2005, levantando R$ 1 bilhão à época para diversificar as fontes de receita e investir em novos negócios, tendo em vista que o acesso à internet, que respondia por 95% das receitas, já tinha alcançado o potencial de crescimento. Mas, como aquisições não eram o forte da empresa, o UOL começou a copiar o que estava dando certo na internet, a exemplo de sites como Buscapé, Par Perfeito, Locaweb e Catho Online.

Um dos negócios que saltou aos olhos dos executivos foi o Mercado Livre, que unia varejistas para vender em seu *marketplace*. O UOL então contratou Ricardo Dortas, *country manager* do Mercado Pago, que oferecia serviços de pagamento a esses varejistas, para montar o *marketplace* do UOL. Diferentemente do plano inicial, Dortas mostrou que a verdadeira oportunidade não estava em prestar serviços de pagamento em um ambiente fechado, o modelo que o Mercado Livre tinha adotado para desenvolver o Mercado Pago. Um negócio ainda mais interessante consistia em prestar serviços de pagamentos na internet, assim como fazia o PayPal nos Estados Unidos, embora àquela época, em 2006, poucos conheciam a empresa americana.

Após um processo de convencimento da cúpula, o UOL comprou uma *startup* de pagamentos chamada BRpay, em janeiro de 2007, integrou com o UOL e, em julho de 2007, relançou a plataforma com o nome PagSeguro. O lançamento da PagSeguro foi de grande sucesso. No primeiro mês, a empresa obteve um crescimento de 150% em relação ao mês anterior. Embora em 2009 o negócio não tivesse tamanho relevante, em 2014 representava uma parcela substancial dos resultados do Grupo UOL. Para que se tenha uma ideia, o orçamento de 2015 já indicava que a PagSeguro se tornaria a maior unidade de negócio do grupo UOL. Com esse sucesso estrondoso da PagSeguro, outros *players* passaram a lançar-se no mercado, como a MoIP e o Buscapé (que comprou a Pagamento Digital) em 2008; o PayPal, que veio para o Brasil em 2009; e o Mercado Pago, que abriu suas soluções para atender clientes fora do Mercado Livre em 2010.

No entanto, esse período não foi nada fácil para a PagSeguro. Em 2009, a Redecard queria modificar o contrato que detinha para que a empresa usasse seu sistema como uma subcredenciadora. Munida de uma série de alegações, como, por exemplo, o risco de imagem e a falta de acesso a dados dos clientes finais, a

Redecard propôs um contrato, rejeitado pela PagSeguro por considerá-lo "draconiano", segundo os líderes da empresa. As conversas continuaram e, sem consenso, a Redecard encerrou o contrato unilateralmente e tirou do ar o sistema da PagSeguro. Embora o caso tenha sido resolvido em meia hora, após uma ligação entre executivos das empresas, a PagSeguro acabou por abrir processo contra a Redecard no Cade, em conjunto com outras empresas do mercado.

Após meses de discussão, a PagSeguro obteve liminar para continuar com o contrato anterior com a Redecard. Mas o embate trouxe à tona um plano para a companhia se tornar também uma credenciadora, para não ter que passar por esse tipo de impasse novamente. Nesse período, a PagSeguro teve conversas diretas com as bandeiras Visa e MasterCard e com *players* como Global Payments e Stone, mas nada aconteceu. Somente depois que o Banco Central se tornou o regulador do mercado é que a empresa se sentiu segura para apostar nesse caminho. Em 2014, o principal acionista do UOL, Luiz Frias, se convenceu da necessidade de a companhia se tornar uma credenciadora.

No começo, a PagSeguro era uma solução de pagamento puramente *online*, atendendo clientes no *e-commerce*. Não havia nenhuma pretensão de atender lojas físicas. Mas, em 2014, o tempo era outro, o mercado já estava aberto e havia um regulador. Aproveitando todas as flexibilidades surgidas, a empresa traçou a meta de se tornar um *player* importante do mercado de credenciamento.

O negócio se tornou viável por dois motivos em especial. Um deles foi o desenvolvimento de terminais móveis – chamados de mPOS (mobile POS) –, enquanto o outro foi a regulação por parte do Banco Central das contas de pagamento, que exigem garantias mais simples e dispensam a oferta de uma estrutura de agências físicas para a oferta. Com essas duas ferramentas disponíveis, a companhia foi capaz de prestar serviços para um público até então renegado pelas incumbentes: os microempreendedores individuais (MEIs). Estima-se que existam 20 milhões de vendedores nessa categoria a ser explorados no mercado de credenciamento, sendo que apenas metade deles usa máquinas de cartões, o que mostra o potencial ainda existente.

A maioria desse público não tinha conta bancária à época, mais especificamente 80% deles[40]. Bancos e credenciadoras simplesmente não aborda-

---

[40] <https://edsoncolink.wordpress.com/2019/02/28/quem-vai-liderar/>, acesso em 21/03/2020.

vam esses clientes para a oferta de equipamentos de captura. E, mesmo quando faziam uma proposta, a opção exclusiva pelo aluguel da máquina de cartão era muito custosa para eles. Como resultado, muitos só aceitavam dinheiro ou cheque.

Os terminais móveis mudaram drasticamente essa realidade. A primeira empresa a trazê-los para o Brasil foi a chinesa PAX, que conseguiu reduzir o preço do equipamento a menos de US$ 100, devido ao fato de ele ser mais simples, sem impressora do recibo e sem modem acoplado. Com cada vez mais demanda, o equipamento foi se tornou mais acessível para os clientes da base da pirâmide, ao permitir o modelo de venda e não apenas o aluguel da máquina de cartão.

Na prática, o que a PagSeguro estava fazendo era comprar participação de mercado, porque embora o equipamento fosse do cliente, ele só estava habilitado para receber as transações com cartões feitas no sistema da própria companhia. Ou seja, a PagSeguro estava conquistando uma exclusividade na forma de máquinas de cartão. Enquanto dispensava a receita do aluguel, inundava o mercado de pagamentos com suas máquinas para ganhar na captura das transações. Ao oferecer a possibilidade de compra dos terminais, a companhia foi capaz de crescer rapidamente no segmento de microempreendedores com um nível de fidelização jamais visto. Mais de 70% dos clientes da PagSeguro transacionam mensalmente.

As contas de pagamento são oferecidas pela PagSeguro para que os clientes usem os valores de suas vendas para suas próprias compras, por meio de um cartão de pagamento (pré-pago) atrelado. Resultado: a PagSeguro passa a oferecer também um serviço de emissor de cartão e, portanto, a ganhar uma taxa de intercâmbio a cada transação feita pelo empreendedor com o plástico em outros estabelecimentos comerciais.

Como a companhia não tem uma rede de distribuição de agências bancárias disponível, mas detém entre os controladores os donos do jornal *Folha de São Paulo* e do portal de notícias UOL, usou o marketing e a publicidade desses canais para atingir o mercado que tinha como alvo, vendendo os equipamentos de forma digital.

Em um movimento na direção contrária dos incumbentes – que surgiram dos bancos e se tornaram credenciadores –, o que a PagSeguro está fazendo agora é partir da posição de credenciadora para ser um banco. A empresa adquiriu uma licença bancária, lançou o PagBank, que oferece crédito e outros serviços financeiros aos clientes, e espera que as receitas advindas dessa área atinjam 30% do total no período de cinco anos[41].

Com seu modelo de negócio, seja ele credenciamento ou bancário, a PagSeguro trouxe para o mercado de credenciamento de cartão um segmento que não era atendido, a base da pirâmide de clientes, os microempreendedores individuais, o que se encaixa no conceito clássico de inovação disruptiva. Dado seu desempenho no mercado, a companhia reportou um lucro contábil trimestral superior ao da incumbente Cielo no quarto trimestre de 2019[42].

Stone

A Stone, por sua vez, iniciou sua história com uma característica interessante. A empresa tentou levar para dentro do negócio executivos e profissionais que não tinham vindo necessariamente da indústria de pagamentos com cartões, uma vez que a ideia principal era criar algo nunca visto no setor. Dessa experiência, resultou o fato de que a Stone foi a primeira credenciadora a entender que o varejo não queria comprar apenas o serviço de captura de transações com cartões, mas também outras soluções. Ironicamente, talvez ela tenha compreendido que pagamentos são só um "meio" para viabilizar a atividade do varejo em si, a ideia primordial desse mercado.

A história[43] da empresa começa com o fundador André Street, que aos 13 anos decidiu que queria ser empresário e montou sua primeira empresa, uma exportadora de açaí, cachaça e guaraná. Dessa experiência, concluiu que pequenos empresários tinham dificuldades em realizar e receber pagamentos. Com esse desafio em mente, Street fundou em 1999, aos 15 anos, a Paga Fácil. O objetivo da empresa era intermediar transações de pagamento entre pessoas que compravam produtos em classificados de jornal e sites de leilão na internet.

Duas experiências foram marcantes na Paga Fácil. A primeira é que Street teve de procurar investidores e levantar capital, diante da negativa do pai em colocar dinheiro no negócio. Ele conseguiu R$ 120 mil com cinco

---

[41] <https://valor.globo.com/financas/noticia/2020/02/28/meta-e-ter-30percent-da-receita-total-vinda-de-pagbank-em-cinco-anos-diz-pagseguro.ghtml>, acesso em 21/03/2020.
[42] <https://valor.globo.com/financas/noticia/2020/02/28/empresa-lucra-r-137-bi-em-2019.ghtml>, acesso em 21/03/2020.
[43] BARTUNEK, Florian (comp.) *et al*, *Fora da Curva 2*. São Paulo: ed. Portfolio, 2020.

investidores, sua primeira experiência com "venture capital". A segunda é que foi nessa época que ele teve de lidar com a Visanet, agora Cielo. A processadora dos pagamentos da Paga Fácil, de uma hora para outra, bloqueou os recebimentos por suspeita de fraude, fazendo com que a empresa deixasse de pagar os seus clientes e gerando uma crise. O racional para o bloqueio estava nos bancos donos da Visanet, que não queriam estimular o crescimento de intermediários de pagamento na internet, conhecidos como subcredenciadoras.

Diante dessa crise, em 2004, Street decidiu vender a Paga Fácil. Foi nesse mesmo ano que ele conheceu Eduardo Pontes, que se tornou seu sócio e parceiro de negócios dali para frente. Juntos, os empreendedores logo fundaram duas empresas. Ainda em 2004 a Braspag, *gateway* de pagamentos que conectava lojistas *online* às credenciadoras, e que foi vendida em 2009 para o Grupo Silvio Santos. Em 2005, os sócios fundaram a NetCredit, empresa especializada em financiar compras no varejo físico e *online*, por meio da integração *online* com bancos permitindo que clientes obtivessem melhores taxas de financiamento. Em 2007, a NetCredit foi vendida para o Banco BGN.

Em 2012, os empreendedores entenderam que havia uma oportunidade única. Novas empresas entrariam no mercado, gerando maior competição, inovação e pulverização dos serviços oferecidos. Assim, André e Eduardo decidiram voltar a empreender e nascia a Stone, um negócio em que os fundadores implantariam tudo aquilo que eles acreditavam para o futuro da indústria de meios de pagamento.

A Stone se firmou no mercado com o objetivo de atender pequenos e médios comerciantes, especialmente em cidades menores, que antes eram praticamente ignorados pelas empresas líderes do setor. Esses lojistas, usualmente, possuíam um nível de atendimento pior e pagavam taxas mais elevadas, quando comparado ao serviço oferecido nas capitais.

Com o foco de estar cada vez mais próximo do cliente e atender todas as suas necessidades, a Stone investiu em outras empresas com o objetivo de ampliar os serviços ofertados aos lojistas, aumentando o valor percebido, e permitindo que ganhassem eficiência. Estes serviços incluem, por exemplo, sistemas de ponto de venda, programas de fidelidade e a oferta de crédito mais barato para capital de giro. Uma estratégia interessante implementada pela Stone foi ajudar o lojista a cancelar o serviço com um concorrente, processo normalmente burocrático e feito por meio de *call center*.

A empresa foi provavelmente a primeira a explorar no Brasil a ideia de integrar tecnologia e meios de pagamento, o chamado "software integration". Para isso, passou por um processo de aquisição de várias empresas – o que, segundo dizem os executivos de maneira recorrente, ainda está em curso. A Stone oferece serviços adicionais, integrados à solução de pagamento, ajudando os comerciantes a reconciliar suas vendas, integrar pagamentos à frente de caixa, liquidar transações em contas divididas (split settlement), acessar serviços financeiros e obter *software* de automação.

Como a capacidade de distribuição é um fator chave de sucesso em pagamentos, a Stone contratou um exército de vendas e criou os chamados Stone HUBs. A ideia é estar mais perto do comerciante, para que ele possa ter ajuda em caso de qualquer problema. Um Stone HUB é um pequeno escritório que cobre uma área geográfica com até 400 mil habitantes. Nas grandes cidades, como São Paulo, abrange um bairro, por exemplo, enquanto no interior dos estados pode alcançar mais de uma cidade de pequeno porte. Como a companhia não está vinculada a nenhum banco, essa acabou sendo uma saída possível para distribuição dos produtos e serviços e crescimento rápido do negócio.

Pode parecer uma estratégia insana devido ao alto custo de aquisição de clientes (o CAC, ou "customer acquisition cost") construindo escritórios pelo país. Mas a percepção da companhia é de que talvez os comerciantes brasileiros ainda não sejam facilmente alcançáveis por meios digitais e prefiram o contato pessoal. Além disso, à medida que começa a ofertar outros produtos além de pagamentos, a Stone pode otimizar os HUBs e ter uma redução relativa do custo de aquisição dos clientes. De qualquer forma, com os HUBs e o exército de vendas, a Stone já está tendo o benefício de um aumento em seu reconhecimento da marca. Oferecer não apenas soluções financeiras, mas também serviços de tecnologia, a colocou na dianteira da batalha por estar na mente do cliente, diferenciando-a da concorrência.

Depois de ter um crescimento forte no público que atende, no caso varejistas de médio porte, a Stone lançou no fim do ano de 2019 a estratégia de venda de equipamentos também para os microempreendedores individuais, mesmo público da PagSeguro. A empresa anunciou uma *joint venture* com o Grupo Globo para a criação da TON, que entra no jogo de uso de mídia para distribuição, inclusão de serviços financeiros e oferta de soluções de pagamentos.

De maneira geral, o que as novas competidoras PagSeguro e Stone têm feito é oferecer soluções de pagamento aos clientes e ainda incluir cada vez mais serviços financeiros e de tecnologia, como forma de se diferenciar das incumbentes. No entanto, embora possam ter inovado no público a ser atendido, na abordagem ao cliente e na prestação de serviço, uma força disruptiva, com uma curva exponencial de crescimento, ainda não foi identificada.

Esses negócios, porém, têm obtido bastante sucesso. As ofertas públicas iniciais de ações da PagSeguro e da Stone, realizadas no mercado americano, mostraram essa realidade – também fizeram outros *players* despertarem para o potencial do mercado de cartões de pagamento. Se instituições financeiras e empresas de pagamentos podem adicionar capacidade tecnológica para competir melhor em serviços para o varejo, por que uma gigante de tecnologia ou um grande varejista não podem oferecer pagamentos e serviços financeiros? Esse será um tema para os próximos capítulos.

A combinação de uma vasta rede de distribuição, uma robusta plataforma tecnológica e bons produtos e serviços fizeram as líderes vencerem na indústria de cartões de pagamento no Brasil desde a estabilização da economia em meados dos anos 1990. Esses mesmos fatores que jogaram a favor das maiores empresas, no entanto, também foram limitadores para o surgimento e o desenvolvimento de competidores, transformando-se em verdadeiros desafios aos novos concorrentes.

Outras entrantes

Beneficiadas pela exclusividade entre bandeiras e credenciadoras, as líderes puderam crescer fortemente, ampliando seus negócios pelo país afora e ganhando com as altas margens praticadas. O legado do período sem concorrência é tamanho que, mesmo após a abertura do mercado de credenciamento e a definição do Banco Central como agente regulador da indústria de pagamentos, as mudanças de participação das líderes têm sido tímidas. No caso das credenciadoras, o Brasil possui cerca de 25 empresas atuantes, mas as cinco maiores – Cielo, Redecard, Getnet, Stone e PagSeguro – correspondiam a uma fatia de 88,8% do total de valor transacionado com cartões do país, considerando o segundo trimestre de 2020.

Consequentemente, no grupo das demais 20 credenciadoras, a participação somada é de 11,2%. Um destaque entre elas fica com a First Data, hoje Fiserv, uma empresa que cresceu como resultado da parceria com outras empresas no mercado brasileiro de pagamentos. Fundada na década de 1970 nos Estados Unidos, a companhia marcou presença no Brasil em 2014, em parceria com o Bancoob, lançando duas marcas no mercado brasileiro, a Sipag e a Bin[44]. Com o tempo, ela passou a prestar serviços a outras empresas, processando transações para instituições financeiras como Sicredi e Crefisa. De acordo com o Cardmonitor, todos esses negócios juntos representam em torno de 3,3% de participação de mercado no primeiro trimestre de 2020. Vale a pena notar que, enquanto este livro estava sendo escrito, já sabíamos da decisão da Crefisa de romper o contrato com a Fiserv e passar a operar de forma independente.

O avanço lento também ocorre entre as subcredenciadoras, que usam o sistema das credenciadoras para processar suas transações e, sendo intermediárias, dividem os resultados com as credenciadoras. No Brasil, são mais de 200 existentes, algumas atuando em segmentos de negócios específicos ou em regiões delimitadas do país. Como se não bastasse as dificuldades de empreender no país, ainda mais em um mercado dominado por gigantes, essas empresas ainda são alvo de práticas anticoncorrenciais, a exemplo do que ocorreu com a PagSeguro enquanto era subcredenciadora, que teve um embate com a Rede que acabou alvo de um processo no Cade.

E por que essas empresas permanecem pequenas, apesar do potencial de crescimento da indústria de cartões? Há três razões para isso: a plataforma tecnológica, o desenvolvimento de produtos e o modelo de distribuição.

A plataforma tecnológica

Uma das respostas está na plataforma tecnológica, o "coração" do negócio de credenciamento, mas que foi a princípio um limitador das credenciadoras novatas. Como não têm um alto volume de transações, as novas empresas precisam de um custo baixíssimo de processamento para poder concorrer com as gigantes do setor. Caso contrário, a estrutura pode inviabilizar os ganhos com a atividade e a sustentação do negócio no longo prazo. Podemos dividir uma plataforma de processamento de transações com cartões de pagamento em duas partes: "front-end" e "back-end", termos usados pela Mastercard e Redecard, ou Base 1 e Base 2, preferidos por especialistas da Visa e Visanet.

---

[44] <https://www.firstdata.com/pt_br/about-first-data/media/first-data-history.html>, acesso em 03/04/2020.

O "front-end" ou "Base 1" é composto dos sistemas e processos responsáveis pela captura da transação e obtenção da autorização pelo emissor do cartão de pagamento. Eles rodam 24 horas por dia, sete dias por semana, por isso, necessitam de locais de "backup" ativos, para garantir a atualização adequada. As informações da transação com cartões de pagamento precisam ser capturadas pela máquina de cartão do lojista, passar à bandeira e fazer o caminho contrário para a confirmação da compra para o consumidor em questão de segundos. Para ser competitiva, a plataforma deve permitir que esse processo ocorra entre 5 e 8 segundos, que é a média do mercado, não podendo ter interrupções.

Já o "back-end" ou "Base 2" compreende todo processamento após a captura, como cálculo de contas a receber, contas a pagar e processo de reconciliação até a liquidação final das transações de pagamento. Em geral, esses sistemas são processados em lotes ou fila, conhecido como "processamento batch". Neste caso, é preciso ser eficiente para que os recursos cheguem de maneira correta e ágil na conta dos estabelecimentos comerciais ou prestadores de serviços, que aguardam pelo recebimento dos valores de suas transações com cartões.

As credenciadoras novatas, quando iniciaram a atuação no Brasil, tiveram de tomar uma decisão importante: desenvolver uma nova plataforma ou transformar algo já existente no mercado. Não era uma decisão fácil, uma vez que em todos os casos, a exigência era de altos investimentos para colocar a tecnologia para funcionar. Como se já não fosse desafiador o suficiente ter uma plataforma eficiente, é preciso lembrar que o Brasil não é um país trivial quando se trata de pagamentos, apresentando particularidades que, se não observadas pelos novos entrantes, podem acabar com o negócio. Uma plataforma "tropicalizada" deve considerar repasse ao lojista em 30 dias (com algumas exceções), a antecipação de recebíveis e o parcelado sem juros.

No grupo das credenciadoras com menor participação de mercado, a americana Global Payments desembarcou no Brasil em 2010, procurando parcerias para prestar serviços no país. A companhia decidiu contratar a Hewlett-Packard (HP), que já era sua fornecedora de processamento no mercado americano, para o desenvolvimento de sua plataforma por aqui. Jogou a favor o fato de àquela época a própria HP, hoje DXC, ter a estratégia de expandir a operação de processamento no Brasil. A HP então adquiriu uma licença do *software* PAYWare, da Verifone, e do "front-end" Postilion, que hoje pertence a ACI Worldwide, para desenvolver a plataforma. E a combinação dessas duas tecnologias já presentes no mercado tornou mais fácil à Global Payments introduzir seus negócios no país com pouquíssimas mudanças.

A companhia ainda contratou uma empresa chamada Lyra para fazer a transmissão dos dados em rede, uma vez que contratar grandes empresas de telecomunicações, como a Vivo e a Claro, era caríssimo naquela época, especialmente para uma companhia que estava iniciando as atividades no mercado – hoje, há mais prestadores de serviços nessa área, como a americana TNS e a brasileira NLT, o que reduziu consideravelmente o custo. Com um modelo de desenvolvimento da tecnologia baseado na compra de serviços do mercado, a Global Payments conseguiu colocar seu sistema para funcionar com uma estrutura de apenas sete funcionários, iniciando as operações de captura e processamento de transações com cartões no Brasil em 2013, três anos após desembarque no país.

A concorrente americana Elavon, por sua vez, escolheu traçar um caminho diferente. Chegando ao Brasil na mesma época do que a Global Payments, a companhia decidiu pela "tropicalização" da plataforma que tinha nos Estados Unidos, incluindo os produtos e serviços característicos do país. As adaptações eram tantas, no entanto, que os executivos tiveram dificuldades para colocá-la para funcionar num primeiro momento. A Elavon chegou a lançar a plataforma em 2011 e logo depois recolher para fazer as alterações necessárias, voltando ao mercado somente um ano depois. Mesmo assim, o desempenho da companhia não foi o que se esperava, ainda mais quando se considerava os altos investimentos realizados.

Entre os desafios da subsidiária brasileira da Elavon estava o pagamento da remuneração a cada transação para a matriz, o que tornava o serviço mais caro. Como, na prática, o que a Elavon estava fazendo era uma importação de serviço, o custo tributário era alto – lembrando mais uma vez que o intuito de uma plataforma é ser de baixo custo, para que se ganhe mais com cada transação à medida que o negócio ganha escala.

Em geral, as subsidiárias brasileiras de credenciadoras estrangeiras também sofriam com o fato de que precisavam entrar numa fila mundial de prioridades, caso precisassem de alterações na plataforma para a prestação de algum serviço no país. O famoso "time-to-market" – tempo entre o desenvolvimento do produto e a chegada ao mercado – era muito demorado. Com prejuízos e baixa participação de mercado, a Elavon foi comprada pela Stone, em 2016, pelo valor de US$ 1,00 e a transferência de suas dívidas.

Passados alguns anos desde a chegada dessas companhias ao mercado, o fato é que hoje há mais prestadores de serviços com plataformas disponíveis às credenciadoras, aptos a fazer as adaptações necessárias para cada tipo de transação que se quer realizar. A tecnologia, enfim, não é mais uma barreira de entrada, embora tenha sido no início do processo competitivo no setor. Um bom exemplo é a ACI Worldwide. A empresa já atuava no mercado fornecendo seu sistema de "front-end", chamado Base24, que hoje é utilizado pela GetNet e Fiserv.

A entrada do Safra no setor de credenciamento, foi uma boa oportunidade para ACI assumir um papel importante no mercado brasileiro. Com o compromisso de fornecer todo suporte para uma solução completa de processamento, a empresa passa a oferecer licenças do *front-end Postilion* e do *back-end CMM* ("Card and Merchant Management"), uma novidade para o mercado.

Recentemente a empresa anunciou o fornecimento da solução completa de processamento para atender a Conductor como credenciadora.

A ACI, além de atender o mercado brasileiro, se tornou o parceiro escolhido para a expansão internacional de credenciadoras brasileiras, como é o caso da GetNet e do Safra.

O desenvolvimento de produtos

Mesmo com o avanço tecnológico, as novas competidoras do mercado de credenciamento pouco inovaram em produtos aos clientes e, se fizeram, foi algo que não teve potencial de trazer uma disrupção ao mercado. A Global Payments, por exemplo, lançou no país o modelo "interchange-plus pricing", uma forma de precificação que atende a clientes de maior porte. Nela, são apresentadas a remuneração da credenciadora e a remuneração de outros elos da cadeia, de maneira separada, para trazer mais transparência às taxas cobradas.

Já as subcredenciadoras desenvolveram produtos para nichos específicos. Elas melhoraram a funcionalidade chamada de "split de pagamento", que permite que o valor de um só pagamento feito pelo consumidor em um terminal seja repartido para vários prestadores de serviços diferentes. Esse tipo de solução é importante em salões de beleza, em que um mesmo cliente pode consumir produtos de mais de um profissional; ou numa clínica médica, em que vários profissionais atuam dividindo a mesma infraestrutura. A captura da transação é feita no mesmo terminal, mas a liquidação é realizada para pessoas – e, como consequência, para contas – distintas.

Outro exemplo é o uso da mesma máquina de cartões por "multimerchants", que foi bastante disseminado em feiras livres no passado. O dono de uma barraca de frutas, por exemplo, digitava um código individual no equipamento antes de capturar a transação, acenando para a credenciadora de que os valores diziam respeito às suas vendas e, portanto, deveriam ser depositados na sua conta. O mesmo poderia ser feito para donos de outras barracas, no mesmo equipamento. Com uma maior proximidade dos clientes, e atendendo nichos específicos, as subcredenciadoras foram capazes de trazer produtos com experiências interessantes, embora tendam a ter um serviço mais caro.

A rede de distribuição

Mesmo as credenciadoras que desenvolveram uma eficiente plataforma tecnológica e criaram bons produtos e serviços esbarram no desafio de ter uma rede de distribuição adequada. As três líderes do setor – Cielo, Rede e Getnet – têm as agências bancárias de seus acionistas controladores, os principais bancos do país, a seu dispor, enquanto a Stone criou "hubs" espalhados pelo país e a PagSeguro usou a publicidade na internet e no jornal de seu acionista, o Grupo UOL.

Algumas credenciadoras de menor porte, no entanto, também desenvolveram outros modelos alternativos para distribuir suas máquinas pelo país. A brasileira Acqio, fundada em 2014, criou um sistema de microfranquias, por exemplo. A companhia pegou carona na crise econômica, quando muitos indivíduos perderam seus empregos e ficaram sem uma renda disponível. Essas pessoas foram convidadas a distribuir as máquinas da empresa em sua região, cidade ou bairro, sendo remuneradas para esse serviço. Embora o custo de distribuição possa parecer alto, ele compensa se comparado com a manutenção de um funcionário registrado.

Esse modelo ainda traz um alinhamento de interesses. De um lado, a credenciadora ou subcredenciadora precisa crescer em volume e capilaridade a um custo controlado. De outro lado, o indivíduo precisa de uma renda devido às condições econômicas. O valor que a credenciadora consegue obter de taxa de desconto, livre dos repasses do emissor e bandeira, outros custos e impostos, é dividido com o franqueado, que se torna um sócio do negócio.

A dúvida desse modelo, no entanto, reside na seguinte questão: num momento de crescimento da economia, os franqueados continuarão a distribuir as máquinas de cartão ou voltarão às suas atividades anteriores? Na retomada econômica, esse franqueado vai continuar sendo um empreendedor ou vai preferir ser empregado de alguém?

A resposta virá com o desenvolvimento do negócio – e da economia brasileira. Além disso, outra questão é que, com a concorrência no mercado de credenciamento de cartões, as margens devem cair fortemente e, para ganhar dinheiro neste modelo, vai ser necessário compensar com grandes volumes de transações. Ampliação da base, portanto, é crucial para o sucesso. Entretanto, ainda existam dúvidas sobre o modelo de franquias no mercado de credenciamento de cartões, é preciso destacar que foi uma saída encontrada para driblar a falta de uma rede de distribuição bancária, como a detida pelas líderes do setor.

A competição das bandeiras

O modelo tradicional da indústria de cartões de pagamento, chamado de "modelo de quatro partes", composto por bandeiras, emissores, credenciadoras e varejistas, passa por uma verdadeira transformação. Com o surgimento de novas *fintechs*, a disseminação do modelo de super aplicativos chineses e o movimento de desintermediação, como por exemplo com as plataformas de transferências instantâneas P2P ("peer-to-peer") com *QR Code*, os pagamentos já podem ser feitos fora dos arranjos das bandeiras tradicionais.

A resposta das bandeiras líderes tem sido se engajar em processos de transformação digital e abrir suas plataformas de forma colaborativa por meio de APIs ("interfaces de programação de aplicação"). Ao fazer isso, o objetivo é que as *fintechs* desenvolvam soluções inovadoras utilizando o *know-how* e a infraestrutura de pagamentos já estabelecida, ampliando o ecossistema existente, em vez de fomentar novos arranjos. Como resultado, investimentos estratégicos em *fintechs*, programas de aceleração e *hackathons* entraram definitivamente na agenda das bandeiras.

A Visa começou a perder *marketshare* no Brasil em 2010. O executivo Fernando Teles assumiu o comando da companhia em agosto de 2016, em um momento crítico para a empresa, que naquele mesmo ano perderia a liderança do mercado nacional para a Mastercard[45], movimento que teve como um dos princi-

---

[45] <https://neofeed.com.br/blog/home/para-voltar-ao-jogo-a-visa-mudou-tudo/>, acesso em 20/07/2020.

pais motivos o crescimento da bandeira Elo, cuja emissão foi incentivada por Banco do Brasil e Bradesco. Desde então, a Visa vem implantando diversas estratégias para recuperar mercado. A companhia abriu o seu ecossistema de forma ágil, otimizando processos e tecnologias, com o objetivo de alavancar e captar parcerias com novos emissores e *fintechs*, iniciativa conhecida como Visa Complete e que reduziu de forma importante o chamado tempo de "on board" de novos parceiros emissores. Além disso, a empresa realizou um investimento em participação minoritária na processadora Conductor, em 2018, o que, em conjunto com o Visa Complete, possibilitou que a empresa ganhasse agilidade no processamento de novas parcerias, aspecto importante no crescimento do ecossistema.

No início de 2020, a empresa ganhou a concorrência para se tornar a principal bandeira dos cartões de crédito e débito da Caixa Econômica Federal, momento em que apoiou de forma importante o processo de pagamento do auxílio emergencial em virtude do COVID-19, bem como permitiu a bancarização de milhões de brasileiros. Ademais, a empresa fechou parceria para ser a bandeira preferencial dos cartões do banco Santander no Brasil. Após quatro anos, a Visa começa a colher os frutos dessas novas iniciativas, segundo as palavras do próprio Teles: "Agora é a hora de começar a colheita de tudo que plantamos nos últimos anos"[46].

A Mastercard também desenvolve novos projetos e tecnologias para ampliar a aceitação da bandeira e reduzir o uso do papel moeda. A bandeira passou a lançar programas de aceleração de *startups*, em que apoia, estimula e promove negócios entre as *fintechs* e os participantes do seu arranjo.

A estratégia frente à concorrência também passa por reforçar o portfólio de produtos e serviços. Visa e Mastercard têm investido em tecnologias sem contato (NFC), por meio de celulares e "wearables"[47], sistemas de tokenização para uso no *e-commerce*, pagamentos recorrentes e tecnologias antifraude. Como exemplo, a Visa e a Mastercard têm apostado na utilização crescente da tecnologia sem contato em projetos de transporte coletivo e por meio das carteiras digitais, como Apple Pay e Google Pay.

As bandeiras também investem em plataformas que permitem pagamentos e transferências de fundos em tempo real, como os pagamentos P2P,

---

[46] <https://exame.com/revista-exame/o-plano-da-virada/>, acesso em 27/07/2020.
[47] *Wearables*: dispositivos vestíveis, como relógios e pulseiras, dotados de tecnologia NFC e *token* que identifica o cartão associado no momento do pagamento.

utilizando como base as atuais plataformas de cartões. O formato de adoção dessas plataformas no Brasil ainda é incerto, considerando o desenvolvimento do PIX, a plataforma de pagamentos instantâneos do Banco Central, cuja expectativa de lançamento é em novembro de 2020.

Novas bandeiras também surgiram no Brasil para explorar o mercado de cartões de pagamento, visando ampliar a aceitação entre públicos não atendidos pelas marcas tradicionais do mercado. Destaca-se nesse grupo a Elo, que possui Banco do Brasil, Bradesco e Caixa Econômica Federal como acionistas e que nasceu com foco na população de baixa renda do país. Além da Hiper, que foi desenvolvida em uma iniciativa do varejo, da rede Bom Preço, de Recife e que hoje pertence ao Itaú Unibanco. Elo e Hiper são a terceira e a quarta maiores bandeiras do mercado brasileiro, respectivamente.

A Elo cresceu e ganhou mercado rapidamente devido à capacidade dos bancos acionistas em "tombar" a base de cartões de débito, o que significa substituir os cartões antes distribuídos, no caso Visa Electron, pelos da nova bandeira. Houve fricções num primeiro momento. Os portadores reclamavam que a nova bandeira ainda não tinha ampla aceitação nos estabelecimentos comerciais, o que os impedia de tirá-los da carteira para pagar as compras. De fato, as máquinas de cartão não estavam preparadas para aceitá-lo, com exceção dos equipamentos da Cielo, que tem os mesmos acionistas, Banco do Brasil e Bradesco. Além disso, a Elo cobrava taxas de desconto mais altas dos estabelecimentos comerciais, o que desestimulava a aceitação.

Na sua evolução, a Elo buscou solucionar esses problemas e desenvolver produtos mais sofisticados, como cartões para alta renda, trazendo mais benefícios para o consumidor e presença internacional. Em 2015, a empresa concluiu um acordo com a Discover para ter aceitação fora do Brasil. Posteriormente, ampliou a parceria, passando a ter a marca Diners Club em seu portfólio. Ao final de 2019, a bandeira atingiu uma participação de mercado estimada em 14%, com 132 milhões de cartões emitidos.

Já a bandeira Hiper nasceu em 1969 como o cartão de fidelidade aceito nas lojas do Grupo Bom Preço, em Recife. Em 2004, o Walmart comprou a rede varejista pernambucana e o Unibanco adquiriu a operação de emissão e credenciamento do Hipercard.

Com a fusão entre Itaú e Unibanco, em 2008, o cartão Hiper passou a ser administrado pelo Itaú Unibanco, com credenciamento sendo realizada pela Rede. Em 2014, foi criado o arranjo de pagamentos Hiper e, finalmente, em

2016 o cartão evoluiu de um cartão de loja ("private label") para ter aceitação nacional, ou seja, em outros estabelecimentos além da rede Walmart[48]. Entretanto, desde então, observou-se o fortalecimento da parceria comercial entre Itaú Unibanco e Mastercard na emissão, com a bandeira Hiper mantendo o seu posicionamento regional.

Na prática, as bandeiras Elo e Hiper não trouxeram inovações significativas em tecnologia e produto para o setor de pagamentos, embora elas tenham alcançado um público antes não atingido pelas bandeiras tradicionais do mercado. Elas nasceram com o objetivo de rentabilizar e verticalizar as operações dos bancos controladores, reduzindo a dependência das bandeiras internacionais.

O crescimento das *fintechs* e a atuação do Banco Central para estimular a competição e desenvolver a plataforma de pagamento instantâneo (PIX) no Brasil provocaram um movimento de resposta das bandeiras extremamente benéfico para a indústria de cartões. As empresas aceleram processos, investindo em novas tecnologias para ampliação de ecossistemas e das fronteiras de aceitação, fomentando, desta forma, a evolução e o crescimento da indústria no Brasil.

---

[48] <https://www.hipercard.com.br/nossa-historia>, acesso em 29/03/2020.

5

Os novos entrantes

O mundo dos negócios está repleto de metáforas criadas para explicar novos métodos de administração e abordagens de vendas. Uma das mais disseminadas é "A Estratégia do Oceano Azul"[49], desenvolvida pelos pesquisadores W. Chan Kim (1951-) e Renée Mauborgne (1963-), ambos acadêmicos da Insead, renomada escola de gestão de negócios com sede na França. Publicado em 2005, foi traduzido em 43 línguas em razão do seu incrível sucesso. Na essência, essa estratégia leva em consideração que a melhor forma de superar a concorrência é parar de tentar superá-la. Ou seja, buscar mercados ainda não explorados, chamados pelos autores do conceito de o "oceano azul".

Na metáfora marítima, o oceano azul é um local em que se pode nadar livremente, porque há espaço de sobra para a exploração. Enquanto isso, os mercados já saturados são chamados de "oceano vermelho", em decorrência do sangue derramado nas batalhas entre os concorrentes, que nadam em disputa do mesmo espaço. O conceito, que foca na inovação do modelo de negócio, adota como a principal ferramenta a matriz de avaliação de valor, ajudando as empresas a se repensarem e inovar.

A promessa da estratégia do "oceano azul" se torna bastante clara quando trazida para os mercados. Em sua proposta principal, está orientar os gestores das empresas para que encontrem novos mercados, livres de concorrentes diretos, para poder explorá-los com alta performance. Sua ideia principal para

---

[49] CHAN, K.; MAUBORGNE, R. *A Estratégia do Oceano Azul - Como criar novos mercados e tornar a concorrência irrelevante*. 9ª edição. São Paulo, ed. Campus, 2016.

o negócio é sair do "mar vermelho", sangrento e revolto pela competição, para encontrar condições de navegação mais tranquilas, ainda que em mercados pouco ou nada explorados, o chamado "oceano azul".

No mundo dos pagamentos, novos entrantes estão justamente de olho no "oceano azul". Eles têm o objetivo de, por um lado, atrair para seus negócios os varejistas que ainda não aceitam pagamentos distintos aos tradicionais dinheiro e cheque e, por outro lado, oferecer aos consumidores novos meios de fazer suas transações. Nesse contexto, os novos competidores avançam a cada braçada em um território normalmente dominado pelos bancos, no caso os serviços financeiros, mas em águas nunca navegadas, atingindo os clientes desbancarizados.

A base para conseguir navegar no "oceano azul" está no desenvolvimento de novas tecnologias e na capacidade de atingir o maior número de clientes possível de uma forma barata. Por isso, entre os novos competidores com mais potencial de causar uma verdadeira disrupção no mercado de pagamentos estão as empresas de tecnologia. Aqui, vale o questionamento: se uma empresa de serviços financeiros pode adicionar competência em tecnologia e competir com empresas do setor, por que uma empresa de tecnologia não pode fazer o caminho inverso e competir em serviços financeiros? Pois esse movimento já está acontecendo, no Brasil e no mundo.

As empresas de tecnologia

No mercado de pagamentos, com a queda das margens nas últimas décadas, as empresas estão agregando cada vez mais produtos e serviços para incrementar receitas e diluir o custo de aquisição dos clientes. O pagamento tende a ser parte de uma solução bem mais completa, que inclui a oferta de uma conta digital, a disponibilidade de cartões, a concessão de crédito e venda de soluções em tecnologia. Seguindo a mesma lógica, empresas de tecnologia têm se movimentado para a oferta de serviços financeiros, principalmente no mercado internacional, o que gerou uma tendência de novas fusões e aquisições bilionária em 2019.

Naquele ano, a americana Fiserv adquiriu a concorrente First Data Corporation por US$ 22 bilhões, em uma transação realizada somente com a troca de ações, sem desembolso de dinheiro. Com o negócio, a Fiserv criou um dos principais fornecedores de tecnologia financeira e de pagamentos do mundo. Juntas, as empresas são capazes de oferecer serviços de processamento, pagamentos integrados e um ponto de venda baseado em nuvem, chamado de Clover. A empresa também oferecerá canais de distribuição abrangentes e terá profundo conhecimento em parcerias com instituições financeiras, comerciantes e anunciantes de todos os portes, bem como desenvolvedores de *software*.

Em março, a Fidelity National Information Services (FIS) anunciou a compra do grupo Worldpay pelo valor de US$ 35 bilhões. A FIS, com sede em Jacksonville (Flórida), oferece soluções de banco de varejo e atacado, pagamentos, gestão de ativos e fortunas, risco e conformidade e terceirização em 130 países. Já a Worldpay é uma credenciadora sediada no Reino Unido que fornece tecnologia de pagamento para comerciantes, empresas e instituições financeiras, com foco em *e-commerce*. No Brasil, a empresa atua em parceria com o banco Rendimento, que fornece as licenças de credenciamento em conjunto com as principais bandeiras.

No racional da transação, a FIS[50] destacou que a fusão "oferece o tamanho, a escala e as sinergias para acelerar o crescimento e criar valor". De acordo com a companhia, "as duas empresas têm forças complementares, o que cria valor aditivo além do que é alcançado pela redução de custos em operações, tecnologias, instalações e despesas gerais corporativas". A FIS tem relacionamentos significativos com a maioria dos 50 maiores bancos globais e a Worldpay, com mais de um milhão de comerciantes. A união permite que a empresa combinada forneça soluções de pagamento de ponta a ponta: por exemplo, para fazer a transação e a liquidação contábil. Além disso, permite a venda cruzada para os clientes uns dos outros, o que permite trazer eficiência na execução.

Já em maio de 2019, a Global Payments anunciou que estava negociando a compra da Total System Services (TSYS) por US$ 21,5 bilhões. Em setembro de 2019, as companhias anunciaram a conclusão da fusão. A empresa combinada, chamada de Global Payments Inc., fornece pagamentos e soluções de *software* para aproximadamente 3,5 milhões de lojistas, predominantemente de pequeno a médio porte. Além disso, atende mais de 1.300 instituições financeiras em mais de 100 países e permite interações digitais com mais de 600 milhões de portadores de cartão em todo o mundo.

---

[50] <https://www.fisglobal.com/insights/what-we-know/2019/october/what-the-fis-and-worldpay-merger-means>, acesso em 29/03/2020.

Em cada uma dessas transações, vários pontos em comum. Embora os atores sejam diferentes, o enredo é parecido. O objetivo geral, além de ganho de escala, é oferecer terminais de pagamento, *software* e serviços a comerciantes e instituições financeiras. Na ponta, a proposta é disponibilizar aos consumidores finais uma variedade de opções de pagamento, no conceito conhecido como "one-stop-shop".

Certamente essa oferta combinada de produtos, serviços e soluções pode ser observada nos Estados Unidos e na Europa com mais intensidade. No Brasil, por sua vez, a participação de mercado dessas empresas que têm potencial de se tornarem gigantes ainda é relativamente pequena. Por aqui, o movimento de inserção das empresas de tecnologia em pagamentos está dando os primeiros passos. Pode-se incluir neste grupo nomes como TOTVS, Linx, Omie e Conta Azul, que atuam provendo serviços de tecnologia para a gestão empresarial para companhias espalhadas por todo o país – daí, a vantagem de já possuir um amplo canal de distribuição, que é um dos grandes dramas do setor de credenciamento. Com um portfólio de clientes montado, basta incluir soluções de pagamentos e outros serviços financeiros, conforme os casos a seguir têm demonstrado.

TOTVS

Em 1983, o executivo Laércio Cosentino tinha apenas 23 anos, mas já ocupava a posição de diretor da Siga, uma empresa de processamento de dados criada por Ernesto Haberkorn. Juntos, Cosentino e Haberkorn decidiram criar a Microsiga, uma empresa de *software* de gestão para pequenas e médias empresas brasileiras, e então tornaram-se sócios igualitários na nova companhia. No final daquela década, a Microsiga fundiu-se com a Siga e, em 2005, a empresa mudou o nome para TOTVS. Formou-se, então, a empresa líder no mercado brasileiro de *software* de gestão (ERP – "Enterprise Resource Planning"), com endereços no Brasil, Argentina, México e Estados Unidos.

A TOTVS provê soluções de negócios para empresas de todos os portes, atuando com *softwares* de gestão, mas também com plataformas de produtividade e colaboração e consultoria, com forte liderança no mercado de pequenas e médias empresas no Brasil. Em seu site, a companhia informa ter aproximadamente metade de participação de mercado no Brasil e presença em 41 países.

No país, conta com 11 filiais, 52 territórios franqueados e dez centros de desenvolvimento.

No exterior, a TOTVS tem mais sete filiais e dois centros de desenvolvimento, nos Estados Unidos e no México. A empresa abriu uma operação em San Diego, na Califórnia, dentro do campus da Universidade da Califórnia, o TOTVS Labs, centro de pesquisa de soluções em computação em nuvem ("cloud computing"), em 2011. No ano seguinte, abriu um escritório no Vale do Silício, também na Califórnia.

Sua história foi marcada pelo crescimento orgânico, mas também por uma atuação forte em fusões e aquisições. No total, a TOTVS adquiriu mais de cinquenta fabricantes de *softwares* corporativos, como Datasul, RM Sistemas, Midbyte, Logocenter e BCS. Entre os negócios mais marcantes, está a compra da Bematech em agosto de 2015 por R$ 550 milhões. A adquirida era uma empresa especializada em soluções de tecnologia para o varejo *food service* e *hospitality*, com suas soluções de *hardware* e *software* presentes em mais de metade dos *checkouts* dos estabelecimentos automatizados do Brasil, representando na época mais de 500 mil pontos de vendas.

De certa forma, a compra da Bematech pode ser entendida como o primeiro movimento da TOTVS para se tornar uma *TechFin*[51]. A empresa anunciou que, com a aquisição, atuaria na criação de um provedor de soluções de negócios para o varejo com a mais ampla cobertura nacional e com o mais completo portfólio de soluções e inovações para o setor. A rede de distribuição da Bematech contava com mais de 5 mil revendedores que se somaram à rede nacional de distribuição da TOTVS.

Em mais um passo para oferecer serviços financeiros, em março de 2019 a TOTVS anunciou uma parceria com a Redecard para promover serviços de pagamentos e antecipação de recebíveis aos clientes de pequeno e médio porte. Em maio do mesmo ano, após levantar R$ 1 bilhão com uma oferta primária de ações, a empresa anunciou que iria investir tudo em aquisições, em duas frentes: nos segmentos tradicionais de tecnologia e no segmento de *fintechs*. A

---

[51] Segundo o site da TOTVS: "Enquanto as Fintechs são empresas do mercado financeiro que utilizam tecnologia para oferecer serviços convencionais, a Techfin vai além: trata-se de uma empresa de tecnologia e dados, que oferece serviços financeiros personalizados e mais competitivos para ajudar as empresas a superar os desafios dos seus negócios". Cf.: <https://bityli.com/ZTY1O>. (N. dos E.).

empresa constituiu uma divisão chamada "techfin", com o objetivo de atender prestadores de serviços financeiros.

A empresa logo foi às compras e, em outubro daquele ano, adquiriu a empresa Supplier, de crédito B2B, pagando R$ 455 milhões por 88,8% da companhia. A Supplier fornece crédito e capital de giro para mais de 100 mil fornecedores de grandes indústrias e distribuidores, antecipando recebíveis por meio de FIDCs e ficando com um "take rate" em cada transação[52]. A exemplo do que vimos acontecer fora do Brasil, espera-se que a TOTVS avance fortemente no setor de *fintechs* e possa trazer inovação e competição no setor de pagamentos.

Linx

A Linx foi fundada em 1985 pelo paulistano Nércio Fernandes, atual presidente do Conselho de Administração da empresa. Com 22 anos de idade, Nércio deixou a faculdade de Engenharia Civil para investir em um negócio próprio na área de microinformática e fundou a Microserv Comércio e Consultoria Ltda. com outros empreendedores. Poucos anos após sua fundação, a companhia atendia pequenos negócios na região do Brás e Bom Retiro, em São Paulo, quando desenvolveu o MicroMalhas, *software* voltado para varejo de moda.

Em 1990, o *software* passou a ser chamado de Linx e se transformou, mais tarde, no carro-chefe do grupo. Com uma estrutura mais complexa – tendo em vista a atuação paralela da Linx Sistemas, Linx Logística e Linx Telecom –, foi necessária a criação de uma *holding* para unificar e fortalecer as unidades de negócio. Em 2004, surgiu então a LMI S.A., que depois passou a se chamar Linx S.A. Em 2013, a Linx abriu seu capital, fazendo a oferta inicial de ações na então BM&F. Em 2019, passou a negociar seus papéis na Bolsa de Valores de Nova Iorque (NYSE).

A empresa nasceu focada em soluções de *software* para o varejo, oferecendo ferramentas para gestão empresarial e para o ponto de venda. No entanto, vem desenvolvendo novos produtos para elevar as vendas, reduzir os custos de aquisição do cliente e aumentar a fidelização.

---

[52] <https://braziljournal.com/totvs-compra-supplier-e-entra-de-vez-em-servicos-financeiros>, acesso em 29/03/2020.

Assim como a TOTVS, a Linx também tem uma estratégia de crescimento por aquisições, que teve início em 2008 com a compra da Quadrant, empresa de tecnologia para o segmento de vestuário. Desde então, já foram realizadas 34 transações. A Linx revelou que desenvolveu um modelo de integração que permite integrar de maneira eficiente os negócios adquiridos. A estratégia de aquisição sempre esteve focada em adicionar novas verticais do varejo, expandir a atuação para novas regiões dentro do Brasil e agregar novas tecnologias que acelerem o ritmo de inovações.

No mundo dos pagamentos, a primeira aquisição aconteceu em 2013. A Linx comprou a empresa Direção, por R$ 26,5 milhões, fornecedora de soluções para meios de pagamento eletrônico, rede de serviços e automação comercial (a chamada TEF), passando assim a concorrer com empresas como a Software Express.

No ano seguinte, a Linx começou a se aproximar de credenciadoras de cartões. Em junho de 2014, foi anunciada uma *joint venture* com a Cielo para oferecer um sistema integrado de automação comercial, *software* de gestão e pagamentos a pequenos varejistas. A operação não se concretizou e há quem diga que os executivos de ambas as companhias levaram quase dois anos discutindo os termos. Um executivo envolvido no negócio, que preferiu não se identificar, deixou claro qual foi o principal ponto de embate. "Você não pode fazer uma *joint venture* entre uma empresa que quer desenvolver um mercado e outro cuja única estratégia é mantê-lo para si mesma".

Diante do insucesso do negócio, a Linx foi atrás de novos parceiros. Em 2016, foi a vez da Rede, que fechou acordo para levar seus serviços de credenciadora à base de clientes da Linx, contratos que ainda estão em vigor. Em contrapartida, a Linx recebe uma parte da receita obtida com os clientes apresentados. A Linx possui uma base de 70.000 clientes, de porte médio e grande, com 100.000 lojas espalhadas pelo Brasil. Juntas, essas lojas vendem R$ 300 bilhões ao ano. Acreditamos que desse total, cerca de 40% são processados pela Rede, em função da parceria, 20% pela Cielo e 15% pela GetNet.

Embora já tivesse avançado no mundo dos serviços financeiros, foi no final de 2018 que a empresa mergulhou no tema, criando a Linx Pay. Trata-se de uma plataforma que combina diferentes alternativas para atender o cliente varejista, com produtos como a Transferência Eletrônica de Fundos (TEF), *split* de pagamentos, plataforma de subcredenciamento, conciliação das transações e antecipação de recebíveis.

Como evolução, em junho de 2019, a empresa lançou uma conta digital integrada com um cartão pré-pago emitido pela bandeira Elo e o código QR Linx, solução que permite pagamentos por aplicativos de carteira digital, como PicPay, Rappi, Mercado Pago e Ame, que facilita a vida dessas empresas porque elas não precisam bater na porta de cada varejista para instalar seu próprio *QR Code*. Na solução da Linx, um único *QR Code* por *checkout* é utilizado pelos varejistas, lido pela câmera do celular no ambiente do aplicativo do provedor de carteira digital e os pagamentos são depositados em uma conta digital única do varejista. Dessa maneira, a Linx se posiciona como uma credenciadora de aplicativos de pagamentos digitais, que utilizam *QR Code* na captura, remunerada por meio de uma taxa por transação.

Em janeiro de 2020 a Linx adquiriu a *fintech* PinPag por R$ 200 milhões, sendo R$ 135 milhões à vista, uma empresa especializada em meios eletrônicos de pagamento que oferece soluções personalizadas de parcelamento para o varejo. Com 17 mil clientes da PinPag e um volume de transações de pagamento de cerca de R$ 4 bilhões ao ano, o negócio vem reforçar o portfólio de serviços financeiros da Linx Pay Hub.

A Linx se movimenta para consolidar suas soluções de pagamento eletrônico no varejo e se tornar uma nova credenciadora. Chamamos esse movimento de *TechFin*, por motivos óbvios. Certamente uma boa parte do volume de transações com cartões se originam entre clientes de grande porte, para os quais a taxa de desconto não é muito atrativa, principalmente para novas credenciadoras. Com a abertura de mercado em julho de 2010, os grandes clientes foram alvos de ofertas agressivas por parte da Cielo e Rede, baixando significativamente os preços nesse segmento. Ainda assim, se assumirmos que a Linx, como credenciadora, poderia processar 50% do volume de transações de pagamento, R$ 150 bilhões por ano, a empresa teria uma participação de mercado equivalente a 8%, colocando-a entre as cinco maiores credenciadoras do país.

Tamanho potencial tornou a Linx um ativo desejado no mercado, em uma batalha – ainda em curso enquanto este livro estava sendo produzido – entre a Stone e a TOTVS. Em 11 de agosto de 2020, a Stone publicou uma oferta pela compra da Linx por R$ 6,04 bilhões, sendo que 90% do pagamento seria realizado à vista e 10%, em ações. A combinação entre uma empresa de serviços financeiros com uma empresa de *software* de gestão, líder em soluções de automação para o varejo, poderá provocar um impacto significativo no setor de credenciamento. Juntas, elas podem obter uma participação de 20% no mercado de credenciamento, a terceira maior credenciadora do país.

No caminho, no entanto, está a TOTVS. No dia 14 de agosto de 2020, a companhia enviou uma proposta ao conselho de administração da Linx para a combinação dos negócios por R$ 6,1 bilhões[53]. Na proposta, a empresa menciona que já vinha negociando esse acordo com a Linx e que aguardava somente a divulgação de resultados do dia 11 de agosto. No dia 17, a Linx publica fato relevante informando que no dia 10, quando o Conselho de Administração aprovou a proposta apresentada pela Stone, não havia qualquer expectativa ou elemento concreto de uma eventual proposta da TOTVS.

Em 1 de setembro de 2020, a Stone anunciou uma revisão nos termos do negócio e, entre outros detalhes, aumentou o valor da oferta para R$ 6,3 bilhões, representando um prêmio de 47% sobre o preço médio ponderado das ações da Linx nos 60 dias anteriores. A disputa entre Stone e TOTVS, envolvendo acionistas da Linx, pode ainda produzir novos resultados após a edição do livro. Qualquer que seja, pode-se dizer que nascerá uma nova empresa forte, robusta e com grande capacidade de distribuição, que mudará o mercado nos próximos anos.

As gigantes de tecnologia

Outra tendência mundial que está sendo acompanhada de perto por reguladores, empresas e consumidores é a entrada das grandes empresas de tecnologia, chamadas de "bigtechs", no setor de serviços financeiros[54]. A chegada desses competidores poderá gerar ganhos de eficiência e fomentar a inclusão social, mas também trará novos e complexos "trade-offs" entre estabilidade financeira, competição e proteção de dados[55]. Nesse grupo, estão nomes como Facebook, Google, Amazon, Alibaba, Apple e Tencent.

---

[53] <https://valor.globo.com/financas/noticia/2020/08/14/totvs-oferece-mais-que-a-stone-pela-linx-com-agrado-a-minoritarios.ghtml>, acesso em 29/03/2020.

[54] ARNER, Douglas W. *et al.* "From FinTech to TechFin: The Regulatory Challenges of Data-Driven Finance" (abril de 2017). *New York University Journal of Law and Business, Forthcoming, European Banking Institute Working Paper Series 2017*, nº. 6, Disponível em: <https://papers.ssrn.com/sol3/papers.cfm?abstract_id=2959925>, acesso em 20/07/2020.

[55] "Financial Stability Implications from FinTech, 2017", *Financial Stability Board (FSB)*, 2017. Disponível em: <https://www.fsb.org/wp-content/uploads/R270617.pdf>, acesso em 20/07/2020.

Algumas "bigtechs" cresceram rapidamente na última década baseadas no desenvolvimento de comunidades de clientes e consumidores, reconhecimento de marca, utilização de tecnologia de ponta e uso de dados proprietários de clientes[56]. Em alguma medida, são comparáveis em tamanho, ou até mesmo maiores, do que algumas das principais instituições financeiras do mundo. Elas se beneficiam de ter uma grande base de clientes existente e de coletar e analisar os dados disponibilizados por eles no uso de seus sistemas. Dessa forma, podem usar as informações para obter escala rapidamente em diferentes linhas de negócios, incluindo pagamentos e serviços financeiros. Além disso, tendem a ter recursos financeiros significativos e muitas vezes são capazes de acessar capital e financiamento a um custo mais baixo do que grupos financeiros.

As gigantes de tecnologia poderão se diferenciar tanto na amplitude dos serviços financeiros que oferecem quanto na natureza de sua interação com as instituições financeiras estabelecidas. Em economias avançadas, tendem a complementar as atividades das instituições financeiras existentes. Como exemplo, o Google anunciou parceria com oito bancos para o GooglePay no mercado norte-americano[57]. Em mercados emergentes e economias em desenvolvimento, poderão fornecer uma gama mais ampla de serviços financeiros, como contas digitais, empréstimos e seguros. A forma de atuação vai variar devido às diferenças no desenvolvimento do sistema financeiro nos distintos países, incluindo a maturidade das empresas existentes, regulamentação e penetração de serviços financeiros.

As atividades das "bigtechs" no setor de serviços financeiros têm inúmeros benefícios. Há o potencial de inovação, diversificação e eficiência na prestação de serviços, melhorando a experiência dos clientes. Existe ainda uma contribuição para a inclusão, particularmente em mercados emergentes, onde há potencial de alcançar populações que antes não eram atendidas.

No entanto, as atividades desse grupo de empresas também podem representar riscos para a estabilidade financeira. Tais riscos incluem alavancagem

---

[56] "BigTech in Finance – Market developments and potencial stability implications", *Financial Stability Board (FSB)*, 2019. Disponível em: <https://www.fsb.org/2019/12/bigtech-in-finance-market-developments-and-potential-financial-stability-implications/>, acesso em 20/07/2020.

[57] Disponível em: <https://techcrunch.com/2020/08/03/google-signs-up-six-more-partners-for-its-digital-banking-platform-coming-to-google-pay/>, acesso em 20/07/2020.

e liquidez, bem como os operacionais, que podem decorrer de deficiências na governança e em controles de processo. Esses atributos serão avaliados localmente, pelos respectivos reguladores. Um exemplo disso foi a reação imediata do Banco Central do Brasil, quando do anúncio da entrada do WhatsApp Pay no mercado brasileiro, primeira iniciativa mundial do aplicativo de mensagens em pagamentos[58].

Um dos temores com a chegada das "bigtechs" é de que um pequeno número de empresas pode, no futuro, vir a dominar, em vez de diversificar, a prestação de certos serviços financeiros em alguns países. Se isso ocorrer, o fracasso dessas empresas pode levar a uma ruptura generalizada do sistema financeiro. Em particular, isso pode ser um risco se as atividades dessas empresas não forem acompanhadas por uma gestão de risco adequada e monitoramento regulatório, ou se os clientes não foram capazes de mudar prontamente para outros provedores de serviços financeiros.

A capacidade das "bigtechs" de aproveitar uma ampla gama de dados de clientes levanta considerações para as autoridades em relação às políticas que regem a propriedade, acesso e portabilidade dos dados. No caso brasileiro, a implantação da Lei Geral de Proteção de Dados e o *Open Banking* devem assumir um papel relevante na governança dos serviços prestados por tais instituições.

Os pagamentos têm sido historicamente um dos primeiros serviços financeiros oferecidos, como exemplo do Apple Pay, Google Pay, Samsung Pay, WhatsApp Pay, Wechat Pay. Alguns foram desenvolvidos como parte das plataformas de varejo *online* e buscavam superar a falta de confiança entre comerciantes e clientes que recebiam e pagavam por mercadorias *online*, como por exemplo Alipay, Amazon Pay e Mercado Pago.

No futuro, as "bigtechs" podem começar a oferecer novas formas de pagamento que não dependem dos trilhos de pagamento existentes. O caso mais emblemático é o da Libra. Em 18 de junho de 2019, o Facebook anunciou planos para uma "stablecoin", isto é, uma moeda digital que tem o seu valor baseado em uma cesta de moedas fiduciárias, a ser emitida por uma associação de membros que permitiria transações de pagamento ponto a ponto nacionais e internacionais. Tais movimentos de mercado justificam um exame minucioso por parte das

---

[58] Disponível em: <https://valor.globo.com/impresso/noticia/2020/06/24/bc-suspende-pagamentos-via-whatsapp.ghtml>, acesso em 20/07/2020.

autoridades para garantir que estejam sujeitos a padrões regulamentares apropriados. A exemplo disso, o anúncio do Facebook provocou reações negativas de diversas autoridades e agentes reguladores. Provavelmente por isso que Visa, Mastercard, PayPal, eBay e Mercado Pago anunciaram a saída do consórcio.

No Brasil, já temos a presença da Apple Pay, Samsung Pay e Google Pay, mas atuando como *wallets* oferecidas em parceria com instituições financeiras. Por ora, o projeto mais abrangente em meios de pagamentos de uma "bigtech" no país é o do Facebook, por meio de seu aplicativo de troca de mensagens WhatsApp, adquirido em 2014 por US$ 19 bilhões. Para entrar nos detalhes, voltaremos à história.

WhatsApp Pay

Incomodado com o fato de perder inúmeras ligações enquanto estava na academia, o empreendedor americano Jan Koum decidiu criar um aplicativo capaz de revelar se uma pessoa estaria disponível para receber chamadas ou não. Diante das possibilidades que caberiam nos celulares, principalmente no iPhone, Jan Koum e o parceiro, também empreendedor americano, Brian Acton decidiram criar um aplicativo que revolucionou o universo da comunicação a partir de 2009.

Os dois se conheceram na década de 1990 enquanto trabalhavam para o Yahoo. Logo após pedirem demissão, em 2008, decidiram desenvolver um aplicativo que mostrasse o *status* das pessoas em seus celulares. No entanto, nem mesmo o fracasso inicial do serviço foi capaz de desanimar a dupla, que decidiu transformar o *software* em um aplicativo de mensagens. Koum resolveu nomear o aplicativo de "WhatsApp" porque relembrava a gíria "what's up?", algo que traduzido para o português se semelha a "E aí?" ou "O que está rolando?".

Para a maioria das pessoas no Brasil, mensagens de texto nunca foram realmente acessíveis. O custo do SMS no país era quase 55 vezes maior do que na América do Norte e muito caro para a maioria dos brasileiros. Então, quando o serviço de mensagens WhatsApp entrou no mercado, em 2009, permitindo que os usuários enviassem mensagens para qualquer pessoa de graça e, independentemente da operadora de celular, as pessoas adotaram a plataforma.

O site da empresa informa que mais de dois bilhões de pessoas, em mais de 180 países, utilizam o WhatsApp para manter contato com amigos e familiares, a qualquer hora ou lugar. O Brasil é o segundo país com mais usuários do WhatsApp. Estima-se que cerca de 120 milhões de brasileiros usem como seu principal método de comunicação. A maioria dos brasileiros deixa o aplicativo na tela inicial do *smartphone*, uma prova que ele deve ser um dos sete aplicativos mais utilizados.

No Brasil, o WhatsApp acabou por se tornar algo muito maior do que um aplicativo de bate-papo: uma solução única para todos, desde comércios, empresas até agências governamentais, para gerenciar de tudo, de relacionamentos a transações.

Isso mudou a forma com que os usuários esperam interagir com empresas e marcas *online*, e está forçando as empresas a usar mensagens para atender às expectativas dos clientes. O site da empresa mostra casos de sucesso entre empreendedores, que viabilizaram seus negócios vendendo por intermédio do aplicativo.

Não foi uma surpresa quando o aplicativo decidiu oferecer soluções de pagamentos. Após os testes e lançamento na Índia, a empresa espera lançar a solução no Brasil em 2020. Primeiro, por meio da própria plataforma WhatsApp, mas que poderá ser expandida para outras do Facebook, como o Messenger e o Instagram. A notícia, amplamente divulgada em junho de 2020, foi seguida de movimento do Banco Central do Brasil que suspendeu o serviço que acabara de ser anunciado. Entretanto, no início de setembro de 2020, de acordo com a Bloomberg, o presidente do Banco Central do Brasil informou que o regulador deve aprovar o WhatsApp Pay no Brasil.

Pelo anúncio original da empresa, após aprovado pelo Bacen, qualquer usuário do WhatsApp poderá transferir dinheiro para outra pessoa em sua lista de contatos, desde que tenha uma conta bancária em um dos bancos parceiros, utilizando um cartão de débito. Os cartões emitidos pelo Banco do Brasil, Nubank e Sicredi foram os primeiros a participar dessa parceria. Para qualquer pessoa receber dinheiro, aplica-se a mesma restrição: deverá possuir um cartão de débito de qualquer um dos bancos mencionados acima e que precisa ser previamente associado à sua conta do WhatsApp. Para concluir o envio do dinheiro, será necessário a digitação de uma senha ou o reconhecimento biométrico do celular.

A princípio, pelas informações disponíveis, a solução de pagamento apresentada pelo WhatsApp lhe dá uma característica de coadjuvante, colocando o WhatsApp como um iniciador de pagamento, ou seja, adicionando mais um intermediário no sistema de pagamento. Entretanto, o que se deve avaliar é a capacidade da empresa em oferecer para 120 milhões de brasileiros aspectos como simplicidade, velocidade e segurança em uma transação de pagamento. A experiência do usuário pode tornar o fator de fidelidade para que o cliente recorra cada vez mais aos serviços da plataforma.

Vale lembrar que o WhatsApp é um dos aplicativos que os usuários mais se relacionam, inclusive várias vezes ao dia. Dominando o ativo mais valioso de todos – a tela do celular –, tem um potencial de mudar sensivelmente a oferta de serviços financeiros no Brasil. Ocupando esse espaço, não como um simples intermediário, mas como uma plataforma de pagamentos e serviços financeiros, o WhatsApp pode se tornar uma alternativa de serviços bancários na mão de cada brasileiro.

A criação das plataformas

Um ponto comum entre os novos entrantes no mercado de cartões de pagamento – sejam elas credenciadoras como Stone e PagSeguro, empresas de tecnologia como Linx e TOTVS ou as "bigtechs" – é o esforço para criar uma plataforma. Eles têm buscado atender de forma completa o cliente, elevando o número de transações feitas no dia a dia das pessoas e das empresas. Esse esforço envolve ter uma larga aceitação entre os consumidores e varejistas, além de uma ampla gama de produtos e serviços.

A forma de oferta do produto ou serviço pode ser direta, com as empresas desenvolvendo dentro de casa as soluções. Mas tem sido cada vez mais comum o fechamento de parcerias, por meio de uma empresa terceira que se "pluga" na plataforma a partir das APIs (interfaces de programação de aplicações). Neste momento, entra o desafio tecnológico: apenas as empresas que conseguirem "plugar" os parceiros ou soluções rapidamente conseguirão desenvolver suas plataformas para atender o mercado.

Neste quesito, as "incumbentes" – empresas já estabelecidas no mercado – acabam tendo dificuldades, por ter sistemas legados com menos flexibilidade para mudanças. Em resposta a isso, elas estão separando seus sistemas em camadas, para criar APIs ou serviços que tragam a interconectividade que o sistema requer. Mas, ainda assim, no final das contas, ainda há muitas operações que são processadas no "backoffice".

Outro ponto importante na plataforma é que a experiência do usuário seja positiva, com a capacidade de interagir no aplicativo de forma simples, fácil e amigável. Nunca se falou tanto do "user experience", a experiência do usuário, que se for simples, vira um fator de fidelidade para que o cliente recorra cada vez mais aos serviços e produtos da empresa. No final, a ideia principal é "blindar" o cliente para que faça negócios dentro da plataforma, em vez de procurar um produto ou serviço fora dela.

Devem ganhar espaço as empresas – e seus aplicativos – que se relacionam várias vezes por dia com seus consumidores, e que podem ser a porta de entrada para todo o resto da cadeia de valor. Essas empresas são as que têm mais condições de dominar esse mercado, porque dominam o ativo mais valioso de todos: a tela do celular. Embora possuam diversos aplicativos em seus *smartphones*, as pessoas têm uma tendência de utilizar em média sete aplicativos com frequência. O desafio dessas empresas é tornar seu aplicativo um deles e, aproveitando a recorrência, ganhar o jogo.

Se pudessem, todas provavelmente tentariam ser uma *fintech*, provendo diretamente ao consumidor meios de pagamento e serviços financeiros. Esse caminho, no entanto, poderia ser mais custoso, menos eficiente e, sem capacidade de oferecer tudo no mais alto nível de serviço, as empresas perderiam em quantidade de acesso. O desafio é oferecer uma ampla variedade de serviços, de alta qualidade, para não ser "expulsa" da tela inicial dos *smartphones*.

Vale ressaltar que não se trata apenas de atender consumidores, mas também os comerciantes de produtos e serviços. Na medida em que as plataformas atendam esse público de forma mais ampla, sua fidelização se torna mais simples e fácil de se obter. Nesse caminho, as empresas estão mudando tanto a cara do mercado de pagamentos a ponto de eventualmente o estabelecimento comercial não conseguir identificar quanto lhe custa a aceitação de meios de pagamento eletrônicos. O cliente pagará por uma solução com outros produtos e serviços financeiros – ou tecnológicos – embutidos no preço final.

No final das contas, o que a chegada dessas empresas ao mercado traz é o questionamento sobre o que é um banco. Um banco nada mais é do que uma instituição que faz a intermediação e transferência de ativos financeiros, ganhando dinheiro nessas transações. À medida que a regulação evolui, novas empresas estão assumindo esse papel, podendo fazer essa intermediação. Por isso a célebre frase: "Não precisamos de bancos, precisamos de serviços financeiros".

O caminho trilhado pelo Mercado Livre, por exemplo, com a oferta do Mercado Pago, mostra a construção de uma plataforma que atende varejistas e consumidores.

Mercado Livre – Mercado Pago

O argentino Marcos Galperín fundou o "Mercado Libre" em 1999, tendo escrito os planos enquanto terminava seu MBA na escola de negócios da Universidade Stanford. Sua ideia original era chamá-lo de "Libre Mercado", uma vez que a proposta era "ser a maior empresa de leilões *online*" para levantar a bandeira da democratização do dinheiro e do comércio. A empresa chegou ao Brasil no ano seguinte de sua fundação, se tornando a maior operação de toda empresa, que hoje atua em 18 países da América Latina.

Criada à imagem e semelhança do eBay, a empresa foi se transformando e agora é mais parecida com o modelo de negócio da Amazon. Após duas décadas, o Mercado Livre passou de uma simples empresa de leilões *online* para um negócio que também processa pagamentos – por meio do Mercado Pago –, concede empréstimos, financia empreendimentos e ainda permite a aplicação em fundos comuns de investimento.

A plataforma é composta por: Mercado Livre Marketplace, um *marketplace* para o varejo *online*; Mercado Livre Classificados, solução para publicação de anúncios; Mercado Pago, serviços de pagamentos e financeiros; Mercado Envios, focada em logística para *e-commerce*; Mercado Crédito, que oferece empréstimo *online*; Mercado Livre Publicidade, para publicidade *online* e Mercado Shops, solução para criação de lojas virtuais.

O Mercado Pago, lançado em 2003, tinha por objetivo resolver problemas e trazer segurança na relação entre comprador e vendedor, gerando confiança tanto sobre a entrega do produto adquirido quanto o recebimento pela venda executada. Essa unidade já nasceu para ser independente, podendo atender cientes do Mercado Livre e outros que atuam no *e-commerce*.

Como uma unidade autônoma, o Mercado Pago se desenvolveu, adicionando outros serviços financeiros. O negócio atua como um arranjo de pagamento, assim como uma instituição de pagamento, oferecendo uma conta via aplicativo com um cartão da bandeira Mastercard atrelado a ela. Com o tempo, transformou-se em um banco digital, incluindo o Mercado Crédito. O Mercado Pago também atua como subcredenciadora, processando as transações com cartões de pagamento por meio de outras credenciadoras. Entretanto, em 2019, obteve licença do Banco Central do Brasil para se tornar uma credenciadora, que se encontra em fase de homologação e implantação.

O Mercado Crédito também tem uma estrutura independente para oferta de crédito para todos os clientes do Mercado Pago, assim como clientes fora do *marketplace*. Entre os produtos oferecidos, destaca-se capital de giro para os vendedores, antecipação de recebíveis, financiamento para quem quer comprar produtos no Mercado Livre (e não tem cartão de crédito) e ainda um cartão de crédito na bandeira Visa. O Mercado Crédito já tem licença para se tornar Sociedade de Crédito, Financiamento e Investimento, uma financeira autorizada pelo Banco Central do Brasil, sem depender de um Fundo de Investimento em Direito Creditório (FIDC) para atender seus clientes.

Na plataforma da companhia, o Mercado Envios foi criado para resolver problemas de entregas pelos Correios. A princípio era uma plataforma tecnológica que gerenciava a relação com os Correios e outros meios de entrega, entretanto, hoje possui centros de distribuição próprios espalhados pelo Brasil, com resultados impressionantes sobre tempo e qualidade de entrega dos produtos. Cada vez mais verticalizado, o Mercado Envios atende também clientes fora do Mercado Livre, como uma empresa totalmente autônoma.

A análise dos relatórios e apresentação, divulgados pela companhia em seu site, mostra que em 2019, o volume total de vendas no Mercado Livre foi de US$ 14 bilhões, enquanto que o volume de transações do Mercado Pago chegou a US$ 28,4 bilhões, ou seja, mais da metade do volume de transações do Mercado Pago vem de clientes fora do Mercado Livre. Isso significa que a empresa foi capaz de se tornar uma plataforma abrangente e de atender os clientes do *marketplace* e ainda outros usuários de serviços financeiros.

Os dados revelam que o crescimento da estratégia é acelerado. Nos relatórios do primeiro e segundo trimestres de 2020, a companhia informa que o volume de transações de pagamento do Mercado Pago cresceu 140% e 142%, respectivamente, em relação ao mesmo período de 2019. Entretanto, quando convertidos para uma moeda forte, por exemplo, em dólares americanos, o crescimento no primeiro semestre de 2020, comparados a 2019, foi de 59%.

Em nossa análise, estimamos que o valor total das transações de pagamento do Mercado Pago deve atingir US$ 45,4 bilhões em 2020, representando um crescimento em dólar de 60% ao ano. Cerca de 60% desse volume de transações são processados no Brasil, correspondentes a US$ 27,3 bilhões. Se utilizarmos uma taxa média de R$ 5,00 para cada US$ 1,00, o volume de transações de pagamento no Brasil pode chegar a R$ 136,3 bilhões.

Com base nessas estimativas, o Mercado Pago já teria uma participação no mercado de 7%. Como ainda atua como subcredenciadora, esse volume total de transação está dentro de credenciadoras como Cielo, Rede e Stone, por exemplo. No instante em que se tornar uma credenciadora independente, esse volume será reduzido da participação dessas empresas. Assim, o Mercado Pago pode vir a se tornar a sétima maior credenciadora do Brasil.

Pouco percebido pelo mercado de pagamentos, o Mercado Pago se apresenta como uma grande força que em breve disputará espaço diretamente com credenciadoras que hoje são suas parceiras, mostrando a força de sua plataforma. Não à toa, em agosto de 2020, o Mercado Livre bateu outro recorde e se tornou a empresa mais valiosa da América Latina, ultrapassando as gigantes brasileiras Vale e Petrobras, atingindo valor de mercado superior a US$ 60 bilhões. Certamente os investidores compreendem o poder de fogo da empresa, principalmente em meios de pagamento.

6

A evolução do comércio

Em todo o mundo, pesquisadores têm tratado o comportamento do consumidor como uma ciência há pelo menos um século. O tema chamou a atenção de observadores como Fernando Pessoa, o mais universal poeta português, que chegou a contribuir para a matéria a partir de seus conhecimentos como empresário e correspondente comercial, facetas pouco conhecidas do público em geral. Na *Revista de Comércio e Contabilidade*, em Lisboa, ele publicou no mês de março de 1926, aos 38 anos, um ensaio chamado a "Sociologia do Comércio". Sem ajuda de tratados ou mestres, mas do conhecimento atento da história e da análise firme dos fatos, Pessoa concluiu que há duas características distintas, porém intimamente interligadas, das sociedades chamadas civilizadas: o comércio e a cultura, que remetem à vida material e mental, respectivamente.

Um relato do segundo capítulo do estudo, chamado "A Essência do Comércio", chama a atenção. Pessoa conta que, antes da Grande Guerra, empresas inglesas exportadoras de "taças para ovos" ("egg-cups") – artefato de porcelana usado para comer ovos ainda quentes com uma colher de chá – notaram que a procura dos clientes da Índia, então ainda uma colônia inglesa, havia decrescido quase a zero. Em busca do motivo da queda nas vendas, comerciantes ingleses descobriram que estavam sendo substituídos por casas exportadoras alemãs, que vendiam um artigo muito semelhante, ao mesmo preço e qualidade. Então por que clientes da Índia estavam preferindo o produto alemão em detrimento do inglês?

Depois de muito estudar o caso, os ingleses chegaram à explicação de que exportavam taças de tipo único, como aquelas que produziam para o consumo doméstico. Mas, feita uma averiguação mais cuidadosa, percebeu-se que os ovos das galinhas indianas eram ligeiramente maiores. Os alemães notaram essa diferença com antecedência e passaram a produzir as taças também ligeiramente maiores. Portanto, não precisaram mexer em preço ou qualidade para ganhar mercado, apenas ajustar o tamanho de seus produtos. Com base nesse caso em específico, Pessoa conclui que "o comerciante é um servidor do público; tem que estudar esse público e as diferenças de público para público se o artigo que vende ou explora não é limitado a um mercado só".

Quase um século depois, ensinamentos de estudiosos do comércio, assim como Fernando Pessoa, ainda se mantêm vivos. Os comerciantes seguem transformando seus negócios para atender um cliente cada vez mais exigente, seja na escolha de produtos e serviços, seja na jornada de compra, o que traz mudanças significativas, também, na forma de pagar. Mais recentemente, tudo isso levou ao lançamento de estratégias multicanais de vendas, ao aperfeiçoamento da experiência de compra e à formação de plataformas de comércio. Com o tempo, incluiu-se a oferta de serviços do mundo financeiro, meios de pagamento e logística por parte de varejistas aos seus clientes e, por fim, à criação de ecossistemas digitais de comércio que possuem o objetivo de atender a todas (ou quase todas) as demandas dos clientes.

As gerações do varejo

A evolução do comércio ganhou ares de transformação nos últimos vinte anos, com o crescimento do *e-commerce*. E, nos últimos cinco anos, com a inserção e o impacto das tecnologias digitais no comércio, identificamos uma verdadeira revolução. É incrível observar como o varejo tem se transformado nos seus diversos pontos de contato com o cliente e nos serviços oferecidos, desde o projeto e a operação da loja física, na coleta e análise de dados sobre o cliente e seu comportamento, na oferta de produtos, serviços e experiências e, por fim, na digitalização da logística e cadeia de suprimentos.

Uma forma de organizar a evolução do comércio é pelos estudos de Daniel O'Connor, fundador do site "Future Commerce Initiative" e Executivo Visitante na Harvard Business School, para quem há quatro fases chamadas de "gerações"[59]. Essas gerações do comércio coexistem, com as empresas e os modelos de negócio de uma nova geração não eliminando aqueles das gerações anteriores, embora causem impactos e transformações. Aproveitamos e propomos aqui a existência de uma quinta geração, a qual estamos presenciando o crescimento: a formação dos ecossistemas digitais.

A **primeira geração** do varejo é representada pelas lojas independentes, também conhecidas como lojas de bairro, com papel determinante no atendimento das necessidades do dia a dia dos consumidores. Nessa geração, ocorreu a predominância de lojas pequenas, com baixa escala de operação e compras de distribuidores em vez de diretamente dos fabricantes. Os consumidores e fornecedores normalmente são locais, da mesma região ou de localidades próximas. As lojas de bairro geravam valor pela oferta de produtos de maior consumo na região, pela proximidade e conveniência para os clientes e pela concessão de crédito, a conhecida caderneta, em que era comum o cliente comprar e pagar a cada 15 ou 30 dias.

Na **segunda geração,** observamos o fenômeno em que algumas lojas de bairro expandiram dando origem a cadeias regionais, nacionais ou até mesmo internacionais. Essas redes passaram a ter escala, reconhecimento de marca, operações padronizadas, possibilitando aos clientes uma experiência de compra consistente e uniforme entre as distintas regiões atendidas. Afinal, entrar em uma loja do Pão de Açúcar em São Paulo representa, praticamente, a mesma experiência que entrar em uma outra loja da mesma rede no Rio de Janeiro. Devido à economia de escala, as redes passam a deter um controle maior da sua cadeia de valor e, por consequência, são mais eficientes e apresentam poder de negociação diferenciado, permitindo a elas realizar compras diretamente dos fabricantes, em melhores condições. Por serem mais eficientes, essas redes podem oferecer preços melhores, atraindo mais clientes e ganhando mais escala. Como num ciclo virtuoso, tornam-se ainda mais eficientes, gerando um efeito de consolidação por meio da aquisição de mais lojas e redes menores.

Na **terceira geração,** houve a chegada do *e-commerce*. O crescimento da internet possibilitou o aparecimento de novos modelos de negócio, com o varejo *online* crescendo, inicialmente, em duas frentes: os chamados varejistas

---

[59] KERR, William R; O'CONNOR, Daniel; SCHWALB, Nathaniel. "Note on the Future of Commerce." *Harvard Business School*, Technical Note 819-017, junho de 2019 (Revisto em outubro de 2019). Disponível em: <https://www.hbs.edu/faculty/Pages/item.aspx?num=56317>, acesso em 29/03/2020.

puramente digitais e aqueles multicanais, que já operavam lojas físicas e fizeram a sua expansão para o *e-commerce*, o novo mundo digital.

Os primeiros entrantes do *e-commerce* ofereciam um catálogo *online*, pelo qual o cliente pesquisava produtos, comparava itens, filtrava categorias, obtinha informações como fotos, características (cor, tamanho e peso), revisões de outros clientes, promoções disponíveis e preços. Após a seleção dos produtos desejados, o sistema direciona o cliente para a página de "checkout" na qual ocorre a finalização do pagamento, com a escolha do método (cartão, boleto ou transferência) e prazo de entrega.

A Amazon, um entrante puramente digital à época, capturava dados de pesquisa e navegação dos clientes no seu site e, a partir das análises dessas informações, criava ofertas personalizadas, baseadas não somente nas compras já realizadas, mas também nos itens pesquisados pelo cliente e, ainda, naqueles itens comprados por perfis de consumidores similares. Dado o sucesso da Amazon, com o seu conceito de "everything store", muito se questionou sobre as consequências do varejo *online* no fechamento de lojas físicas, surgindo a expressão "apocalipse do varejo". É inquestionável que o *e-commerce* tenha provocado profundas transformações na forma que se consume, com impactos reais no varejo físico. Somando-se a isso, as novas gerações, *millennials* e Z, como veremos no capítulo 10, trouxeram mudanças no estilo de vida e, por consequência, na forma como consumimos.

Nesta mesma época, surgiu o negócio de marketing digital. Facebook e Google atraíam público e, por consequência, potenciais consumidores. E os varejistas, nos mundos físico e *online*, passaram a investir em conteúdo e anúncios pagos para capturar, influenciar e direcionar essa audiência.

A terceira geração do varejo representou uma mudança importante na forma com que os consumidores compram e interagem com as marcas. Para alguns consumidores, comprar *online* é mais conveniente e a disponibilidade de produtos em estoque, normalmente, é maior do que em uma loja física. Além disso, os consumidores têm acesso a mais informações sobre o produto desejado, como as revisões por outros consumidores e comparação de preço e, portanto, mais transparência na compra. No início do *e-commerce*, os livros representavam uma categoria de destaque nas compras *online*. Para outras, como vestuário e alimentos frescos, a penetração no *e-commerce* ainda era pequena, com os clientes preferindo a experiência de compra na loja física.

Com a chegada do comércio *online*, as empresas tradicionais, da primeira e segunda gerações do varejo, passaram por um profundo processo de transformação, partindo de um atendimento exclusivamente em lojas físicas, que era historicamente a base de todo o comércio, para a criação das vendas pela internet. Atualmente, consumidores ainda vão às lojas e voltam para a casa com seus produtos comprados ou serviços contratados. Mas também compram a partir de alguns "cliques" em um site na internet, para entrega em casa ou retirada no ponto físico. Como ainda ocorrem experiências de compras presenciais ou pela internet, dependendo dos hábitos de cada consumidor, o varejo tem adotado uma estratégia multicanal, um caminho cheio de percalços, mas também de aprendizados, um verdadeiro deleite para os observadores do comércio.

Com o crescimento do *e-commerce*, diversos varejistas criaram as suas estruturas próprias em um modelo de operação multicanal e que apresentaram alguns desafios. O primeiro deles foi a resistência cultural dos vendedores das lojas que viam o canal *e-commerce* como um concorrente, reduzindo as suas vendas e ameaçando empregos. Por outro lado, o canal *e-commerce* competia por recursos da empresa, que tinha de continuar a entregar resultados, enquanto se investia em uma nova estrutura. Isso gerava conflitos internos sobre prioridades de alocação de capital e equipe, enquanto as empresas puramente *online* continuavam a crescer e pressionar as margens dos varejistas incumbentes.

Num primeiro passo rumo ao mundo digital, os varejistas projetaram a sua estratégia multicanal, multiplicando a estrutura para atender as distintas formas de vender: presencial e *online*. Uma empresa com departamentos, processos e sistemas para cuidar da atividade de venda em lojas físicas acaba por criar departamentos, processos e sistemas para a venda pela internet. Os sistemas legados, desenhados de forma monolítica para o mundo *offline*, não estavam preparados para a dinâmica do mundo *online*. Com o desenvolvimento de novos dispositivos móveis como tablets e *smartphones*, usados não apenas para acessar informações, mas também para a realização de compras, outro passo teve de ser dado. Como eles exigem, inicialmente, uma tecnologia diferente, há também novos departamentos, sistemas e processos para atender clientes que preferem fazer as compras "na palma da mão".

Além de demandar altos investimentos, essa estratégia de multicanais acaba por criar estruturas fragmentadas e que não se comunicam, como verdadeiras "trilhas" distintas para cada jornada do cliente. Há uma estrutura diferente para caso o consumidor queira comprar fisicamente, *online* ou por dispositivos móveis, sem uma comunicação entre todas essas áreas. Dessa maneira, os vendedores da loja física não possuem informações das compras realizadas *online* ou pelo aplicativo, e vice-versa, o que leva a uma competição entre os canais de venda, em vez de uma colaboração para melhor servir o cliente. Como consequência, comprar pela internet e retirar na loja se torna algo impensável, como também realizar uma venda na loja de um item que estava apenas disponível *online*. Assim, com o passar do tempo, esse modelo provou-se insuficiente para atender as necessidades de um consumidor em evolução, bem informado e cada vez mais sofisticado.

Enquanto isso, varejistas puramente digitais possuíam sistemas modernos e não carregavam estruturas legadas para administrar. Clientes têm acesso às informações de estoque e prazo de entrega em tempo real, o que acelera o ciclo de venda, melhora a experiência e aumenta as expectativas com o serviço. Os varejistas tradicionais tinham dificuldade em competir nesse nível por manter estruturas legadas, seja de tecnologia ou organizacionais. Além disso, no varejo *online*, as práticas de atração e retenção de clientes eram diferentes das do mundo físico, baseadas nas métricas de marketing tradicionais. Varejistas das gerações anteriores precisavam adquirir novas capacidades, bem como integrar e aproveitar no universo *online* as informações oriundas das vendas realizadas nas lojas físicas.

O avanço da tecnologia permitiu aos varejistas evoluir o conceito de multicanalidade e criar o que se convencionou chamar de estratégia "omnichannel". O conceito diz respeito à comunicação de todos os departamentos, processos e sistemas para vendas físicas, virtuais ou por dispositivos móveis, buscando trazer uma melhor experiência para o cliente final. Com o "omnichannel", as estruturas estão todas interligadas, loja física, *e-commerce, m-commerce*, redes sociais, chat e atendimento. Os sistemas diferentes conversam entre si, o que traz uma melhor eficiência, conhecimento do cliente e atendimento às suas necessidades. No entanto, elas ainda se mantêm separadas operacionalmente, o que leva ainda a perdas na produtividade, eficiência e, principalmente, no conceito de centralidade do cliente.

Também foi na **terceira geração** do varejo que observamos o crescimento dos *marketplaces*, que podem ser considerados a versão digital dos *shopping centers*. Enquanto alguns varejistas *online* vendiam produtos apenas de seus estoques, por meio de *e-commerce* próprio, os *marketplaces* permitiam que outros vendedores utilizassem a sua infraestrutura para a venda de produtos, inclusive competindo com produtos próprios vendidos por ele.

Em contrapartida, o *marketplace* é capaz de oferecer uma gama maior de produtos a um número maior de clientes, que são atraídos para o ambiente gerando fluxo para as lojas virtuais. O *marketplace* fica com uma comissão sobre as vendas dos produtos de terceiros por realizar a intermediação com os compradores. Ao atrair fluxo de clientes, eles reduzem a necessidade de investimento próprio em mídia e aquisição de clientes pelos lojistas (CAC), e cabe aos lojistas comparar se a taxa cobrada para fazer a intermediação e o volume de vendas gerado se justificam quando comparados aos custos de aquisição de cliente e vendas em um site próprio. eBay, Mercado Livre e Magazine Luiza são exemplos de *marketplaces* que se tornaram casos de sucesso.

Quarta geração: as plataformas

A quarta geração do varejo é caracterizada pelo surgimento de plataformas digitais que operam em larga escala. De acordo com Geoffrey Parker, em seu livro "Platform Revolution"[60], uma plataforma é um modelo de negócio que possibilita a criação de valor por meio da oferta de produtos externos aos consumidores. A plataforma fornece uma infraestrutura aberta e participativa, além de definir as regras de governança para que a relação de consumo ocorra. Assim, o propósito amplo das plataformas é fomentar negócios, por meio da comercialização de produtos e serviços, possibilitando a criação de valor para os participantes.

Algumas das empresas públicas mais valiosas atualmente são plataformas, segundo mostra a Tabela 2. No início de agosto de 2020, o Mercado Livre, plataforma de varejo, se tornou a empresa mais valiosa da América Latina pela primeira vez na história, ao ultrapassar o valor de mercado de duas empresas líderes e em setores tradicionais, a Vale, com valor de mercado de US$ 59,36 bilhões, e a Petrobrás, com valor de mercado de US$ 57,54 bilhões.

---

[60] CHOUDARY, S.; PARKER, G.; VAN ALSTYNE, M. *Platform Revolution: How Networked Markets Are Transforming The Economy and How to Make Them Work for You*. Nova York: W. W. Norton & Company, 2016.

Tabela 2 – Valor de mercado de empresas de plataformas

EMPRESA	VALOR DE MERCADO (EM BILHÕES DE US$) (*)
Apple	1,900.2
Microsoft	1,611.3
Amazon	1,586.5
Alphabet/Google	1,017.8
Facebook	764,7
Alibaba	676.3
Tencent	636.1
Mercado Libre	59.4

(*) https://finance.yahoo.com/, valor de mercado em 07/08/2020

As plataformas ampliam o conceito dos sites de *e-commerce* e *marketplaces*, oferecendo serviços aos lojistas que vão além de uma loja virtual, da intermediação entre vendedor e comprador e dos pagamentos. As plataformas de varejo dão acesso, para vendedores e compradores, aos serviços financeiros, como empréstimos e financiamentos, seguros, logística e controle de estoque, serviços de conta digital, cartão pré-pago e antecipação de recebíveis, propaganda e marketing especializados.

A estratégia de monetização é uma característica-chave das plataformas que estão construindo a quarta geração do varejo. Ao agregarem serviços adicionais a vendedores e compradores, as plataformas expandem o mercado endereçável total, indo muito além do varejo. A receita tem origem em diferentes fontes, em cada serviço oferecido e parceiro agregado. As plataformas cobram uma taxa por cada um desses serviços, aumentando o LTV ("life time value") de seus clientes e potencializando os efeitos de rede na geração de negócios. A política de preços baixos, como é o caso da Amazon, tem o foco de atrair mais clientes e vender mais. Em contrapartida, ganha-se por serviço de valor agregado oferecido, como logística, marketing, *software* e armazenamento, gerando novas e diversificadas fontes de receita.

Na construção do modelo de plataforma, novamente o varejo se reinventou. A estrutura de integração concebida com a estratégia "omnichannel" passou a não mais ser suficiente para atender o cliente na sua jornada com múltiplos serviços. A fragmentação de sistemas no varejo traz inúmeros desafios na estratégia de operações. Departamentos trabalham com métricas diferentes e desatualizadas, promovendo estratégias de vendas e promoções inconsistentes entre os canais. O controle de estoques entre lojas físicas e centros de distribuição torna-se um desafio, considerando a dinâmica do fluxo de comércio incluindo vendas, logística e devoluções. As necessidades dos clientes não são mapeadas em tempo real e as ofertas dos serviços não atingem os objetivos.

O conceito de centralidade, com a visão 360° do consumidor, em conjunto com a necessidade de uma experiência unificada e consistente em todos os canais, passou a ser chave na estratégia das plataformas, e exigiu algo a mais. O resultado foi o desenvolvimento de uma estratégia de operações e sistemas chamada de "unified commerce", integrando todos os componentes do "omnichannel", como *e-commerce* e o *m-commerce*, sistema de PDV, CRM, gestão de estoques, atendimento, entre outros, em uma única plataforma. Ainda pouco difundida no Brasil, essa arquitetura começou a ser implementada aos poucos por grandes varejistas. A vantagem para o cliente é ter uma mesma experiência de compra, independentemente de estar presencialmente em uma loja, navegando na internet ou utilizando um aplicativo do seu celular.

O "unified commerce" implica não apenas em unificação dos departamentos, processos e sistemas, mas em uma experiência completa e única de compra, construída com o foco no cliente. Com esse modelo de unificação, a estratégia das empresas se reconfigurou de forma profunda, atingindo um objetivo chave: independentemente do canal que o consumidor irá escolher, no final das contas, a relação se dá sempre entre uma única empresa atendendo um único cliente.

Com isso, potencializou-se uma estratégia conhecida como "online to offline" ou "O2O". No varejo de primeira e segunda gerações, o cliente visitava a loja, checava todas as informações do produto, experimentava e levava para casa. Basicamente, o cliente era atendido por informações totalmente *offline*, com a entrega do produto também ocorrendo de forma *offline*, resultando em uma experiência totalmente *offline*. No aparecimento das empresas "ponto-com", o cliente visitava o site da empresa, assistia vídeos, consumia informação sobre o produto, descrição, preço, imagens, tudo *online*, e o produto era enviado para a casa do consumidor ou para o local por ele determinado. Ou seja, informações do produto consumidas de forma *online*, com a entrega também ocorrendo de forma *online*, gerando experiência totalmente *online*.

Na quarta geração do comércio, a tendência é que os varejos físico e *online* cada vez mais coexistam, trabalhem em conjunto e se complementem, com novos formatos de loja, menores e mais tecnológicas, mais focadas em experiências personalizadas aos consumidores. Trabalhando em conjunto, os varejos físico e *online* devem oferecer um mix de experiência, representado por uma matriz que combina duas dimensões: as atividades de informação e as atividades voltadas à entrega do produto, conforme a Tabela 3.

Tabela 3 – Matriz de Informação e Pedido/Entrega[61]

		Atividades de Pedido e Entrega ("Fulfillment")	
		OFFLINE	*ONLINE*
Aatividades de Informação do produto	*OFFLINE*	Varejo tradicional	Experiência na loja e envio para o consumidor
	ONLINE	Pesquisa e compra *online* e coleta na loja	Varejo Puro *online*

(Fonte: "How to Win in an Omnichannel World", BELL, D.; GALLINO, S.; MORENO, A., *MIT Sloan Management Review*, vol. 56, 2014).

Dada a evolução do varejo, empresas que operam em "omnichannel" devem considerar distintas alternativas para implementar estratégias combinadas *online* com *offline*. O cliente pode pesquisar um produto na loja *online*, receber todas as informações, comprar e buscar o produto na loja física. Ele pode, ainda, consumir informações de forma *online* e solicitar a entrega do produto de forma *offline*. Uma variação dessa estratégia é que os clientes façam apenas a reserva *online* e visitem a loja para experimentar o produto e pagar. Ou, ainda, o cliente pode comprar *online*, receber o produto e ter a possibilidade de devolvê-lo, ou trocá-lo, em uma loja.

O caso da loja da Tesla nos Estados Unidos é um bom exemplo de combinação de atividades *online* e *offline*. O consumidor vai até a unidade, conhece o carro e o fabricante, verifica os modelos e as características, mas ao final do processo pode comprar o carro por meio do aplicativo ou de um totem, tipica-

---

[61] BELL, D.; GALLINO, S.; MORENO, A. "How to Win in an Omnichannel World", *MIT Sloan Management Review*, vol. 56, 2014.

mente caracterizando a busca de informações *offline*, com o processo de entrega ocorrendo de forma *online*, por meio de uma das opções disponibilizadas pela empresa.

A busca pela unificação das plataformas também passa por altos investimentos em logística, um aspecto desafiador no Brasil pela falta de opções de modais de transporte – ainda há forte dependência de caminhões nas rodovias, pela dimensão geográfica do país e a complexidade tributária. Vender, seja em lojas físicas ou *online*, é apenas uma parte do processo. É preciso ter o produto disponível e entregá-lo ao consumidor, sob pena de perder o cliente em caso de um serviço prestado inadequadamente.

Todo o investimento em logística é realizado para atender uma demanda fundamental: a entrega das compras no prazo informado. Se analisado com profundidade o significado do "tempo" nas sociedades, conclui-se que ele traz intrinsecamente uma percepção de qualidade. Há frases célebres que denotam a importância do tempo para as pessoas, como por exemplo "tempo é dinheiro" ou "nem todo o dinheiro do mundo compra tempo". Uma máxima no varejo é que entregar algo perfeito fora do prazo não faz sentido, pois o tempo é valioso demais para o cliente.

Varejistas têm investido cada vez mais em estratégias "omnichannel" que resolvam os desafios de custo e de prazo na logística. O conceito de "loja como centro de distribuição" atende bem a esse propósito, porque o estoque da loja física é utilizado para atender aos pedidos realizados de canais virtuais. Assim, quando o cliente faz uma compra *online*, ele tem a opção de pegar o produto na loja física. Ou ainda, o centro de distribuição pode decidir entre enviar diretamente o produto para o cliente ou escolher que o envio ocorra a partir de uma loja física que tenha o produto em estoque. Outras configurações ainda permitem que o cliente compre em uma loja física um produto que não está no estoque e tenha o mesmo despachado para a sua casa a partir de um centro de distribuição ou de uma outra loja física que tenha o produto em estoque.

Quinta geração: ecossistemas digitais

A próxima etapa de evolução do varejo é a criação de ecossistemas, modelo que está em consolidação na China, por meio das empresas Alibaba e

Tencent. Fundamentalmente, um ecossistema possui o objetivo de atender a todas as necessidades dos clientes no seu dia a dia, caracterizando-se por uma plataforma digital de amplo alcance, indo além do comércio.

Enquanto os *marketplaces* unem compradores e vendedores para a realização do comércio de produtos e serviços e as plataformas vão além, oferecendo serviços financeiros, pagamento avançado, armazenamento, logística e marketing, os ecossistemas unem todas essas funções e adicionam outros serviços que fazem parte de atividades diárias dos consumidores.

Nos ecossistemas, a implementação de estratégias de integração entre os mundos *online* e *offline* (O2O), evoluiu para um novo conceito, o "online merged with offline" (OMO). Nesse novo conceito, clientes passam a comprar qualquer produto, de qualquer lugar, a qualquer hora ("shop anything, anytime, anywhere"), envolvendo a completa digitalização da cadeia de valor, estendendo a experiência digital de compra e as estratégias de retenção de clientes disponíveis no mundo virtual para o mundo físico. A estratégia envolve ações como digitalização da loja, como vemos na Amazon Go e na cadeia de lojas Hema na China, e a integração dos aplicativos com os serviços do dia a dia, como pedir um táxi ou fazer uma reserva no restaurante. Segundo Jack Ma, fundador do Alibaba, "o novo varejo significa tornar a distinção entre varejo físico e *online* obsoleta"[62].

Ecossistemas engajam a sua base de clientes de diferentes formas, sendo a mais comum por meio do uso de um super aplicativo. São exemplos de serviços disponibilizados: serviço de mensagens, chat, rede social, notícias, jogos e entretenimento (filmes *on-demand*, possibilidade de comprar tickets para cinema e shows), comércio e *delivery*, transferência entre contas, promoções, mobilidade urbana (solicitar um táxi, compartilhamento de carro), viagens, e tudo mais que o cliente precise para realizar as suas atividades diárias. O objetivo dos super aplicativos é reduzir ou eliminar a necessidade de os clientes usarem um novo aplicativo.

Além disso, os super aplicativos geram informações analíticas para o dono do ecossistema e para os demais participantes, como localização, tempo de tela, preferência e serviços mais utilizados, gerando um alto volume de dados que, analisados por algoritmos, fornecem informações para criação de estratégias mais eficientes de engajamento, venda e fidelidade dos clientes.

---

[62] <https://www.chinadaily.com.cn/a/201812/18/WS5c185976a3107d4c3a001625.html>, acesso em 16/08/2020.

Outras características completam as funções de um ecossistema, tal como a estratégia de filiação, como vemos no Amazon Prime e em algumas plataformas no Brasil, como Submarino e Rappi. No Prime, um programa de fidelidade traz benefícios para os consumidores, como entregas mais rápidas, acesso a entretenimento e descontos, o que estimula a ligação do cliente ao ecossistema, incrementando a métrica de LTV ("Life Time Value") e subsidiando os investimentos em logística.

Além disso, um componente essencial na implementação da estratégia OMO é a oferta, pelas plataformas, de *software* para frente de caixa e ERP para o varejo tradicional, aqueles das primeira e segunda gerações, com inúmeros benefícios. O *software* permite a automação das funções básicas do negócio, melhorando a eficiência em controle de estoque, compra, entrega e logística, além de possibilitar a integração da loja com os ecossistemas e suas cadeias de suprimento, permitindo, assim, uma experiência integrada para os usuários dos super aplicativos.

Os impactos do varejo *online*

As vendas pela internet mexeram com todo o varejo, especialmente com gigantes do setor já bem estabelecidas, para o bem e para o mal. O caso da americana Best Buy, fundada na década de 1960, desvenda os desafios dessa fase. Historicamente, a Best Buy detinha uma ampla cadeia de lojas, um corpo de funcionários treinados, conhecido como Esquadrão Geek ("Geek Squad"), e produtos eletrônicos com qualidade reconhecida pelos consumidores.

Em 2014, no entanto, o mercado varejista americano estava sofrendo uma enorme mudança, impactado pelo crescimento da Amazon. Os consumidores estavam visitando a loja física para experimentar e conhecer os produtos, mas acabavam por utilizar o telefone celular para buscar informações e preço na internet. Algumas vezes, compravam o produto em um varejista *online*, por um preço mais baixo, ainda no interior da própria loja física, prática conhecida como "showrooming". À época, a Amazon inclusive oferecia um aplicativo para consumidores checarem os preços de produtos *online*, "o PriceCheck app", pelo qual o usuário fazia o "scan" do código de barras do produto na loja e consultava informações e preço no site da varejista, podendo comprar *online* na hora.

O diferencial da Best Buy do bom atendimento ao cliente e do treinamento dos funcionários, naquele momento, potencializava os efeitos negativos do "showrooming": o consumidor entrava na loja, aprendia sobre determinado produto com o Esquadrão Geek, olhava o preço na etiqueta, acessava a internet e comprava de outra loja *online*. Consumia informação na Best Buy, mas comprava produtos dos concorrentes.

A chegada de novas gerações também desafiava a estratégia de vendas e operações da Best Buy, especialista em lidar com um consumidor que até então estava acostumado com as lojas físicas. A principal mudança nesse aspecto foi o surgimento dos "millennials", uma geração que nasceu no mundo tecnológico, com afinidade em comprar *online* e que tem uma expectativa mais alta com relação à experiência de compra proporcionada em uma loja física. Afinal, por que ele deve sair de casa para adquirir produtos e serviços, se está acostumado a fazer compras com alguns "cliques" onde quer que esteja? Trataremos a influência das gerações no comércio, em mais detalhes, no capítulo 10.

Com o crescimento do varejo *online*, o aparecimento do "showrooming", o fortalecimento da Amazon e um consumidor mais conectado e empoderado pelo celular, a Best Buy passou a ter perda de vendas e margens declinantes com o passar do tempo. A competição com o mundo *online* fez a companhia quase quebrar. Fadada ao fracasso, no entanto, a empresa conseguiu dar uma virada nos negócios. Um novo presidente assumiu em agosto de 2012 a operação, Hubert Joly, e a varejista percebeu que tinha outras possibilidades adiante.

A Best Buy foi uma das primeiras varejistas a detectar de forma relevante o efeito do "showrooming". Na época, alguns varejistas com lojas físicas adotaram práticas extremas, chegando até mesmo a bloquear o sinal de celular no interior das lojas ou a utilizar identificadores de produto (código de barras) não padronizados, para que clientes não pesquisassem o preço *online*. Entretanto, a Best Buy foi em outra direção e decidiu implantar a estratégia de "price match", isto é, equiparar os preços com os varejistas *online*, incluindo a Amazon. Pode parecer um contrassenso, mas a venda poderia não ocorrer se a Best Buy insistisse no preço mais elevado.

Mas a empresa não parou por aí. Outros desafios permaneciam, como as margens ainda apertadas. Ciente de que a jornada da compra implica, muitas vezes, em tocar o produto, olhar a exata cor ou saber o tamanho específico, o que pela tela do computador ou do celular pode acabar prejudicado, a Best Buy se transformou. A empresa se aliou com os principais fabricantes de eletrônicos para criar o conceito de "loja dentro da loja". A estratégia consistia em reforçar a presença de marcas consagradas em seus mercados – como Apple, Samsung, Sony, Microsoft e HP – a partir da transformação de um espaço dentro da loja Best Buy para se tornar um local de experiência com produtos e serviços desses fabricantes.

A Best Buy cobrava um aluguel para as marcas exporem seus produtos no espaço, que contava com um "checkout" dedicado e funcionários treinados, em alguns casos fornecidos pela própria marca. Os ganhos com o novo formato foram inúmeros. A melhor experiência do cliente, que teve mais acesso a informações e experimentação, levou ao aumento de vendas e do tíquete médio de compra. Com mais dados para tomar a decisão de compra, o consumidor passou a se sentir mais confortável em levar para a casa um produto mais caro, levando as lojas a otimizar o espaço em torno de produtos de alto valor agregado.

A empresa investiu ainda mais no treinamento dos vendedores e ampliou o Esquadrão Geek para fazer instalações, manutenções, suporte e consultoria por telefone e na casa dos clientes. Outras ações também contribuíram para a volta por cima da Best Buy: investimentos no *e-commerce* e nos sistemas internos, redução de custos operacionais e aperfeiçoamento do sistema de entrega, por exemplo, possibilitando que as entregas ocorressem no mesmo dia. Consagrada entre os investidores, a virada se refletiu no preço dos papéis da varejista no mercado acionário, com a valorização de aproximadamente 300% durante o período em que Joly foi o CEO.

Assim como a Best Buy, a empresa de café americana Starbucks também se tornou um ícone global em experiência e engajamento digital dos clientes, construindo um caso contrário ao movimento global de fechamento de lojas físicas e declínio de faturamento do varejo *offline*. As cafeterias se tornaram um local de destino para convivência, oferecendo conforto e receptividade para os clientes locais ou turistas.

As cafeterias também se tornaram um ponto de conexão digital, principalmente via o aplicativo Starbucks, que traz uma experiência amigável, com o pagamento sendo realizado de forma simples e rápida, sem fricção, *online* ou por meio da geração de um código de barras que é lido pelo ponto de venda. A integração de funcionalidades, como os pedidos feitos de forma antecipada, pagamentos, programa de fidelidade e ofertas customizadas, tornam a plataforma móvel um canal popular de uso. Para que se tenha uma ideia do sucesso, em

2019, mais de 40% do faturamento da empresa nos Estados Unidos teve origem em clientes cadastrados no programa de fidelidade.

No aplicativo, o processo de pagamento ocorre a partir da recarga de um cartão de fidelidade pré-pago, feita por meio de um cartão de crédito cadastrado. Interessante notar que o dinheiro pré-carregado no aplicativo funciona como um caixa antecipado para a empresa. Ao final de setembro de 2019, este valor alcançou o montante de US$ 1,27 bilhão. Além disso, a empresa tem ganhos com os saldos dos cartões que não são usados pelos seus clientes e que vencem após 2 anos.

Além das grandes varejistas, pequenos lojistas também foram impactados pelas vendas *online*. Em um país continental como o Brasil, as vantagens de expor produtos e serviços pela internet sempre saltou aos olhos daqueles que não podem estar presencialmente espalhados em cada um dos mais de 5 mil municípios do país. O início da jornada desses vendedores no mundo *online* foi a partir de anúncios de seus produtos em plataformas virtuais, em vez de jornais e revistas. Mas, embora fizessem o anúncio no ambiente da internet, ainda assim eles fechavam as vendas pelo telefone, o que trazia uma sensação de mais segurança na transação.

Com o avanço dessa experiência, no entanto, os pequenos lojistas acabaram se sentindo mais confortáveis com a possibilidade de vender de maneira *online*, não apenas por telefone, para clientes que estavam distantes geograficamente. Nessa época, surgiram empresas que ajudavam a criar uma loja virtual, que ofereciam sistemas antifraudes e de pagamentos, mas ainda assim para alguns lojistas era caro manter essa estrutura na internet. Para eles, a solução foi entrar em um "marketplace", oferecido por companhias como o UOL ou o Mercado Livre.

No *marketplace*, a dinâmica da compra se dá de maneira diferente, uma vez que o consumidor não busca necessariamente uma loja específica para comprar. A procura é pelo produto desejado e, a partir disso, mostram-se opções de lojas e preços – o que, numa jornada no mundo físico poderia representar horas batendo pernas por aí. Pode parecer algo trivial, mas essa comparação de preços resolve uma questão importante para o consumidor, bastante explorada pela neurociência: ele consegue ter uma "âncora", isto é, um preço como base para conseguir comparar produtos e, enfim, realizar suas compras. Essa comparação de preços já estava disponível desde o início dos anos 2000, quando diversos sites faziam esse serviço no ambiente *online*, sendo o mais famoso à época o Buscapé, mas ganhou ainda mais força com os *marketplaces*. Vantajoso para o cliente, esse modelo no *e-commerce* representou a chance para pequenos lojistas competirem com os grandes no ambiente da internet.

Do lado do consumidor, serviços também foram desenvolvidos para atender às necessidades de suas compras no varejo *online*. O maior receio dos compradores, desde o início, era com as fraudes. A possibilidade de comprar e não receber o produto afastava as pessoas da internet. Para trazer mais segurança, os próprios varejistas *online* passaram a criar modelos de certificação que asseguravam aos compradores a assiduidade da entrega, com "pontuações" ou "selos" que davam a garantia de que outros consumidores já tinham realizado compras com aqueles vendedores e não haviam identificado nenhum problema.

O varejo *online* evoluiu porque conseguiu trazer uma sensação de maior segurança aos compradores e vendedores, com o lançamento de uma série de serviços relacionados a fraudes e pagamentos para ambos os lados da transação. Superada essa barreira, ele está preparado para viver uma fase de ampla expansão, baseada em uma quantidade infinita de informações dos consumidores, que devem trazer mais comodidade e agilidade nas compras virtuais.

A quarta revolução industrial

A quarta revolução industrial chegou para impulsionar ainda mais o consumo em canais digitais. Ela permitiu, com base na experiência de milhões de clientes espalhados pelo mundo todo, organizar informações e montar padrões, o que trouxe eficiência para toda a cadeia. O comerciante passou a ter a capacidade de prever o consumo e influenciar o cliente em sua jornada de compra.

A era dos dados, na realidade, transformou imensamente várias indústrias até chegar no varejo. Como as pessoas consumiam informações sobre as condições climáticas no passado? Nos Estados Unidos, o *The Weather Channel* era responsável por trazer notícias sobre o tempo em diversas regiões. O canal desenvolveu e distribuiu sensores no mundo inteiro para captar informações como temperatura, umidade e pressão. Assim, consegue prever inclusive em microrregiões o que está acontecendo a partir de mudanças nessas variáveis. O serviço era pago por publicidade, uma vez que havia propagandas entre uma notícia e outra pela televisão. Com o celular, no entanto, o consumo de informação sobre o tempo mudou drasticamente. Os consumidores entram em aplicativos, acessam a informação climática em minutos e logo desconectam. Desta forma, não há propaganda, o que poderia levar o *The Weather Channel* à falência.

A emissora, no entanto, entendeu que tinha um ativo valioso: era, na verdade, uma empresa de dados, que poderiam ser comercializados. Uma das sacadas do *The Weather Channel* foi perceber que tinha informações importantes sobre clima para subsidiar a estratégia de grandes empresas. No comércio em geral, as companhias tinham dados sobre o que haviam vendido e em qual região do país, enquanto a *The Weather Channel* sabia quais eram as condições climáticas em cada região específica. Com essas informações em mãos, era possível fazer o cruzamento de dados para entender os padrões de consumo.

O melhor exemplo dessa guinada do *The Weather Channel* se dá na venda de xampus. Uma fabricante descobriu que uma de suas fórmulas era preferida pelos consumidores em clima seco, enquanto outra fórmula era mais vendida quando o clima estava mais úmido. Com base nessa informação, foi possível obter um ganho incrível. A fabricante passou a enviar os produtos desejados pelos clientes na época certa do ano, em quantidade suficiente, em vez de encaminhar as duas fórmulas e ver uma delas abandonada nas prateleiras dos supermercados e farmácias. Com a experiência, a economia em logística e a eficiência em toda a cadeia de valor foi da ordem de 20% a 25%.

Também no comércio *online* a obtenção de mais dados representa uma melhor experiência do cliente e, no fim das contas, mais vendas. A Amazon, por exemplo, anos atrás entrou com pedido de patente de um processo desenvolvido pela empresa que permite a produção imediata de um produto em uma fábrica assim que o cliente começa a procurá-lo em seu site.

A Amazon não está olhando especificamente o que um consumidor está procurando para tomar a decisão de fabricação, mas o que milhões estão buscando em todo o mundo naquele momento. A partir da coleta de uma quantidade imensa de dados, usa-se o *machine learning*, navega-se na inteligência artificial até antecipar os hábitos do comprador. O caso da Amazon remonta a uma era em que as empresas conseguem escolher o que vão fabricar antes mesmo de o cliente pensar em comprar, até mesmo ao ponto – questionado sob o ponto de vista ético – de influenciar o comportamento de consumo.

A oferta de serviços financeiros

Varejistas têm se aproveitado da proximidade com o consumidor e do uso extensivo de dados para lançar serviços financeiros para seus clientes, incluindo crédito, cartões e contas digitais. Esse movimento vem de longa data e tem ficado cada vez mais forte em todo o mundo devido às mudanças na regulamentação e ao avanço da tecnologia.

A história desvenda as origens da proximidade entre varejo e serviços financeiros em países como Argentina, Chile, Brasil, México e Turquia. Durante décadas, esses países viveram entre instabilidades econômicas e/ou políticas. Como exemplo, embora tenha sido historicamente um país economicamente estável, o Chile viveu décadas de instabilidade política durante o regime militar e sua transição. A Argentina, por sua vez, apresentou momentos de instabilidade política e econômica. Já o Brasil teve instabilidade econômica por décadas, com a inflação sendo um problema desde a crise do petróleo, na década de 1970, até o Plano Real, na década de 1990.

Durante esses períodos de instabilidade econômica ou política, esses países viram os bancos se afastarem dos consumidores, segundo relata o estudo. No caso brasileiro, esse movimento fica bastante evidente. Para as instituições financeiras, era mais interessante – e fácil – aplicar seus recursos no "overnight", obtendo resultados significativos e correndo baixos riscos na aplicação em títulos públicos. Ou, então, emprestar eventualmente para grandes empresas em vez de montar uma carteira de empréstimos ou financiamentos ao consumidor, tendo de controlar a correção monetária, os juros e a inadimplência advinda dessa atividade. Em tempos em que a taxa de inflação atingia 100% ao mês, as carteiras precisavam ser corrigidas a cada hora, um trabalho complexo que exigia uma estrutura robusta. Também era difícil recuperar o dinheiro, pela ausência de garantias, o que levava a um risco alto de inadimplência. Trabalhar no "overnight" era muito mais simples e menos arriscado.

Como as pessoas precisavam de crédito para as compras coube aos lojistas assumir o papel de financiar o consumidor. Para mostrar como o varejo foi – e é – importante neste processo, um estudo feito pela Associação Brasileira das Empresas de Cartões de Crédito e Serviços (Abecs) em 2006, que comparou a penetração de cartão de crédito, número de cartões e como funcionava esse mercado em países distintos. No Chile, a surpresa foi que os dois maiores emissores de cartões de crédito não eram bancos que distribuíam plásticos com bandeiras Visa e Mastercard, mas varejistas como Ripley e Falabella. O varejo avançou tanto no sistema de crédito no Chile que ele passou a ser mais importante do que os bancos emissores de cartões de uma bandeira internacional – o que hoje já não é mais a realidade, sendo que Ripley e Falabella acabaram criando suas instituições financeiras.

No Brasil, era comum fazer compras direto em uma loja e ter o nome registrado em uma caderneta, com o pagamento realizado a cada semana, quinzena ou mês. A frase "passar a régua" vem exatamente dessa prática, quando a conta era zerada. A caderneta foi a primeira forma de dar crédito ao consumidor, sendo que dela surgiram os carnês e outros sistemas de crediário. Eram as lojas que concediam esse crédito, com base no fato de que conheciam o consumidor.

A partir dos anos 1980, os lojistas brasileiros usaram muito bem o sistema financeiro para ampliar sua capacidade de financiar o consumo. Diante da inflação galopante e da instabilidade econômica, o sistema bancário investiu em tecnologia para mover o dinheiro mais rapidamente. Em 1987, o consumidor já conseguia depositar um cheque e, se fosse dentro da mesma cidade ou estado, compensar no mesmo dia – para outro estado, levava-se três dias. Em paralelo, o sistema deu a possibilidade ao varejo de vender e aceitar como pagamento cheques pré-datados (ou pós-datados). Em vez de entregar os famosos carnês, e esperar que o cliente voltasse à loja para pagar, o varejista já recolhia os cheques e ia descontando mensalmente, ajustando o consumo ao fluxo de caixa do cliente, com a famosa frase escrita "bom para o dia ...".

Com a estabilidade econômica, os bancos tentaram conquistar mais espaço junto ao varejo no empréstimo às pessoas. Um entrave, porém, era que as instituições financeiras pouco conheciam dos detalhes do consumo. O máximo que o banco consegue obter de informação é em que loja o consumidor comprou, mas não o que foi consumido no detalhe. Já o varejista sabe exatamente o que foi comprado, em que quantidade, cor e tamanho, qual preço foi pago e de que forma. O banco, com o serviço dos cartões de pagamento, não consegue chegar esse nível de dados e informações.

O primeiro movimento dos bancos para se aproximar do crédito às pessoas físicas foi comprar a carteira de crédito dos lojistas. No entanto, isso não resolveu o problema, porque quem estava próximo do consumidor ainda era o lojista, que conhecia melhor as necessidades dos clientes, enquanto o banco tinha dificuldade de avaliar o risco do crédito. Um segundo movimento foi a união entre bancos e varejistas, a exemplo de Magazine Luiza com Unibanco (hoje Itaú Unibanco) e da Casas Bahia com o Bradesco. Mas esse movimento também não trouxe para o banco o poder de conhecer o consumidor mais profundamente. Um terceiro movimento foi o banco dar crédito às pessoas físicas por meio das financeiras. Em grandes avenidas de cidades como São Paulo, era possível ver uma financeira do lado da outra, com funcionários oferecendo crédito na abordagem corpo a corpo com as pessoas que ali passavam – o que diferenciava uma financeira da outra era a cor da camiseta do funcionário. Embora todas essas tentativas dos bancos, o varejo brasileiro nunca deixou de ser uma das principais fontes de crédito ao consumidor.

E, na disputa entre bancos e varejistas, o segundo grupo não ficava parado. Com a tecnologia e o advento do cartão de crédito, surgiu a possibilidade para o varejo de oferecer o cartão de crédito da loja, o chamado "private label". A ideia de entregar o cartão é que o cliente volte à loja e consuma novamente, uma chance para elevar a rentabilidade do negócio. A cabeça do varejista sempre funcionou de forma a aumentar as margens em uma única venda. É comum, ao comprar uma camisa numa loja, ser abordado pelo vendedor com uma gravata ou uma meia, peças mais simples e mais baratas, porém que aumentam o tíquete médio, com margens superiores.

Mas há um problema com o *private label*: os cartões que se tornam ativos são da ordem de 30% do total emitido pelos lojistas. Isso quer dizer que para uma loja ter um milhão de cartões ativos, que vez ou outra são usados para fazer compras, ela tem de emitir e distribuir 3 milhões deles, uma estrutura cara. Sem considerar o fato de que nem todo o cliente é recorrente e, mesmo que ele volte à loja, existe a chance de ter deixado o plástico em casa. O varejista faz os desembolsos para criar o cartão, emitir e entregar, depois disso ainda gasta com tentativas de ativação, mas ainda assim, no fim do dia, em média, só 30% dos cartões são ativados.

Apesar dos desafios, aos varejistas, avançar nos serviços financeiros parece quase que um caminho natural: essas empresas conhecem as necessidades dos consumidores, têm contato com eles nas lojas, fornecem crédito e já têm uma estrutura de cartão. Conta a favor dos varejistas o fato de atenderem uma parcela significativa de clientes que não são bancarizados, isto é, não têm conta corrente nem cartão. Outro trunfo do varejo na empreitada dos serviços financeiros é o fato de a experiência do consumidor na compra em suas lojas, de maneira geral, ser muito mais prazerosa do que uma ida a um banco. Há uma insatisfação dos consumidores com as agências, percebidas como locais de atendimento ruim, grandes filas e vendas forçadas, sem contar as reclamações nos bancos com taxas e tarifas elevadas.

Bastou um empurrão regulatório para que os varejistas avançassem ainda mais no mundo financeiro. No fim de 2013, surge um novo produto mais atrativo para os varejistas: as contas de pagamento são regulamentadas pelo Banco Central. Inicialmente, elas são fortemente exploradas pelas "fintechs", empresas financeiras que se utilizam da tecnologia e regras mais brandas do regulador para oferecer serviços financeiros menos complexos e mais digitais. Elas entram em áreas como pagamentos, crédito e seguros, com foco na experiência do cliente. Neste grupo, estão companhias como os bancos digitais Nubank e o Neon, por exemplo.

Com a conta digital, o varejista não precisa fechar acordos com bancos, pagar uma remuneração ou dividir os resultados, o custo da transação cai e a ativação de seus clientes aumenta. Com isso, o varejista pode até mesmo escolher por reduzir a margem de um ou outro produto, uma vez que venha a ganhar com a combinação de tudo que entrega para o cliente – seu produto e o serviço financeiro.

Além das pessoas físicas, os varejistas também estão de olho em clientes pessoas jurídicas na prestação de serviços financeiros, no ambiente do *marketplace*. O varejista, que acaba tendo caixa mais robusto, pode oferecer serviços financeiros aos pequenos e médios lojistas de sua plataforma, inclusive a antecipação de recebíveis, uma conta digital e um cartão de crédito. Esse é o caminho que tem sido feito pelo Mercado Livre com os lojistas de sua plataforma, por meio do Mercado Pago.

De olho em todo o movimento do mercado, a Via Varejo, maior varejista brasileira, dona das marcas Ponto Frio e Casas Bahia, passou por um momento de reestruturação. Após mudanças societárias, com a saída do GPA do quadro acionário e a recompra do controle por Michael Klein, a empresa agora investe em recuperar o tempo perdido, principalmente no *e-commerce* e nos canais digitais.

Em 2018, a empresa fechou uma parceria com a *startup* americana AirFox, com a opção de adquirir até 80% do capital social da empresa, o que foi feito em fevereiro de 2019. Em maio de 2020, a Via Varejo adquiriu 100% das ações da AirFox. A estratégia é oferecer a carteira digital desenvolvida pela empresa aos clientes da varejista, além da criação de um sistema de pagamentos e de crediário digital. Em 2019, a Via Varejo lançou o seu próprio banco digital, o banQi, com foco nas classes C, D e E, oferecendo conta digital, pagamentos de boletos, transferências e pagamentos por meio de *QR Code*.

Ainda em 2019, a Via Varejo partiu para a ampliação de sua estratégia, no caminho para se transformar em uma plataforma. Com a bandeira Mastercard, a empresa passou a ofertar um cartão pré-pago associado à conta digital. Com a seguradora suíça Zurich, passou a distribuir seguros e, com a credenciadora Cielo, a permitir pagamentos por meio do aplicativo com a leitura do *QR Code* gerado pelas maquininhas em qualquer estabelecimento comercial. O cartão pré-pago da bandeira Mastercard é oferecido de forma digital por meio do aplicativo para compras *online*, com a opção de o cliente solicitar o cartão físico via aplicativo.

Mais próximo do cliente, o varejista tem potencial para ser uma força para mudar os sistemas de pagamento no Brasil. Importante lembrar que ainda estão em estágio inicial desse caminho – mas, para que se tenha uma ideia do potencial que eles têm de venda, a comercialização de seguros por lojas hoje é um mercado bilionário, tendo se consolidado em um canal importante para as seguradoras que atuam no país.

Salta aos olhos o potencial das varejistas em número de clientes. Lançada em 2018 pela B2W, e tendo também como sócio as Lojas Americanas, a Ame Digital possui cerca de 6,5 milhões de *downloads*. A carteira eletrônica e aplicativo, criada inicialmente para ser usada pelos usuários dos sites Americanas, Submarino e ShopTime, tem sido ampliada aos poucos, para elevar sua aceitação. Foram fechadas parcerias com a VTEX, Cielo, Linx e Stone para que a carteira seja aceita nos estabelecimentos comerciais onde as empresas possuem acordo. A empresa também anunciou parceria com o Banco do Brasil para oferta de crédito no aplicativo e emissão de um cartão de crédito.

Se, em suas lojas ou naquelas que estão ao redor, o varejista conseguir com que o cliente use o seu cartão e, além disso, passe a usar outros serviços financeiros, ele então terá maior presença na vida do consumidor – que, diga-se de passagem, é originalmente do varejista. No final das contas, o varejo passa a ocupar um espaço significativo e pegar um pedaço da participação de mercado dos bancos na vida financeira dos clientes. Isoladamente, isso até pode ter um efeito pequeno, mas combinado com outras forças, pode ter um efeito exponencial importante. A trajetória da Magazine Luiza, descrita abaixo, desvenda o potencial a ser explorado pelos varejistas nos serviços financeiros, rumo a se transformar em um ecossistema.

Magazine Luiza

A história do Magazine Luiza, que começou em 1957, em Franca, no interior de São Paulo, quando o casal Luiza Trajano Donato e Pelegrino José Donato iniciou a venda dos primeiros aparelhos de televisão da região, exemplificando os caminhos do varejo brasileiro para a inclusão de serviços financeiros ao cliente.

A primeira inserção do varejista, de maneira mais firme, no mundo financeiro foi em 2001, com a criação da Luizacred, uma *joint venture* em parceria com o Unibanco (hoje Itaú Unibanco), na qual cada uma das empresas detinha metade das ações. O acordo previa a oferta de produtos como cartão de crédito *co-branded*, crédito direto ao consumidor e empréstimo consignado. Em 2005, a varejista passou a oferecer seguros pela Luizaseg, em sociedade de partes iguais com a Cardif, empresa do grupo francês BNP Paribas. Entre as apólices oferecidas, estavam seguro garantia estendida, seguro desemprego e proteção para perda e roubo de cartão.

Seguindo uma estratégia diferente da maioria das empresas no *e-commerce* brasileiro, o Magazine Luiza decidiu desenvolver de forma integrada as operações de loja física e *e-commerce*[63]. Enquanto os principais concorrentes – B2W, Via Varejo e Mercado Livre – focavam em acelerar o crescimento das vendas *online* inspirados no modelo de crescimento da Amazon nos Estados Unidos, o Magazine Luiza se manteve aderente a um modelo de varejo *omnichannel*, que combinava crescimento com rentabilidade.

O executivo Frederico Trajano, CEO da empresa, assumiu a posição em novembro de 2015, no epicentro de uma das piores recessões econômicas do país. Na época, na esteira de outras indústrias, Trajano lançou o desafio de realizar uma transformação digital. Em 2011, na posição de COO ("Chief Operating Officer"), ele já havia montado o Luiza Labs, laboratório de tecnologia e inovação, que serviu como base para todo o processo de transformação que ainda estava por vir.

Os pilares estratégicos para a transformação digital da empresa foram[64]: cultura digital corporativa, inclusão digital, digitalização das lojas físicas, pla-

---

[63] GUISSONI, L.; TEIXEIRA, T.; VELUDO-DE-OLIVEIRA, T. "Digital Transformation at Brazilian Retailer Magazine Luiza". *Harvard Business School*. Estudo de caso, agosto de 2018.
[64] *Idem* nota 63.

taforma de vendas digitais e estratégia *omnichannel*. Nos anos seguintes, a empresa investiu no desenvolvimento de uma plataforma tecnológica própria, lançando novos produtos que melhoram a experiência do consumidor no comércio *online* e nas lojas, por meio de plataformas digitais, aplicativo e análise intensiva de dados para revelar informações que ditassem a estratégia operacional, de marketing e vendas da companhia.

Os planos para a digitalização da loja física incluíram um aplicativo para apoiar o processo de venda e controle de estoque, *wi-fi* gratuito para clientes ao visitar a loja e a implantação do conceito de loja como centro de distribuição, com as opções de coleta pelo cliente de produtos comprados no *e-commerce*, bem como o envio, a partir da loja, de produtos comprados no *e-commerce*, cuja entrega se tornava mais eficiente a partir do estoque da loja.

A estratégia *omnichannel* também levou a uma diversificação importante na base de clientes, considerando faixas etárias, renda e o portfólio de produtos comprados. Enquanto as lojas eram frequentadas por clientes das gerações "baby boomers" e X, que dependiam mais de crédito para realizar as compras de bens duráveis, os compradores *online* pertenciam às gerações "millennial", Z e X, considerados nativos digitais e que utilizavam o cartão de crédito para realizar as compras. Clientes "omnichannel", que realizam compras por mais de um canal, eram semelhantes em idade e renda aos compradores *online*, mas utilizam mais o crédito fornecido pela loja como meio de pagamento e financiamento.

Na sua gestão como CEO, Frederico Trajano estabeleceu novos *drivers* estratégicos para a empresa[65]: crescer exponencialmente por meio do comércio de produtos no *marketplace* ("third-party seller" ou 3P); oferecer a venda de novas categorias de produtos (expansão de bens duráveis para todos os tipos de produtos); ter um super aplicativo; operacionalizar a entrega mais rápida do Brasil; e implementar o conceito de "Magalu as a Service" (MaaS), uma estratégia de "retail as a service", fazendo com que o Magalu não fosse apenas um varejista com operação própria, mas o "sistema operacional do varejo brasileiro". A execução da estratégia se refletiu no preço dos papéis do varejista no mercado acionário, com a valorização de 62.400% desde que Frederico Trajano assumiu como CEO.

A Amazon iniciou operações no Brasil em 2014 com a venda de livros. Em 2017, houve a expansão para o modelo de *marketplace*. De olho na concorrência,

---

[65] <https://valor.globo.com/empresas/noticia/2020/08/25/magazine-luiza-quer-digitalizar--o-pais.ghtml>, acesso em 29/03/2020.

o Magazine Luiza lançou o seu *marketplace* em 2016. Um dos princípios chave na nova operação era que a experiência para o consumidor fosse a mesma, tanto na aquisição de produtos vendidos diretamente pelo Magazine Luiza (1P, "first party"), como para aqueles vendidos por "sellers" no *marketplace*. Além disso, a plataforma passou a oferecer serviços de pagamentos, marketing e logística aos "sellers". Por trás da operação de *marketplace*, a empresa tinha a estratégia de aumentar a frequência e recorrência de vendas de produtos na sua plataforma.

O Magalu realizou aquisições em varejos de nicho, como a Época Cosméticos, no segmento de beleza e saúde; a Netshoes, em artigos esportivos e moda; e a Estante Virtual, em livros. Mas, de acordo com a sua estratégia de plataforma e de construção de ecossistema, começou a agregar mais negócios. Em maio de 2018, comprou a empresa de tecnologia logística LogBee, para ampliar os pedidos entregues em até 48h – no segundo trimestre de 2020, a empresa reportou que 35% das vendas foram entregues em até 24h. Em julho de 2020, adquiriu a plataforma Hubsales, que liga a indústria ao consumidor final, reduzindo a necessidade de intermediários. Em agosto do mesmo ano, anunciou a aquisição de plataformas de mídia: a Unilogic Media, a Canaltech e a InLoco Media, para trazer novas fontes de receitas, inserir-se no comércio de conteúdo e reduzir o custo de aquisição de clientes. Também em agosto do mesmo ano, a empresa anunciou a aquisição da *startup* de tecnologia Stoq, especializada em soluções de automação para pequenos e médios varejistas.

Seguindo um movimento das concorrentes Via Varejo, B2W e Pernambucanas, o Magazine Luiza lançou sua conta digital gratuita no início de 2020, a Magalu Pay. A empresa reportou 1 milhão de contas abertas no aplicativo até o segundo trimestre de 2020. Com elas, a ideia é aumentar a recorrência de uso do aplicativo Magalu, pelo qual os clientes fazem compras. Em novembro de 2019, mais de metade das vendas *online* foram feitas a partir do celular, o que demonstra a importância da criação de um ecossistema de serviços acessados por meio do aplicativo[66].

O Magazine Luzia vem executando a entrega dos seus pilares estratégicos para se transformar em um ecossistema digital, se aproximando, assim, dos modelos construídos na China, principalmente pelo Alibaba. O crescimento do preço da ação e os recordes de valor de mercado têm refletido o sucesso da

---

[66] <https://epocanegocios.globo.com/Empresa/noticia/2019/12/epoca-negocios-magazine-luiza-cria-empresa-de-pagamentos-a-magalu-pagamentos.html>, acesso em 25/08/2020.

companhia na sua estratégia e a comparação com outras empresas de tecnologia, listadas em bolsas de valores fora do país, e não mais como um varejista tradicional, conforme a Figura 13.

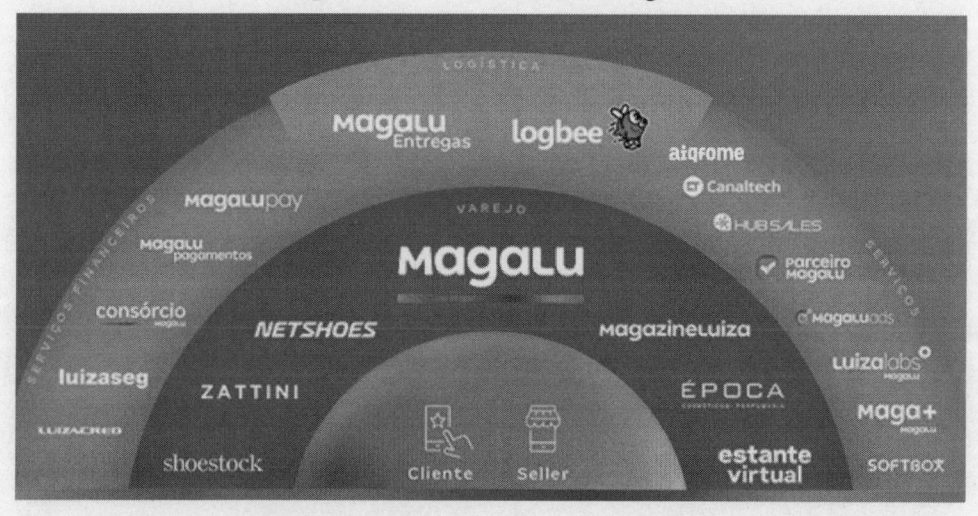

Figura 13 – Ecossistema Magalu

(Fonte: Magalu, Apresentação de Resultados 2T20, 18 de Agosto de 2020, disponível em https://ri.magazineluiza.com.br, opção Central de Resultados).

7

Os reguladores do mercado

O modelo de exclusividade entre credenciadoras e bandeiras, que perdurou por décadas no setor de cartões no Brasil, viabilizou altos investimentos das companhias para disseminar o uso dessa modalidade de pagamento pelo país afora. Mas, ao mesmo tempo, essa estrutura trouxe sérios problemas concorrenciais, que acabaram chamando a atenção de dois órgãos reguladores especificamente: o Banco Central do Brasil e o Conselho Administrativo de Defesa Econômica (Cade).

Essa história remonta à década de 1990, quando o Brasil conquistou a estabilidade econômica e as compras com cartões começaram a se disseminar. Desde então, os órgãos reguladores têm se tornado mais ativos em estudar o mercado, ouvir os participantes, julgar processos administrativos e editar normas para tornar as regras do jogo mais justas, permitindo a entrada de novos concorrentes e a redução dos custos para os usuários. Com base numa avaliação de quem atua no mercado, não tecnicamente, do ponto de vista jurídico, é possível afirmar que as autoridades têm conseguido alcançar esses objetivos até o momento, embora ainda exista muito trabalho a ser feito em relação ao ambiente regulatório.

O Banco Central passou a se interessar pelo setor de cartões de pagamento quando da implementação do Sistema de Pagamentos Brasileiro (SPB). Até meados dos anos 1990[67], a autoridade monetária estava mais preocupada

---

[67] https://edsoncolink.wordpress.com/2019/04/12/competitividade-no-setor-de-pagamentos/, acesso em 01/05/20.

com a velocidade do processamento das transações, uma vez que a inflação galopante corroía os valores transacionados rapidamente. Com a inflação sob controle, o órgão regulador passou a analisar a administração de riscos e a eficiência do sistema. Com base nessa nova missão, em 2002, o Banco Central implementou o Sistema de Transferências de Reservas (STR) e, dessa forma, passou a não mais bancar o risco da inadimplência do mercado e as operações de pagamento começaram a ser feitas em tempo real.

Como o risco foi transferido ao mercado, o regulador começou a realizar estudos sobre os gargalos para a modernização do setor de pagamentos. Dois deles se destacaram: o "Diagnóstico do Sistema de Pagamentos de Varejo no Brasil", em 2005, e o "Relatório sobre a Indústria de Cartões de Pagamento", em 2010. Entre os principais problemas identificados, estavam os velhos conhecidos do setor, sendo eles a exclusividade entre bandeiras e credenciadoras e a falta de interoperabilidade entre as redes dessas companhias. Esses estudos colocaram uma lupa sobre os principais problemas do setor de cartões de pagamento àquela época, mas o Banco Central não tinha o poder de "caneta" para criar regras e mudar a realidade. Na prática, ele abriu caminho para intervenções no setor, mesmo que por parte de outros órgãos, a exemplo do Cade.

No início, o Banco Central parecia ter uma equipe muito radical, interessada em "quebrar a qualquer custo" todas as barreiras do setor, com a clara visão de aumentar a competição, trazendo inovação e reduzindo os custos do sistema. Frequentemente, os técnicos usavam como modelo para o setor de pagamentos o de ferrovias. Assim como a infraestrutura – no caso, os trilhos – é usada por composições de distintas companhias, as máquinas de cartões também deveriam transacionar com qualquer cartão de crédito, independentemente da marca (bandeira). Esses estudos chegaram a conclusões que foram fundamentais para promover mudanças no mercado. Os principais problemas encontrados na indústria estavam relacionados à não-neutralidade (ou verticalização) do prestador do serviço de rede, aos acordos comerciais e à ausência de interoperabilidade entre as credenciadoras e as bandeiras.

Foi a partir da promulgação da Lei nº 12.865/2013 que o Banco Central se tornou o agente regulador do sistema de pagamentos. Desde então, mais de 70[68] normas foram editadas para aumentar a competitividade no setor de car-

---

[68] <https://edsoncolink.wordpress.com/2019/04/12/competitividade-no-setor-de-pagamentos/>, acessado em 01/05/20.

tões, em conjunto com outras ações, visando a inclusão financeira e a competitividade, no âmbito da agenda BC#. Entre elas, estão os novos sistemas de pagamentos instantâneos e o registro dos recebíveis de cartão.

O Banco Central

As intenções do Banco Central acerca do mercado de cartões de pagamento sempre foram muito boas, entretanto, a autarquia não tinha poder para impor normas para o mercado. Somente a partir da promulgação da Lei nº 12.865, de 9 de outubro de 2013, que ele se tornou o agente regulador do sistema de pagamentos no varejo. O Banco Central começou definindo a nomenclatura dos participantes e termos a serem adotados pelo mercado.

A princípio, parecia apenas uma forma de organização, mas desvendava uma iniciativa para envolver mais negócios e participantes no mundo dos pagamentos. A bandeira foi chamada de "instituidor de arranjo de pagamento", incluindo não apenas arranjos abertos, mas também os fechados. Um arranjo de pagamento é o conjunto de regras e procedimentos que disciplina a prestação de determinado serviço de pagamento ao público. Dessa forma, no sistema de cartões, as bandeiras como Visa, Mastercard e Elo definem os procedimentos e regras para que um vendedor (estabelecimento comercial ou prestador de serviço) aceite um determinado cartão de crédito, débito ou pré-pago. As regras incluem itens como prazos de pagamento, taxas envolvidas e formatos de aceitação.

A regulamentação acabou por reduzir o poder das bandeiras sobre o mercado de cartões de pagamento no país. Historicamente, cabia a essas empresas conceder ou não uma licença para uma credenciadora atuar, uma responsabilidade que passou a ser do próprio regulador, não podendo posteriormente ser negada por esses arranjos. Pelas regras das bandeiras, era necessário que a credenciadora fizesse parte de uma instituição financeira emissora de cartões de pagamento da bandeira para poder atuar como credenciadora. Dessa forma, as credenciadoras independentes só tinham uma alternativa: alugar a licença das instituições financeiras que não possuíam suas próprias credenciadoras. Mas essa regra representava uma certa limitação, em função da concentração bancária. Com o marco regulatório, no entanto, esse tipo de prática desaparece, surgindo, desde então, novas credenciadoras todo ano.

Uma das mudanças mais importantes trazidas pela regulação foi a criação das instituições de pagamento. Elas são empresas não financeiras que executam os serviços de pagamento e movimentação de recursos dentro de um arranjo, mas que não podem conceder empréstimos, financiamentos ou mesmo disponibilizar uma conta bancária ou de poupança.

As instituições de pagamento foram classificadas em três tipos: emissores de moeda eletrônica, emissores de instrumento de pagamento pós-pago e credenciadores. Os emissores de moeda eletrônica (emissores pré-pagos ou carteiras digitais) fornecem uma conta de pagamento pré-paga na qual o cliente deposita e mantém seus recursos, cujos saldos podem ser utilizados para pagamentos. Já os emissores pós-pagos implementam modelos em que o usuário primeiro faz uma compra e, posteriormente, realiza o pagamento, a exemplo de instituições não financeiras emissoras de cartão de crédito. Por fim, os credenciadores habilitam estabelecimentos comerciais para aceitação de um determinado instrumento de pagamento e, posteriormente, liquidam as obrigações com os comércios. Qualquer instituição não financeira pode obter licença junto ao Banco Central para atuar como instituição de pagamento em uma ou mais modalidades. Dessa forma, um credenciador, além de capturar, processar e liquidar transações de pagamentos, pode oferecer aos seus clientes uma conta de pagamento.

A conta de pagamento pré-paga é mais simples e barata do que as tradicionais contas de depósito (bancária ou poupança) e, por isso, tornou-se importante para a inclusão financeira de pessoas sem acesso ao sistema bancário. Ela pode ser utilizada pelos clientes para a realização de saques, transferências, pagamentos de contas e pagamentos de transações realizadas por cartões de débito ou pré-pagos. Embora os recursos dessa conta não sejam garantidos pelo Fundo Garantidor de Créditos (FGC), eles ficam obrigatoriamente depositados no Banco Central do Brasil ou em títulos do Tesouro Nacional, dando a segurança para os clientes de que seus recursos não se misturam com os recursos da instituição de pagamento.

É importante ressaltar que os serviços de pagamento já eram prestados por instituições financeiras, como bancos, financeiras e cooperativas de crédito, mas, com a publicação do marco regulatório, o Banco Central do Brasil permitiu que outras empresas passassem a fazer parte do Sistema de Pagamentos Brasileiro (SPB). Este marco regulatório abriu espaço para a atuação no mercado de centenas de *fintechs* e empresas de pagamentos, resultando na inclusão financeira de milhões de cidadãos. Antes de 2014, metade dos brasileiros que tinha trabalho e renda não possuía uma conta bancária. Até o início da pandemia provocada pelo COVID-19, estima-se que cerca de 45 milhões de brasileiros não possuíam uma conta bancária. Com a atuação da Caixa Econômica Federal, que distribuiu os benefícios de combate à pandemia, por meio de uma conta digital, é possível que estes números tenham se reduzido.

A partir desse marco regulatório, muitas empresas começaram a requerer licença ao Banco Central do Brasil para atuar no setor de pagamentos. Ao regulador, coube ajustar as regras, "subindo a régua" em termos de volumes transacionados para a exigência de pedido de autorização para operar, permitindo àquelas companhias com risco sistêmico reduzido trabalhar sem ter uma licença. A Circular nº 3.885/18 revogou a Circular nº 3.683/13, que até então determinava que todas as instituições de pagamento integrantes de arranjos regulados eram obrigadas a formular pedido de autorização, independente do volume financeiro processado, o que acabou levando a uma sobrecarga no processo de autorização, prejudicando a concorrência no setor.

Um ponto a ressaltar é que o Banco Central, nos seus trabalhos iniciais, não regulou diretamente a figura do subcredenciador, ou facilitador de pagamentos, deixando a função de controle a cargo do credenciador e da bandeira. Essa ausência de posicionamento gerou dúvidas e insegurança sobre o formato de atuação do subcredenciador no mercado. A questão foi resolvida pela Circular nº 3.886/2018, que definiu de forma expressa a figura do subcredenciador como um participante do arranjo de pagamento que habilita o cliente final recebedor, comerciante ou prestador de serviço, para a aceitação de instrumento de pagamento emitido por instituição de pagamento ou por instituição financeira, porém não participa do processo de liquidação das transações de pagamento como credor do emissor.

Dessa forma, o subcredenciador atua na cadeia de pagamentos como um elo adicional, sendo credor das credenciadoras e devedor dos estabelecimentos comerciais. Nesse arcabouço, o Banco Central também definiu que os subcredenciadores, enquanto participantes dos arranjos de pagamento, devem, além de firmar contrato com o credenciador, estar submetidos às regras dos instituidores de arranjo (as bandeiras), devendo firmar contrato específico com cada instituidor.

Desde o início do marco regulatório, temos visto o Banco Central com uma atuação impecável. Embora exista quem discorde, seus técnicos sempre consultam e ouvem todos os participantes, por meio de consultas públicas, seminários e grupos de trabalho, antes de emitir suas regras. No acompanhamento com o mercado, a autoridade monetária acabou aprendendo cada vez mais, ajustando as normas e simplificando as regras. O Banco Central, na prática, regula de maneira mais técnica e, sem dúvida, menos política.

O Cade

O Cade – Conselho Administrativo de Defesa Econômica – também começou a atuar no mercado de cartões de pagamento na década de 1990, principalmente por meio das denúncias dos participantes do mercado, a partir de reclamações e consultas. Um dos primeiros casos[69], ainda na década de 90, foi uma denúncia da bandeira American Express de práticas de exclusividade na emissão de cartões de crédito da bandeira Visa junto a alguns bancos emissores. À época, a Visa estava sendo alvo de processos no âmbito internacional e, com receio de que tais práticas pudessem ser empregadas no Brasil, a Amex se adiantou e ingressou com uma denúncia.

Em 2009, o Cade começa a se envolver em disputas importantes no setor, a partir de uma denúncia formulada pela Abranet. Após alguns anos atuando no mercado como subcredenciador, a PagSeguro, do Grupo Uol, começou a enfrentar algumas dificuldades. A Redecard queria modificar o contrato que detinha para que a empresa usasse seu sistema como um subcredenciador. Munidos de uma série de alegações, como por exemplo risco de imagem e falta de acesso a dados dos clientes finais, a Redecard propôs um contrato, rejeitado pela PagSeguro por considerar "draconiano", segundo os líderes da empresa.

A credenciadora exigia conhecer quem eram os estabelecimentos comerciais atendidos pela PagSeguro, que, por sua vez, desejava proteger sua carteira de clientes de ataques concorrenciais, com oferta de produtos e serviços pela Redecard. As conversas continuaram e, sem consenso, a Redecard encerrou o contrato unilateralmente e tirou do ar o sistema da PagSeguro. Embora o sistema tenha sido restabelecido em meia hora, a partir desse inci-

---

[69] Caderno do Cade. Mercado de Instrumentos de Pagamento, outubro de 2019. <http://www.cade.gov.br/acesso-a-informacao/publicacoes-institucionais/publicacoes-dee/CadernoMercadodeinstrumentosdepagamento.pdf>, acesso em 01/05/2020.

dente, a PagSeguro entendeu que havia se envolvido em uma guerra e resolveu reagir. Nas discussões internas sobre como proceder, alguns defendiam tratar o assunto na área cível, enquanto outros diziam que era melhor levar o assunto para o Cade, já que se tratava de uma prática anticoncorrencial. A última ideia saiu vencedora e a empresa contratou um escritório especializado no assunto. Outras empresas do setor foram convidadas a participar do movimento, uma vez que a Associação Brasileira de Internet (Abranet) é que entraria com a queixa.

Uma curiosidade é que constam episódios constrangedores no processo. Conta um executivo da época que, durante a sustentação oral no Cade, uma das alegações da Redecard para pedir mais informações da PagSeguro era o combate à pornografia e à prostituição. Como a Redecard não tinha acesso aos clientes da PagSeguro, seria impossível controlar esses problemas sociais. Os advogados da PagSeguro, no entanto, chegaram a mostrar peças publicitárias de garotas de programa, anunciando que aceitavam cartões de pagamento da bandeira Mastercard, supostamente credenciados pela própria Redecard. Depois do embate, o Cade concedeu liminar, dando à PagSeguro todos os pontos pedidos: proibiu a Redecard de alterar qualquer item do contrato, ou ter acesso a base de clientes da PagSeguro e, principalmente, alterar preços.

Disputas entre concorrentes à parte, o mais importante movimento do Cade no setor de pagamentos ocorreu em dezembro de 2009 – embora muitos creditem a iniciativa, de maneira equivocada, ao Banco Central. Com base nos estudos que haviam sido feitos pela autoridade monetária e nas reclamações de competidores do setor, o Sistema Brasileiro de Defesa da Concorrência (SBDC)[70] assinou um Termo de Compromisso de Cessação de Prática (TCC) com a bandeira Visa e a credenciadora Visanet, uma vez que ambas detinham um contrato formal de exclusividade nas transações. O contrato de exclusividade entre Mastercard e Redecard havia se encerrado em 2001, entretanto, nessa época a Redecard era a única credenciadora, capturando e processando transações de pagamentos com cartões Mastercard. Dessa forma, em julho de 2010, Cielo e Redecard passaram a capturar oficialmente transações com outras bandeiras, assim como outras credenciadoras puderam entrar no mercado para capturar transações de qualquer bandeira existente.

---

[70] <http://www.cade.gov.br/acesso-a-informacao/publicacoes-institucionais/publicacoes--dee/CadernoMercadodeinstrumentosdepagamento.pdf>, acesso em 01/05/2020.

Desde então, o Cade tem sido altamente demandado pelo setor de pagamentos. Em 2018[71], após um relatório do Grupo de Trabalho da Comissão de Assuntos Econômicos (CAE), do Senado Federal, ter registrado preocupações concorrenciais envolvendo o mercado, o conselho solicitou a abertura de inquérito administrativo. O documento registra que, de abril de 2017 a setembro de 2018, o Cade tinha assinado 11 Termos de Compromisso de Cessação (TCCs) envolvendo as maiores instituições financeiras e controladas para coibir condutas danosas à competição. Entre as principais reclamações, está a estrutura verticalizada do setor – o fato de bancos serem emissores de cartões e acionistas controladores de bandeiras e credenciadoras.

A queixa é de que, por exemplo, ao controlar uma bandeira, os bancos vêm adotando medidas que aumentam os custos de seus concorrentes como forma de transferir a perda de receita de uma etapa da atividade com maior competição (o credenciamento) para uma menos competitiva (a emissão). A sugestão dos senadores, em relatório, é de que "deveria ser considerada a possibilidade de proibição pelo Cade de que o mesmo grupo financeiro seja controlador de empresas que atuam em todos os elos do sistema de pagamentos: bandeira, emissão e credenciadora". Nenhuma decisão a respeito do tema foi tomada até a edição final deste livro.

Demandado pelo setor, o Cade, que até os anos 2000, dificilmente se envolvia com assuntos financeiros, passa a partir de 2010 a se tornar mais ativo no tema. Do período que se estende de 1995 a 2019, o Cade se manifestou em um total de 121 processos relacionados ao mercado de instrumentos de pagamento

As barreiras do mercado

Embora, na prática, o mercado brasileiro de pagamentos tenha tido sua abertura em 2010, pode-se dizer que nos anos seguintes a situação se manteve praticamente inalterada, com as credenciadoras líderes do setor ainda mantendo uma grande participação de mercado. Entre os problemas, estava o forte relacionamento entre credenciadoras e seus bancos acionistas, que dificultavam

---

[71] <https://edsoncolink.wordpress.com/2018/12/06/cade-investigara-praticas-anticompetitivas-no-mercado-de-meios-de-pagamento/>, acesso em 01/05/2020.

a atuação das concorrentes entrantes. Parte do trabalho do Banco Central e do Cade foi, ao longo de todo esse tempo, ajustar as regras para resolver cada um dos entraves identificados.

Um dos problemas dizia respeito à agenda de recebíveis dos lojistas[72], que funciona como uma garantia para que os bancos em que os lojistas detêm conta sejam capazes de oferecer de forma segura o serviço de antecipação de recebíveis. Para o pleno funcionamento do sistema, essa agenda deveria ser trocada entre credenciadoras e bancos de maneira livre, no entanto novos credenciadores eram praticamente impedidos de trocar a informação com os grandes bancos, já que cada instituição financeira exigia uma formatação própria para as agendas de recebíveis e afirmava não ter capacidade para ler e processar os arquivos. A dificuldade para os novos entrantes estava no fato de não conseguirem credenciar estabelecimentos comerciais que desejavam manter seu domicílio nesses bancos e, obviamente, fazer antecipação ou obter empréstimos dos bancos com garantia dos recebíveis.

O Banco Central resolveu a questão padronizando a agenda de recebíveis, por meio da Circular nº 3721/14, que embora tenha sido publicada em setembro de 2014, levou muito tempo para de fato ser implantada. Os atrasos são normalmente explicados pelas dificuldades tecnológicas das instituições financeiras.

Os bancos ainda dificultavam a vida das credenciadoras novatas no que dizia respeito à trava do domicílio bancário. Ela funciona assim: se um varejista quer tomar um crédito no banco, ele pode dar os recebíveis das transações com cartão de crédito como garantia. No entanto, a trava, que deveria ser aplicada apenas para estabelecimentos comerciais que tomavam crédito, era muitas vezes aplicadas a vários varejistas sem distinção. Os valores travados, por sua vez, correspondiam ao total do fluxo das transações de pagamentos, não apenas ao valor da linha de crédito tomada. E, além disso, os bancos demoravam ou não tiravam as travas ao final do pagamento e, em algumas situações, nem quando solicitado expressamente.

Na prática, a trava de domicílio bancário é um acordo entre instituições financeiras e algumas credenciadoras. Os bancos informam as contas bancárias dos comerciantes que receberam empréstimos e, por isso, devem ser objeto da

---

[72] <https://edsoncolink.wordpress.com/2014/09/05/o-lento-progresso-da-competitividade-na-industria-de-meios-de-pagamento/>, acesso em 01/05/2020.

trava do domicílio bancário, com a finalidade de garantir que os recebíveis das transações com cartões de crédito fiquem lá depositados. Em algumas situações, as credenciadoras não permitiam que os clientes trocassem de domicílio bancário, travando no banco credor. Mesmo que o cliente pedisse à credenciadora o pré-pagamento dos recebíveis, os valores eram depositados na conta travada. O estabelecimento comercial poderia trocar de credenciadora, mas não de domicílio bancário. Dessa forma, uma nova credenciadora que ganhasse a conta desse estabelecimento comercial teria de enviar diariamente a agenda de recebíveis para esse banco. Ao não construir a capacidade de trocar os arquivos com essa nova credenciadora, os bancos praticamente impediam que ela oferecesse o credenciamento para esses clientes.

As tarifas bancárias cobradas pelos bancos nas transações de transferência e pagamento ao estabelecimento comercial representavam um desafio adicional. As credenciadoras incumbentes, das quais eram acionistas os principais bancos, se beneficiavam de isenção de tarifas e na maior facilidade de operacionalização dos processos de transferência e pagamento. Enquanto isso, as novatas arcavam com altos custos de tarifas e dificuldades na implementação de processos eficientes para a liquidação com os estabelecimentos comerciais. Em 2017, credenciadoras como a First Data chegaram a falar publicamente que pagavam R$ 2 milhões por ano apenas em tarifas bancárias para poder fazer a liquidação das transações para os seus clientes, sendo que os bancos cobravam o que bem entendiam para esse serviço.

Em 2015, o Banco Central publicou a Circular nº 3765/15, que determina a centralização da liquidação financeira das transações com cartões de pagamento para os clientes finais, os estabelecimentos comerciais, e entre os participantes do arranjo de pagamento. A resolução também determinou que a liquidação centralizada deve ser realizada por uma entidade independente, imparcial e devidamente autorizada pelo Banco Central. Coube à Câmara Interbancária de Pagamentos (CIP) esse papel. Após um longo prazo de negociações, desenvolvimento e implantação, em 2018 todas as transações de pagamento no varejo passaram a ser liquidadas na CIP. Como resultado, as tarifas cobradas para realizar a liquidação das transações foram reduzidas sensivelmente e, de certa forma, padronizadas, eliminando uma importante barreira desse mercado.

No entanto, apesar desse avanço, ainda existiam acordos de parceria firmados por Cielo e Rede com bancos fora do grupo de controle acionário, como forma de proteger o mercado, desestimulando esses bancos a montarem suas próprias credenciadoras ou em parcerias com terceiros. A Cielo, por exemplo, possuía um acordo de preferência para credenciar os estabelecimentos clientes do HSBC. A Rede tinha parcerias com o Safra e Tribanco, enquanto a Caixa Econômica Federal fechou acordos simultâneos com Cielo e Rede. Ao indicar essas credenciadoras para seus clientes, o banco recebia um incentivo na forma de "profit sharing".

O Cade abriu três inquéritos administrativos para investigar as relações entre as credenciadoras Cielo e Rede e respectivos bancos controladores, além de outras práticas anticompetitivas. Como punição, as empresas assinaram acordos em 2017 e 2018 para cessar condutas como venda casada e contratos de incentivo, por exemplo. Rede e Itaú chegaram a desembolsar R$ 21 milhões[73] em acordo com o órgão antitruste.

Com o surgimento de novas credenciadoras e subcredenciadoras e a consequente expansão do mercado de antecipação e trava de recebíveis, ficou muito difícil para que os bancos confiassem nas credenciadoras para controlar a trava de domicílio bancário. Para resolver isso, criou-se em 2010 uma autorregulação por meio do Sistema de Controle de Garantias (SCG), um acordo privado para centralização das operações com recebíveis de cartão de crédito, operado pela CIP, controlada pelos próprios bancos. Esse sistema foi alvo de inúmeras críticas e várias credenciadoras não aderiram à autorregulação.

Credenciadoras independentes, como Stone e PagSeguro, não aceitaram participar do SCG alegando práticas anticoncorrenciais, visto que, segundo as empresas, as regras vigentes obrigavam a trava de montantes acima do utilizado para garantia das operações de crédito, o que reduzia a capacidade dos entrantes de realizar operações de antecipação com seus clientes. Elas continuaram atuando livremente no mercado sem a obrigação de respeitar a trava de domicílio bancário e, com isso, obtiveram êxito atraindo lojistas e crescendo em participação de mercado. Entretanto, a gota d'água talvez tenha sido a decisão do Safra de se retirar do acordo e, em 2018, a própria Cielo[74], líder do setor, decidiu abandonar o sistema alegando que passaria a "jogar pelas mesmas regras" do restante do mercado.

---

[73] <https://exame.abril.com.br/negocios/itau-e-redecard-fecham-acordo-com-cade-e-pagarao-r-21-milhoes/>, acesso em 01/05/2020.
[74] <https://valor.globo.com/financas/noticia/2018/10/04/cielo-abandona-sistema-de-trava-de-recebivel.ghtml>, acesso em 01/05/2020.

O Banco Central já estava avaliando a questão da trava em virtude dos recebíveis de cartões serem um dos ativos de maior qualidade dos estabelecimentos comerciais para a obtenção de crédito. Em 19 de dezembro de 2018, o Banco Central publicou a Resolução nº 4.707 e a Circular nº 3.924, em que o regulador estabeleceu as condições e procedimentos a serem observados pelas instituições financeiras que desejassem realizar operações de crédito vinculadas aos recebíveis de arranjos de pagamento. Pelas regras, as credenciadoras e subcredenciadoras devem liquidar os recebíveis no domicílio bancário especificado em um contrato de operação de crédito definido entre o estabelecimento comercial e a instituição financeira.

Além disso, a trava bancária se dará apenas nos valores efetivamente definidos no contrato e antecipados, ficando o estabelecimento comercial livre para realizar outras operações de antecipação referentes aos valores restantes com a credenciadora e a subcredenciadora, além de qualquer outra instituição financeira, estimulando, assim, a concorrência. As novas regras preveem que para ser possível controlar a garantia, os credenciadores e subcredenciadores devem disponibilizar a agenda dos estabelecimentos, quando devidamente autorizado por eles, para os bancos e instituições financeiras concedentes do crédito. A regulamentação ainda definiu como recebíveis de arranjo de pagamento os direitos creditórios, presentes ou futuros, que estejam sob gestão de credenciadores e subcredenciadores.

Apesar do avanço nos aspectos concorrenciais, como as travas parciais e a possiblidade do varejista negociar os recebíveis com mais de uma instituição financeira, a Resolução nº 4.707 teve caráter transitório, dada a sua dificuldade em estabelecer, operacionalizar e controlar os acordos bilaterais entre as diversas instituições de pagamento atuando no mercado e os bancos e instituições financeiras provedoras do crédito.

Na época, o Banco Central lançou a Consulta Pública nº 68/18 com o objetivo de ouvir o mercado para uma solução definitiva, que segundo o próprio regulador, estabelecesse o "direcionamento do fluxo financeiro dos recebíveis para as instituições que os utilizaram como garantia para a concessão de crédito". O objetivo, de acordo com o regulador, é o de aumentar a segurança, controle e qualidade da informação, possibilitando que as instituições que aceitem o recebível como garantia tenham a certeza legal e operacional da sua existência e vínculo com a operação, reduzindo os riscos e custos para os participantes do mercado.

Em mais um passo para equalizar a questão, em 27 de junho de 2019, o Banco Central e o Conselho Monetário Nacional publicaram a Resolução nº 4.734 e a Circular nº 3.952. A principal evolução trazida é que os recebíveis do cartão de crédito ou débito passam a ser registrados em um sistema operado por uma entidade autorizada: as "registradoras de recebíveis". Dessa forma, tanto as operações de desconto de recebíveis quanto as operações de crédito somente podem ser realizadas mediante registro prévio da agenda de recebíveis e de seus recebedores finais (estabelecimentos comerciais ou prestadores de serviços) pela credenciadora. As subcredenciadoras, por exigência contratual de responsabilidade das credenciadoras, também ficam obrigadas a realizar tal registro.

Ao final, as instituições credenciadoras devem realizar a liquidação financeira das unidades de recebíveis registradas em conformidade com as informações sobre posse ou titularidade efetiva dessas unidades e de suas respectivas instituições de domicílio bancário, disponibilizadas pelos sistemas de registro. As novas regras ainda preveem a cessão dos recebíveis de cartão a instituições não financeiras, como FIDCs (Fundos de Investimento em Direitos Creditórios) e fornecedores.

Inicialmente previstas para entrar em vigor em agosto de 2020, as novas regras relativas ao registro de recebíveis tiveram seu início de vigência adiado para novembro em virtude da pandemia de COVID-19. As registradoras de recebíveis funcionarão de maneira interoperável, para fazer o cadastro de cada um desses recebíveis, ficando ao credenciador a responsabilidade por informá-los. Empresas como a Cerc, a própria CIP e a Tag, da credenciadora Stone, receberam licenças para operar como registradoras. A ideia é que, com o desenvolvimento desse mercado, o recebível de cartão possa se tornar um registro ou certificado eletrônico comercializado, a exemplo do que acontece com as duplicatas. Com o passar do tempo, espera-se que esse modelo possa reduzir as taxas de mercado e melhorar a captação de recursos dos estabelecimentos comerciais.

Os preços cobrados

Na tentativa de tornar o mercado de cartões mais competitivo, o Banco Central e o Cade também estão atentos às cobranças feitas por bandeiras, emissores e credenciadores. Com a abertura do mercado e o fim da exclusividade, percebeu-se uma queda na taxa de desconto praticada, no entanto ela estava focada na competição de Cielo e Rede por reduzir as taxas de clientes de maior porte, as grandes redes varejistas. Embora representem 1% em número de clientes, as grandes contas são responsáveis por 30% do valor das transações de pagamentos. Isso significa que qualquer redução de taxas nesse grupo traz a média para baixo.

Em 2018, o Banco Central surpreendeu o mercado e publicou a Circular nº 3.887, em que definia o percentual máximo da tarifa de intercâmbio nas transações com cartões de débito, cobrança que remunera o emissor pelos serviços prestados à cadeia. Ficaram estabelecidos o valor máximo de 0,8% na tarifa de intercâmbio nas transações com cartão de débito, desde que a média do mercado não ultrapasse 0,5%, por bandeira. A medida é considerada bem estruturada pois, caso o Banco Central tivesse definido apenas o preço máximo, certamente essa seria a taxa cobrada para todos clientes.

O Banco Central tinha alguns objetivos com a medida. O primeiro deles era que a redução da tarifa de intercâmbio aos credenciadores fosse repassada aos estabelecimentos comerciais e, então, aos consumidores. Naquela época, a tarifa de intercâmbio chegava a representar mais da metade do que era descontado dos lojistas por aceitar os pagamentos com cartões de débito. Outro objetivo do regulador, no entanto, era conter o poder de barganha dos emissores frente às bandeiras. Essas últimas são as responsáveis por definir a tarifa de intercâmbio e, caso o emissor queira pressioná-la a elevar a cobrança, pode usar como "chantagem" a emissão de cartões com uma bandeira concorrente. O aumento da competição do mercado, com a chegada de mais participantes, traria esse movimento como efeito colateral.

Um outro desafio encontrado pelo Banco Central para a redução dos custos com a aceitação de cartão de crédito está no chamado efeito "platinização"[75]. Os bancos, para compensar as quedas de receitas pela competição em outras linhas de negócio, passaram a oferecer aos seus clientes melhorias de classes de cartão, com produtos de maior benefício. Os cartões das categorias "platinum" e "black" possuem maior taxa de intercâmbio, que representa a parcela da receita com a taxa de desconto cobrada ao lojista que vai para os bancos emissores, pressionando assim as margens das credenciadoras e evitando a queda da taxa de desconto na ponta para os estabelecimentos.

---

[75] <https://valor.globo.com/financas/noticia/2018/07/17/taxa-de-desconto-do-lojista-cai-mas-fatia-de-emissor-aumenta.ghtml>, acesso em 02/03/2020.

A expectativa do mercado é que, da mesma forma que o Banco Central agiu para conter a tarifa de intercâmbio das transações com cartões de débito, ele possa fazer o mesmo com as transações com cartão de crédito, uma sinalização que já tem sido dada diante do aumento das cobranças nessa modalidade.

O Banco Central também pode vir a mudar as cobranças do cartão pré-pago, bastante disseminado entre as instituições de pagamento. No cartão pré-pago, produto utilizado no processo de bancarização nas contas de pagamento, a tarifa de intercâmbio está em 1,2%, mais que o dobro da média do cartão de débito estabelecida pelo regulador, o que tem incentivado inclusive instituições financeiras a lançar esse produto, em busca de maiores ganhos na atividade de emissão.

No desenvolvimento do cartão pré-pago no Brasil, os emissores sentiram a necessidade de oferecer um plástico que fosse aceito na internet, portanto a opção foi por criar uma função de crédito embutida no cartão pré-pago e vinculada ao saldo disponível no cartão. No cartão pré-pago, o portador já colocou dinheiro na conta de pagamento para depois gastar, o que significa que não há efetivamente uma operação de crédito. O emissor, então, não corre o risco de inadimplência na operação, mas é remunerado por uma taxa de intercâmbio superior, além de o estabelecimento comercial pagar uma taxa de desconto superior e, em geral, receber os valores no prazo médio de 30 dias. Daí decorre um dos motivos para o crescimento da adoção desse tipo de cartão no país. Existe a possibilidade de que essa distorção venha a ser resolvida, em parte, pela plataforma de pagamentos instantâneos, ou então que o próprio regulador ataque a questão.

Assim como o Banco Central, o Cade também está de olho nas práticas de preços no mercado, neste caso, provocado pelos próprios competidores. O mercado de pagamentos tem incentivos para a verticalização, especialmente por ser a porta de entrada para a oferta de diversos outros produtos e serviços financeiros aos clientes. Os conglomerados financeiros que atuam nas diferentes pontas – emissor, credenciadora e bandeira – possuem posições cruzadas que potencializam o poder de mercado e garantem compensação de margens entre as atividades mais e menos competitivas.

O episódio mais emblemático ocorreu em 2019. Em abril, a Rede, credenciadora do acionista Itaú Unibanco, zerou a taxa de antecipação de recebíveis para operações com cartões de crédito à vista dos clientes com domicílio bancário na instituição financeira e faturamento anual de até R$ 30 milhões, iniciando uma verdadeira "guerra das maquininhas", como ficou chamado esse movimento no mercado.

Insatisfeitas, as concorrentes levaram o assunto ao Cade. Em outubro[76], o órgão antitruste instaurou processo para investigar a possibilidade de a decisão da Rede gerar distorções e comprometer a competição no setor em médio prazo. Uma das preocupações é com a prática de venda casada, que se refere à imposição de domicílio bancário no Itaú para que um estabelecimento comercial tenha direito às condições mais vantajosas de liquidação oferecidas pela Rede. O Cade entendeu, naquele momento, que a imposição de domicílio no Itaú tem grande potencial de prejudicar tanto o mercado de serviços bancários quanto o de credenciamento.

O Cade chegou a proibir a Rede e o Itaú Unibanco de oferecer a condição até o julgamento final – o que até a edição final desse livro, ainda não ocorreu –, mas o banco obteve uma liminar na Justiça para continuar com a oferta. Surpreendentemente, em dezembro[77] de 2019, a Rede decidiu ampliar a oferta a todos os clientes na faixa de faturamento definida, independentemente do domicílio bancário, permitindo a antecipação das transações com cartões de crédito à vista a custo zero.

Por trás desse movimento está o fato de que a Rede tem como acionista o banco Itaú, que tem uma fatia de 20% do mercado bancário brasileiro, 25% do mercado de emissão de cartões e 26% do mercado de credenciamento, por meio da Rede. São três negócios diferentes, porém dominados por um mesmo grupo econômico. Em teoria, se reduz os preços na atividade de credenciamento, penalizando a concorrência, o banco poderia compensar com a abertura de novas contas. Na prática, o Cade está verificando se esse movimento realmente faz sentido e se, de fato, foi realizado no caso específico.

Na Argentina, os bancos foram obrigados a vender a participação acionária em atividades de pagamento para promover mais competição no mercado. Por lá, eles não têm posição dominante nem são controladores de credenciadoras. No Brasil, se isso chegar a ocorrer em algum momento, terá um forte

---

[76] <http://www.cade.gov.br/noticias/cade-investiga-itau-e-rede-por-pratica-anticompetitiva-no-mercado-de-meios-de-pagamento>, acesso em 01/05/2020.

[77] <http://broadcast.com.br/cadernos/financeiro/?id=VW9RdW54S1BkQkg4ZXdEL3ZzRj-JFdz09> acesso em 01/05/2020.

potencial de mudar a realidade do mercado, uma vez que as líderes do setor estão nas mãos das grandes instituições financeiras.

De maneira geral, para a competição continuar entregando valor para o varejo e, potencialmente, ao consumidor final, é preciso que a regulação garanta limites para que o poder de mercado dos grupos verticalizados – especialmente os que têm emissores e credenciadores juntos – não distorçam os preços cobrados nas tarifas e na taxa de desconto do cartão.

As novas discussões

É inegável que houve progresso na competição do setor de pagamentos ao longo das últimas duas décadas, incentivado pelo ambiente regulatório. Entretanto, ele foi lento e a necessidade de tantas intervenções do Banco Central e do Cade reforçam a ideia de que os grupos verticalizados atuaram na preservação do "status quo". Parece haver a tentativa de atrasar as mudanças, quase sempre com a explicação da necessidade de investimentos em tecnologia para realizar as adequações.

O "freio-de-mão puxado" pode atrasar, mas não deve ser capaz de impedir que a transformação aconteça e beneficie os lojistas e os consumidores finais. Há um crescente desejo da sociedade por outras formas de consumir produtos financeiros, na linha do que as pessoas já experimentaram em outros setores, como no uso das plataformas de aplicativos de transporte urbano, hospedagem e alimentação.

Nesse sentido, o Banco Central está desenvolvendo a regulamentação do futuro da indústria de pagamentos, com os pagamentos instantâneos e o *open banking*, que teve início com a agenda BC+, na gestão de Ilan Goldfajn, mas que continuou e está sendo aprimorado com a agenda BC#, com Roberto Campos Neto à frente da autoridade monetária.

Os pagamentos instantâneos são aqueles autorizados e liquidados em tempo real, disponíveis 24 horas por dia, 7 dias por semana, e normalmente precisam apenas de um aplicativo no celular e um código QR (*QR Code*) para serem realizados no estabelecimento comercial. O Banco Central iniciou em 2019 um projeto para implementar um ecossistema de pagamentos instantâneos, cujo nome é PIX e deve estar no ar em novembro de 2020. Um grupo de trabalho que envolve 90 empresas, em encontros frequentes, discute as formas de implementação, desde qual será o padrão para o *QR Code* até como fazer a conexão de seus sistemas à plataforma.

De maneira técnica, o Banco Central ouve o mercado para não cometer os mesmos erros de outros países. Em abril de 2020, o Banco Central realizou[78], com sucesso, o primeiro teste de liquidação de transações no PIX, com a participação do Banco do Brasil, Caixa Econômica Federal, BPP, Sicredi e Bancoob, representando, assim, instituições financeiras, de pagamentos e cooperativas. O teste de liquidação no Sistema de Pagamentos Instantâneos consistiu no envio e no recebimento de mensagens entre as instituições com as informações sobre as transações. Explicamos o PIX em mais detalhes no capítulo 8.

Outra agenda importante é o *open banking*[79], que pode afetar os meios de pagamento e, mais especificamente, os bancos. A informação é um requisito essencial para a boa competição e o *open banking* é uma revolução que busca colocar a propriedade e o controle dos dados financeiros aos seus reais donos: os clientes. Hoje, eles não podem usar ou compartilhar essas informações com outros provedores de serviços de maneira rápida e segura. O Banco Central indicou, em 2018, que estava estudando modelos de regulação para este tema, especialmente porque está ligado ao tema de pagamentos instantâneos, que também é alvo do regulador.

Com o *open banking*, os clientes poderão autorizar o compartilhamento de suas informações entre diferentes instituições financeiras. Além disso, será possível autorizar a movimentação de contas bancárias a partir de diferentes plataformas, não apenas dos bancos. O benefício disso é mais competição, uma vez que as instituições poderão fazer ofertas de produtos e serviços aos consumidores bancarizados. A ideia é que, no fim das contas, o *open banking* permita o acesso a tarifas mais baixas e a condições mais vantajosas.

---

[78] <https://valor.globo.com/financas/noticia/2020/04/07/bc-faz-primeiro-teste-de-liquidacao-de-pagamentos-instantaneos.ghtml>, acesso em 01/05/2020.

[79] <https://edsoncolink.wordpress.com/2019/05/03/bacen-e-o-open-banking/>, acesso em 01/05/2020.

8

O avanço da tecnologia

Ciclos evolutivos históricos se repetem dando algumas dicas sobre o futuro. Nossos antecessores utilizavam muita matéria e energia na confecção e execução de produtos e serviços. Hoje, dispensamos grande parte do trabalho. Em várias indústrias, enfrentamos a realidade do mundo físico. Agora, caminhamos para um futuro virtual.

Essa trajetória rumo ao virtual requer a força de uma "destruição criativa". Em economia, o termo representa um conceito popularizado por um dos mais importantes economistas do século XX, o austríaco Joseph Schumpeter (1883-1950). Em seu livro *Capitalismo, Socialismo e Democracia* (1942), ele descreve o processo da inovação que tem lugar em uma economia de mercado em que novos produtos destroem empresas velhas e antigos modelos de negócios. Para o autor, as inovações são a força motriz do crescimento econômico sustentado a longo prazo, mesmo que possam acabar com aquilo que até então estava estabelecido.

Precisamos de uma "destruição criadora" para viver no mundo virtual porque são necessários novos processos compatíveis com o novo momento. Na maioria das vezes, isso se torna impossível usando produtos e serviços da economia construída a base de "tijolo e argamassa" (denominados, em inglês, de "bricks and mortar").

Em pagamentos, no primeiro ciclo evolutivo lidávamos com papel e longas distâncias, enquanto hoje já é possível pagar eletronicamente e de forma instantânea. Os primeiros equipamentos de captura de transações com cartão eram enormes e com pouca capacidade de processamento. Agora, além de muito pequenos, são móveis e podem executar um pagamento com segurança, comodidade e baixo custo.

Mais recentemente, estamos modificando a forma que realizamos pagamentos no dia a dia. Com o objetivo de melhorar a segurança e eficiência dos sistemas de pagamento, foram desenvolvidos o *token* e o 3DS 2.0. Para trazer novas experiências e modelos de negócio para a indústria, chegaram o pagamento sem contato (NFC), o *QR Code*, o link de pagamento e as carteiras digitais. No futuro bem próximo, ainda temos a implementação do novo sistema de pagamentos instantâneos.

Estamos nos movendo do *hardware* para o *software* muito rapidamente, sobretudo com o advento da computação em nuvem. Essa jornada do físico ao virtual só é possível pelo avanço da tecnologia. Abaixo, descrevemos como está sendo construída essa jornada.

A tarja magnética

Na indústria de cartões de pagamento, as novas tecnologias surgem para dar mais rapidez, comodidade e segurança às transações, o que de fato tem ocorrido nas últimas décadas. No Brasil, o primeiro marco no desenvolvimento tecnológico se deu nos anos 1990. Foi nessa época que surgiu a tarja magnética e, como consequência, a captura eletrônica, reduzindo fortemente as fraudes por cartões perdidos ou roubados.

Em qualquer cartão com tarja magnética, há algumas informações visíveis e invisíveis ao portador. É possível ver o nome do usuário, o número do cartão composto por 16 dígitos, a data de validade, um código de verificação do cartão (CVC) e a linha preta da tarja magnética. Nela, imperceptíveis a quem carrega o plástico, há até três linhas de gravação, sendo que nas duas primeiras linhas são armazenadas informações como número do cartão, nome do portador, data de expiração e regras do emissor.

Essa tecnologia foi importante para a indústria porque teve a capacidade de acelerar o processo de captura de transação. Antes dela ser desenvolvida, os vendedores ligavam para uma central de atendimento, identificavam o número de cartão, os dados do portador e obtinham uma autorização da transação, o que poderia levar algum tempo e desincentivava o uso da modalidade. A tarja magnética dispensou todo esse processo e, portanto, representou uma simplificação enorme, sempre levando em conta velocidade, simplicidade e custo de captura.

No decorrer dos anos, no entanto, os fraudadores passaram também a usar tecnologia para aplicar golpes com os cartões de pagamento. Criativas, as gangues montavam pequenos aparelhos leitores de tarja magnética (aqui no Brasil apelidados de "chupa-cabras"), capazes de copiar todos os dados dos cartões. Os fraudadores abriam os terminais e instalavam esses componentes-piratas ao lado do leitor oficial de tarja magnética. Esse equipamento fraudulento era capaz de gravar a sequência de dados que compõe o número do cartão, data de validade do cartão e o CVC digitado no teclado.

Normalmente isso era feito em pontos onde havia bastante movimento de consumidores. Os bandidos se disfarçavam como sendo funcionários da empresa dona do equipamento de captura da transação, tranquilamente abriam esses terminais, instalavam o "chupa-cabra" e, tempos depois, voltavam a esses pontos para retirar esses aparelhos com milhares de dados de cartões. Essas informações eram inseridas em novos plásticos, clonando assim os plásticos originais e permitindo muitas fraudes no modelo da tarja magnética.

O cartão inteligente

Assim, a própria indústria teve de desenvolver novas formas de captura para driblar os fraudadores. Nessa corrida contra os golpistas, surgiu o cartão com chip, chamado de "smart card". O chip foi desenvolvido há mais de 40 anos, mas não com o propósito de aprimorar a indústria de cartões de pagamento.

A inovação veio de um francês chamado Roland Moreno (1945-2012). Ele era um escritor e humorista que tinha obsessão em colocar microchips em tudo. Aos 29 anos, começou inserindo um microchip num anel chamado de "smart ring", baseando-se na ideia dos anéis da nobreza da Idade Média que, com suas iniciais em relevo, "assinavam" os lacres das cartas e documentos, assim conferindo-lhes autenticidade. Esse "smart ring" foi patenteado em março de 1974, já capaz de transferir ou ler informações.

No entanto, a novidade revelou-se inviável naquele momento. Moreno, um ano depois, decidiu simplificar a ideia, introduzindo um microchip em um cartão de plástico, chamando-o de algo – um tanto estranho – como "cartão de pulgas" (*carte à puce*, em francês) devido ao pequeno chip inserido ali. Em 1976, demonstrou que aquele "smart card" poderia ser usado em transações financeiras eletrônicas por meio de uma máquina que ele desenvolveu em conjunto com uma empresa de tecnologia.

Levou cerca de oito anos para a invenção de Moreno obter ampla utilização na França devido ao custo inicial da instalação – do equipamento, é claro. No entanto, o *smart card* revelou-se um enorme sucesso na França na década de 1980, onde se difundiu muito antes de outros países. Em 1983, a France Télécom introduziu o cartão inteligente para pagamento nos telefones públicos. Dez anos mais tarde, portanto em 1993, o setor bancário francês introduziu o "smart card" na Carte Bleue (o sistema de cartão de débito nacional francês).

Já na Grã-Bretanha e nos Estados Unidos, o "smart card" teve um ingresso bastante lento. A American Express apenas introduziu essa novidade depois de 1999. E só nos anos 2000 o sistema de transporte londrino passou a emitir os cartões inteligentes criptografados. O cartão inteligente foi muito criticado por ativistas temendo invasão da privacidade, com alegações que ele pudesse ter falhas de segurança. Moreno reconheceu tais preocupações, dizendo que os cartões inteligentes de fato "têm o potencial de se tornarem um aliado meio 'Big Brother'". Em 2000, ele realizou um concurso oferecendo um milhão de francos franceses a quem conseguisse quebrar seu código de segurança no prazo máximo de 90 dias. Ninguém conseguiu. Ou seja, Moreno pode ter se ressentido da falta de reconhecimento internacional, mas não resta dúvida que o seu invento o tornou muito rico.

Em 1993, as bandeiras Visa, Mastercard e Europay formaram a EMV Co, um padrão de autenticação que define como utilizar o cartão com chip em transações de pagamento, com o objetivo de combater a fraude internacionalmente. Hoje, ele é adotado em outras tecnologias do setor de pagamentos e, além disso, em outras indústrias. O padrão EMV define três métodos principais de verificação da identidade do portador do cartão, conhecidos como "cardholder verification methods" (CVM). Eles são usados para avaliar se a pessoa em posse do cartão, ou de outro instrumento de pagamento, é de fato o legítimo portador.

O primeiro deles é o "chip and pin", adotado na maior parte da Europa, onde os países o consideram mais seguro. Por isso, os cartões EMV são muitas vezes conhecidos como "chip & PIN cards". Embora mais seguro, seu uso altera a experiência tradicional do portador do cartão, que tem de digitar uma senha. A verificação da senha em uma transação via cartão inteligente pode ser realizada de duas formas: *online* ou *offline*. Na autenticação *online*, os dados do cartão são criptografados e enviados para o emissor e ele faz a autenticação em seus sistemas. Já na autenticação *offline*, a senha do portador é capturada pelo "pinpad" do terminal e enviada ao cartão que realiza a verificação.

Outros países preferiram adotar um segundo modelo: "chip and sign". O método, no qual a máquina de cartão lê o chip e o cliente assina o comprovante, talvez tenha facilitado a introdução desses cartões em novos mercados, já que o seu processo se assemelha à utilização dos cartões magnéticos. Durante o processo, o cliente insere o cartão no leitor e a transação de pagamento é enviada *online* para autorização pelo emissor. Após aprovação, o cliente assina eletronicamente na tela do terminal ou em um recibo de papel.

Já no método "no CVM" (do inglês, "no cardholder verification methods"), simplesmente não há verificação do portador. Nesse tipo de transação, nem a assinatura nem o PIN são utilizados, mas o equipamento do estabelecimento comercial tem de estar capacitado a suportar a operação. Este método é muito apropriado para ser usado em equipamentos que capturam grande volume de transações de baixo valor, como o transporte coletivo.

No Brasil, adotou-se padrão EMV, com método de verificação do portador do cartão via "chip and pin" e já há algum tempo os terminais de captura estão preparados. Praticamente 100% dos equipamentos de captura de transações com cartões de pagamento do país estão habilitadas para, na hora da compra, os cartões serem inseridos e os usuários digitarem a senha.

Compras sem contato

O próximo passo do mercado, após o desenvolvimento do chip, foi adotar o cartão sem contato ("contactless", no termo em inglês), que usa a tecnologia "Near Field Communication" (NFC). Ela permite a troca de informações entre o cartão, ou o telefone celular, e um terminal de pagamento, por intermédio de ondas de rádio a uma frequência de 13.56 MHz. O NFC resolve os problemas de segurança da tecnologia tradicional de rádio frequência, conhecida como RFID ("Radio Frequency Identification"), garantindo que a troca de informações ocorra em uma distância de até quatro centímetros. Dessa forma, o cartão, ou o celular, precisa estar bem próximo do terminal de pagamento para que a troca de informações ocorra, evitando interferências de outras fontes.

O "contactless" se tornou uma das mais recentes alternativas de pagamento móvel disponíveis no mundo, e no Brasil. Por meio dele, é possível comprar e vender produtos ou serviços apenas aproximando o cartão, ou mesmo o celular com uma carteira digital, de um terminal de pagamento, seja ele um POS ou *pinpad*, ou mesmo de outro celular, tecnologia conhecida como "tap to phone". Vários bancos e *fintechs* passaram a adotá-la, permitindo que os cartões pudessem também ser substituídos por um celular ou por dispositivos vestíveis ("wearables"), como relógios ou pulseiras previamente autorizados a funcionar.

Ao aproximar o seu celular, cartão ou pulseira de um leitor compatível ou de outro celular, a conexão é feita via radiofrequência. Para isso é preciso que ambos os aparelhos estejam entre 2 e 10 centímetros de distância – isso pode variar um pouco de acordo com o alcance dos dispositivos móveis.

Embora, no início, tenha sido usado o padrão RFID, os pagamentos sem contato desenvolvidos no mercado foram se distanciando dele porque, para ter mais segurança, determinou um limite de aproximação da captura para evitar fraudes. Hoje, há um padrão definido pelo NFC Fórum, um consórcio global criado em 2004 e composto de companhias de *hardware*, *software* e bandeiras de cartão de crédito. Para fins de pagamento, é utilizado o padrão EMV Contactless, definido pela EMVCo.

Código QR

Outra novidade que vem sendo usada com mais frequência entre os compradores é o *QR Code* (abreviação de "quick response", na tradução códigos de resposta rápida). Eles foram criados em 1994 pela subsidiária da Toyota "Denso Wave" para rastrear rapidamente veículos e peças por meio do processo de fabricação automotiva da empresa. Mas, com a disseminação da tecnologia, passaram a ser usados com mais frequência para acessar sites ou redes de internet sem fio ("wi-fi"), compartilhar informações de contato, fazer pagamentos móveis ou armazenar dados para passagens de avião e trem no telefone celular.

O *QR Code* é simples, rápido e barato para captura de uma transação de pagamento. Para ocorrer, basta ler o código com um sensor de imagem, por exemplo a partir da câmera de um *smartphone*.

Os *QR Codes* são símbolos bidimensionais capazes de armazenar uma grande quantidade de informação em um espaço reduzido. Apenas para um comparativo, enquanto os códigos de barra presentes em contas e boletos armazenam em média 50 caracteres, os *QR Codes* chegam a armazenar mais de 7000 caracteres numéricos, 4000 caracteres alfanuméricos, mais de 2900 caracteres binários (bytes) e mais de 1800 kanjis (alfabeto japonês).

Mas o que há por detrás dos quadrados vistos no *QR Code*? Alguns deles são usados para o sensor de imagem se posicionar, mais especificamente os maiores, presentes em três dos cantos da imagem. Já o restante das células contém informações de versão e formato, além das informações e dados em si. Enquanto a maioria dos códigos de barras encontrada é unidimensional, como boletos bancários, os códigos QR são bidimensionais. Eles podem ser escaneados em qualquer posição.

Existem dois tipos de *QR Code* nos sistemas de pagamento: estático e dinâmico. No primeiro, a informação prévia gerada não está necessariamente vinculada a uma transação específica e, portanto, contém dados do recebedor, como identificação e conta bancária ou de pagamento. Já no *QR Code* dinâmico a informação contida pode ser utilizada apenas uma única vez, para uma transação específica. Dessa forma, ele pode conter dados de identificação do pagador ou recebedor e sobre a transação específica, como a nota fiscal, valor de compra e a informação dos itens comprados. Uma vantagem para os estabelecimentos comerciais, com esse sistema, é poder fazer a conciliação de pagamentos e gestão dos estoques, por exemplo.

Internacionalmente padronizados em 2000, os códigos QR já passaram a ser amplamente adotados por usuários de telefones celulares no Japão dois anos depois. Embora o Denso Wave ainda possua patentes sobre a tecnologia, os códigos QR são gratuitos para qualquer pessoa usar sem licença ou pagamento de alguma taxa, desde que a propriedade intelectual esteja sendo usada dentro dos padrões ISO 18004 definidos.

Em julho de 2017, a EMVCo publicou as especificações do *QR Code* para os sistemas de pagamentos em todo o mundo. O Banco Central do Brasil, por sua vez, adotou esse padrão para o pagamento instantâneo. A medida traz uma série de vantagens. Ela tem potencial de facilitar a interoperabilidade entre arranjos de pagamento, tanto nacionalmente quanto globalmente; permitir a racionalização pelos varejistas brasileiros, evitando que se tenha um código diferente para cada forma de pagamento que ele aceita; e ajudar no entendimento da utilização dos QR Codes pelos consumidores. Sem contar que o fato do padrão já estar pronto evita os custos da construção de um novo.

Embora os códigos QR sejam considerados seguros de maneira geral, eles não estão imunes às fraudes. No modelo mais comum, os golpistas costumam usar o tipo de dados URL para redirecionar usuários para sites maliciosos, para roubo de informações financeiras ("phishing") ou para explorar as vulnerabilidades nos aplicativos do cliente. Há ainda casos em que certos vírus infectam os telefones, com o objetivo de enviar mensagens "SMS" e roubar informações da conta bancária sem que o usuário perceba.

Links de pagamento

Os links de pagamento começaram a ser usados pelos lojistas com o objetivo de aumentar a conversão de vendas por meio do comércio *online* e pelas mídias sociais, como Instagram, Facebook, WhatsApp e Telegram. Durante a pandemia de COVID-19, que obrigou as pessoas a ficarem em isolamento para evitar o contágio por coronavírus, esses links passaram a ser mais utilizados, com algumas credenciadoras registrando crescimento de mais de sete vezes no uso da tecnologia por parte de seus clientes durante o período, a exemplo da Cielo[80].

Há algumas vantagens nítidas no uso do link de pagamento. Ele permite pagamentos à distância, sem a necessidade de o cliente informar os dados do cartão por telefone, o que traz mais comodidade, agilidade e segurança. Ao clicar no link recebido, o cliente tem acesso a uma página de "check-out", igual à de um *e-commerce* tradicional, com as informações do produto ou serviço e as formas disponíveis para pagamento. Dessa forma, o link de pagamento pode ser usado por lojas ou empreendedores que não possuem um site de *e-commerce* ou loja virtual, beneficiando micro e pequenos varejistas.

Os provedores de serviço de pagamentos, como credenciadoras, subcredenciadoras, *marketplaces* e *gateways* de pagamento, disponibilizam um site ou aplicativo para que os vendedores possam cadastrar os seus produtos e serviços e gerar o link de pagamento, que é então enviado aos clientes ou disponibilizado nas redes sociais. Todo o acompanhamento das vendas feitas por meio dos links também é realizado a partir do site ou aplicativo.

---

[80] <https://valor.globo.com/financas/noticia/2020/05/07/pandemia-acelera-mudanca-em-pagamento.ghtml>, acesso em 01/05/2020.

O link de pagamento também é um instrumento eficiente para quem planeja fazer promoções nas redes sociais. Se o lojista encaminha apenas o endereço de seu site para o consumidor, pode ser que o comprador fique perdido em meio a tantas informações e, no final, desista de aproveitar a promoção. O link auxilia no processo de conversão porque já embute todas as informações do produto ou serviço, valor e condições de pagamento. O lojista tem a vantagem de poder configurar o link considerando o estoque de produtos ou pedidos, além de definir uma limitação de tempo em que o link é válido, o que garante que a promoção atinja um público de forma controlada.

Carteiras eletrônicas e aplicativos

O número de carteiras digitais ("wallets"), aplicativos e "super aplicativos" para compras, pagamentos, transferência de valores e outros serviços têm crescido no Brasil, resultando em uma acirrada disputa pelo uso e fidelidade do cliente. Empresas de varejo, tecnologia, *delivery* e bancos, tradicionais e digitais, lançam produtos com o objetivo de influenciar e antecipar a mudança de hábito de consumidores e das novas gerações.

As carteiras digitais baseadas em NFC – como Apple Pay, Samsung Pay e Google Pay – têm o objetivo de melhorar a experiência de compra no mundo físico. O cartão é cadastrado na carteira e imediatamente substituído por um *token*, isto é, uma identidade digital do cartão no dispositivo, o que melhora a segurança do pagamento. A partir daí, o cliente está apto a fazer compras utilizando apenas o celular naqueles estabelecimentos que possuem o equipamento de pagamento (POS ou "pinpad"), configurado para aceitar transações com a tecnologia NFC.

Por meio do NFC, os portadores do cartão têm a possibilidade de utilizar as credenciais de pagamento em dispositivos além do telefone, incluindo relógios, pulseiras e outros dispositivos vestíveis (*wearables*).

Consumidores têm cada vez mais usado aplicativos como Uber, Uber Eats, Mercado Livre, iFood, 99 Taxis, Rappi, Magalu, Ame, Pão de Açúcar, entre outros, e realizado pagamentos digitais. Alguns desses aplicativos expandiram a atuação para o mundo *offline* e juntaram-se a outros apps, como PicPay, Iti, Recarga Pay, buscando o posicionamento de um super aplicativo. Essas empresas se baseiam em um modelo criado com sucesso na China pelas empresas

WeChat, da Tencent, e AliPay, do Alibaba. No mundo físico, eles utilizam o formato de pagamento baseado em *QR Codes*.

Essencialmente os super aplicativos dão acesso a uma ampla gama de produtos e serviços digitais, como mensagens *online*, serviços de táxi, delivery, *marketplaces*, reservas de mesa em restaurantes, serviços médicos, ingressos de cinema, contas bancárias, recarga de celular, serviços financeiros, entre outros, tudo a partir de um único aplicativo.

O objetivo é criar um ecossistema em torno de seus clientes para ofertar cada vez mais serviços, trazendo conveniência, simplicidade e soluções "one stop shop" para consumidores (na tradução livre, uma única parada para as compras). E é por esse motivo que vemos várias apostas no Brasil em diferentes setores com dois objetivos principais: dominar a participação no "tempo de tela" do celular do consumidor e evitar a participação de intermediários, isto é, que o cliente vá buscar serviços em outros aplicativos, perdendo o contato com ele.

No Brasil, devido ao elevado grau de desbancarização – por aqui, classes menos favorecidas não têm acesso ou pagam caro por serviços bancários –, alguns super aplicativos estão oferecendo uma conta de pagamento, e, desta forma, têm promovido a inclusão financeira no país. A edição da lei nº 12 865, de 2013, permitiu criar essas contas e abrir uma carteira eletrônica para acessá-las, associada a um cartão de débito pré-pago. Com isso, muitos brasileiros começaram, inclusive, a receber seus rendimentos, como por exemplo os valores transacionados nas máquinas de cartões de credenciadoras, principalmente a PagSeguro, que focou no público dos microempreendedores individuais. A inclusão financeira, portanto, foi algo propiciado pela legislação que instituiu a conta de pagamento e o uso das carteiras eletrônicas.

Outras empresas estão aproveitando a sua base de clientes para ampliar seus serviços na direção de super aplicativos e ecossistemas. Varejistas como Magazine Luiza, Via Varejo, B2W e Mercado Livre desenvolveram contas digitais atreladas aos seus aplicativos e estão avançando em serviços financeiros e de pagamentos. O Banco Inter, por sua vez, lançou o seu *marketplace* também no aplicativo. Empresas de beleza como Natura e Boticário criaram contas digitais para atender seus revendedores.

No entanto, para ter sucesso, a carteira eletrônica, o aplicativo ou o super aplicativo têm de seguir cinco princípios básicos: neutralidade, interoperabilidade, conveniência, fungibilidade e segurança.

O primeiro deles diz respeito à neutralidade. Quem oferece deve permitir que o máximo de contas e cartões sejam cadastrados, sendo "neutro" em relação aos seus concorrentes. Neste contexto, a Mastercard e a Visa devem ser capazes de aceitar, por meio de suas carteiras Masterpass e Visa Checkout, que cartões de outras bandeiras sejam cadastrados em suas carteiras, por exemplo. Esse ponto é extremamente importante para que haja uma maior tranquilidade de uso, uma vez que o consumidor pode se ver desincentivado a usar as carteiras eletrônicas ou aplicativo se tiver de abrir vários deles.

E esse é o retrato do que está acontecendo neste momento no país. Mas como superar essa fase e permitir uma maior disseminação? É aí que entra o segundo princípio: a interoperabilidade. O Brasil ainda não tem a interoperabilidade entre as contas de pagamento, permitindo que os recursos detidos nelas sejam transferidos sem fricções e a um baixo custo. A implantação do pagamento instantâneo, que discutiremos mais adiante, deve resolver essa questão.

Outro princípio das carteiras eletrônicas e aplicativos é o da conveniência e, neste ponto, os produtos disponíveis no mercado estão adequados, de certa forma. Com a posse de um celular, é possível acessar a carteira eletrônica ou aplicativo por biometria ou por reconhecimento facial, fazendo a autenticação de uma compra por esses meios. Abre-se a carteira eletrônica ou aplicativo e aproximando o celular de um terminal, ou fazendo a leitura de um *QR Code*, é possível realizar o pagamento.

A fungibilidade, ou a capacidade de trocar os recursos que estão na carteira eletrônica ou aplicativo por dinheiro, bens ou serviços, é o quarto princípio. Neste ponto, não está em jogo apenas a aceitação ampla como forma de pagamento em estabelecimentos comerciais ou por prestadores de serviços espalhados pelo país, mas também a capacidade de fazer depósitos ou saques na conta digital ou bancária atrelada à carteira eletrônica ou ao aplicativo. O Banco Central lançou em dezembro de 2019 a consulta pública nº 75/2019, que tem objetivo de facilitar o uso de caixas eletrônicos (ATMs), das redes próprias dos bancos e compartilhadas, caso do Banco 24Horas, e de correspondentes bancários, para acesso pelos clientes de *fintechs* e bancos digitais.

O último dos cincos princípios é a segurança. O cliente tem de ter tranquilidade no acesso à carteira eletrônica ou aplicativo por intermédio do celular, por meio de senha ou identificação biométrica, de que não será *hackeado* e terá eventualmente os recursos roubados.

Embora nem todos os cinco princípios estejam desenvolvidos no país, a verdade é que um número considerável de consumidores já aderiu às carteiras eletrônicas ou aos aplicativos. Associadas a uma conta de pagamento, eles têm promovido uma enorme inclusão financeira no país. Cinco anos atrás, as estatísticas apontavam que metade da população que tem renda no Brasil não tinha uma conta bancária, visto como o principal indicativo de inclusão financeira. Hoje, os números mais conhecidos dão conta de um contingente bem inferior, correspondente a algo entre 45 milhões e 50 milhões de brasileiros ainda sem conta corrente ou conta de pagamento.

A carteira eletrônica e os aplicativos também têm propiciado o início de um processo de digitalização do cartão físico. O plástico ainda é carregado pelo portador, mas existe uma tendência de que, com o tempo, ele seja deixado em casa, com as pessoas decidindo usar o celular como forma de pagamento. O segundo passo nessa tendência seria a eliminação do plástico como algo absolutamente natural para os consumidores. E, pensando mais à frente, a carteira eletrônica ou o aplicativo podem inclusive transformar o terminal de captura das transações, eliminando o equipamento.

A expectativa, no entanto, é que novos consumidores devam aderir nos próximos anos às carteiras eletrônicas e aos aplicativos. Isso porque, ao longo de 2020 e 2021, será possível perceber uma melhora significativa nos princípios básicos atrelados a essa tecnologia. Em primeiro lugar, devido à regulamentação de pagamentos instantâneos, que tem o potencial de trazer mais interoperabilidade e conveniência. Com a utilização desse sistema, o país traz a infraestrutura básica para que vendedores e compradores sejam capazes de interagir com diversas formas de pagamento. Além disso, novas regras discutidas pelo regulador devem facilitar saques e aportes na rede de autoatendimento (ATMs) das instituições financeiras e ainda no varejo, principalmente para *fintechs* que oferecem as carteiras eletrônicas ou os aplicativos.

Token

O "token" é uma tecnologia de alta importância na indústria de cartões de pagamento. Disponibilizada pelas bandeiras, ela permite que as informações originais do cartão, que são informações sensíveis do ponto de vista de segurança, sejam trocadas por um identificador digital único do cartão. Normalmente, o *token* é usado nas compras não presenciais, pela internet ou nos aplicativos, e nas compras presenciais por aproximação, como o objetivo de mitigar o risco de fraudes.

Na prática, quando as informações do cartão são digitadas pela primeira vez seja no comércio *online* diretamente ou em uma carteira eletrônica – número com 16 dígitos, nome do portador e código de verificação –, elas são submetidas à bandeira com um pedido de autorização para gerar um *token*. A bandeira entra em contato com o banco emissor para autorizar a transação, e, então, o comércio ou a carteira digital recebe o *token*. Dessa forma, a carteira digital e o varejista não armazenam as informações do cartão, mas sim do *token*, que é utilizado como a nova credencial de pagamento. Dessa forma, o usuário não precisa digitar as informações do cartão em todas as compras, algo que traz muita fricção.

O *token* traz mais segurança porque existe por trás dele todo um processo de gestão. As bandeiras permitem que cada *token* só seja usado em um tipo específico de comércio e, em caso de invasão ao varejista *online* que leve ao roubo dessa informação, ela não poderá ser usada em transações em outros ambientes. Além disso, o *token* pode ser gerado para uma carteira eletrônica especificamente, como, por exemplo, o Apple Pay. Se alguém invadir o ambiente e tentar acessar o *token*, não conseguirá usar no *e-commerce*, por exemplo. O uso direcionado do *token* tem inibido o sucesso nas tentativas de fraude.

O *token* é uma das tecnologias que tem o potencial de eliminar a diferença entre as compras presenciais e não presenciais com cartões de pagamento, e potencializar o avanço dos pagamentos digitais no mundo, incluindo as iniciativas de internet das coisas (IoT).

3DS 2.0

Outra tecnologia que permite tornar as compras não presenciais mais seguras é o protocolo de segurança 3DS 2.0. Com padronização da EMVCo, ele foi desenvolvido com o objetivo de revolucionar as compras não presenciais a partir de um elevado nível de autenticação do portador do cartão.

A primeira versão desse protocolo de segurança, chamado de 3DS 1.0, detinha problemas que inibiram sua adoção em larga escala. Quando o cliente entrava no *e-commerce* para fazer uma transação, por exemplo, ele era redirecionado para uma página do banco emissor, em um formato totalmente diferente do *e-commerce*, para que fosse realizado o processo de autenticação. Ou seja, ele saía do ambiente de compra e entrava em uma nova janela em que tinha de fornecer número da conta, digitar a senha e, então, finalizar a compra. As pessoas, preocupadas com a segurança, abandonavam o carrinho de compras, o que ocasionava uma baixa taxa de conversão. Com o desvio para a página de cada banco, porque cada um tinha seu próprio processo de autenticação da transação, o 3DS 1.0 acabou em desuso.

Outro problema era que o sistema só era compatível com as compras *online* feitas por *desktops*, via um *browser* na internet. No entanto, assim como no restante do mundo, o Brasil tem presenciado um forte aumento no número de compras por celular e tablets. Em 2019, 41,8% do volume financeiro das vendas no *e-commerce* foram finalizadas em dispositivos móveis, segundo pesquisa realizada pela Ebit e a Nielsen, uma realidade que o mercado não poderia ignorar. A primeira versão do protocolo de segurança, por deter um nível de autenticação mais simples, não foi suficiente para potencializar o uso do cartão de débito nas compras *online*.

Já o 3DS 2.0 tem o objetivo de resolver vários desses problemas ao aproximar o estabelecimento comercial e as empresas de cartões de pagamento – bandeiras, emissores e credenciadoras – para que eles compartilhem questões de segurança e conversão das vendas no *e-commerce*, além de informações para reduzir o risco da transação. Na versão 1.0, eram usados cerca de dez dados básicos sobre o portador do cartão e a compra que estava sendo realizada: o estabelecimento comercial, o número do cartão, o código de verificação, o credenciador da transação, entre outras. Já a nova versão pode chegar a coletar 100 variáveis (dados) do consumidor e da transação, como endereço de cobrança, endereço de envio da mercadoria, geolocalização e identidade do dispositivo usado na compra.

Tradicionalmente, o varejista *online* detinha uma série de dados a respeito do comprador, como a frequência das aquisições, o tíquete médio, os produtos escolhidos, de que forma está comprando – computador ou celular –, mas não compartilhava com o emissor do cartão. Esses varejistas até contratavam serviço de antifraude com empresas especializadas, que tinham outras informações do cliente, como a negativação em cadastros de inadimplentes. Elas devolviam uma classificação de risco da transação, mas essa informação não era dividida, muito menos estava inserida num protocolo único para a indústria. Ficavam, então, restritas ao *e-commerce* e à empresa de sistema antifraude.

Por trás desse novo padrão de segurança existe um "liability shift", que é a migração da perda com o *chargeback* – quando o consumidor pede para ser ressarcido pela compra, seja por fraude ou problemas na aquisição – do estabelecimento comercial para o banco emissor do cartão. O varejista terá custos para adaptar seus sistemas ao novo protocolo, mas ele também será o maior beneficiado. Bandeiras têm estimulado o varejista a se adaptar, seja por meio de uma taxa por não conformidade ou de incentivos para a adaptação.

O fluxo de transação muda consideravelmente com o avanço do protocolo de segurança 3DS 1.0 para a versão 2.0. No primeiro, a autenticação e a autorização da transação ocorriam de maneira conjunta. Portanto, se o cliente entrasse no ambiente do banco para autenticar a transação, e não conseguisse, ele não detinha autorização mais para a compra. Era como uma mesma trilha pela qual as informações trafegavam. No 2.0, por sua vez, é diferente, com duas trilhas distintas. O serviço "merchant plug in" (MPI) é o responsável por solicitar a autenticação da transação ao banco emissor. Outra operação de autorização é feita, posteriormente, entre varejista e emissor do cartão.

Há uma vantagem muito clara nessa separação entre os momentos de autenticação e autorização. Uma vez enviados os dados para autenticação do portador ao banco emissor, caso a resposta seja positiva - isto é, ocorreu a autenticação do portador - é encaminhado ao varejista um identificador que garante que a transação vai ser honrada pela instituição financeira no caso de existência de um processo de *chargeback*. Esse identificador é, em seguida, enviado ao banco emissor na transação de autorização. De outro lado, caso a resposta da transação de autenticação seja negativa – isto é, a instituição financeira afirma que não vai garantir a transação em caso de *chargeback* –, o varejista pode, mesmo assim, encaminhar a transação para autorização, seja porque conhece o consumidor ou porque aceita o risco com o propósito de tentar aumentar as vendas.

Enquanto no caso do protocolo 3DS 1.0, o método de autenticação era sempre a senha do banco, no novo padrão de segurança existem outras formas selecionadas. A ideal é a autenticação silenciosa, que ocorre quando o emissor do cartão considera que todos os dados que o varejista encaminhou são suficientes para garantir a transação e, portanto, ele não precisa de mais nenhuma informação contextualizada. Caso não seja suficiente, com base nas informações, o emissor pode solicitar algum dado adicional para autenticação, como a biometria, por exemplo, se a transação for em um valor muito alto, um horário diferente do padrão ou a localização do comprador.

O pagamento instantâneo

Os pagamentos instantâneos viraram tendência global diante de um ambiente de rápido crescimento da digitalização das economias. Os consumidores têm usado mais os celulares para transações financeiras, como pagamento de contas, realização de compras e transferências. As empresas têm procurado formas mais rápidas, simples e baratas de se relacionar com fornecedores, clientes e instituições financeiras a partir de processos corporativos mais fluídos. Já os governos querem reduzir o uso do dinheiro em espécie, para inibir fraudes, lavagem de dinheiro e outros crimes financeiros, e elevar a bancarização na economia, fomentando a inclusão financeira e social.

Conceitualmente, o pagamento instantâneo nada mais é do que a transferência de valores de maneira eletrônica, em tempo real, 24 horas por dia, sete dias por semana, de maneira irrevogável e com confirmação imediata. As transferências ocorrem diretamente da conta do pagador para a conta do recebedor, sem a necessidade de intermediários, o que propicia custos de transações menores do que se tem no sistema de cartões de pagamentos tradicional. A experiência de uso é mais simples, a partir de tecnologias como *QR Code* ou de identificadores de conta como e-mail ou número de celular.

Embora a tecnologia esteja disponível há alguns anos, ela começou a ganhar mais espaço a partir de 2010 em todo o mundo. Mais de 40 países já implementaram os pagamentos instantâneos, em diversos estágios de desenvolvimento. No Japão e na Suíça, o uso foi iniciado há 30 anos, enquanto em nações como Coreia do Sul e México a adoção começou há uma década. Em 2017, a União Europeia passou a desenvolver uma plataforma de pagamentos instantâneos para os países membros, na primeira iniciativa entre nações. O esquema é opcional e os bancos podem escolher ou não participar.

No Reino Unido, o exemplo mais utilizado de pagamento instantâneo, a plataforma foi lançada em 2008, inicialmente focada em consumidores, mas com previsão de atingir também transações realizadas entre empresas. No lançamento, o limite de valor de cada transação era de 10 mil libras, mas foi elevado para 100 mil libras e depois para 250 mil libras, respondendo às demandas do mercado. No entanto, cada instituição financeira faz sua limitação individual, que varia de acordo com o tipo de pagamento, conta e o segmento de cliente. Entre 2008 e 2019, o total de transações cresceu de 82 milhões para 2,4 bilhões, correspondentes a 1,7 trilhão de libras.

Já no Brasil o projeto para um sistema de pagamentos instantâneos é liderado pelo Banco Central, ganhou a marca "PIX" e estará disponível a partir de novembro de 2020, quando estão previstas as primeiras transações em ambiente de produção. O Banco Central assumiu a liderança para implementar os pagamentos instantâneos em 2018. O primeiro passo foi a criação de um grupo de trabalho, com a participação de agentes do mercado, que encerrou os trabalhos em 21 de dezembro de 2018, mas deixou como legado um documento sobre as diretrizes de um ecossistema de pagamentos instantâneos brasileiros.

Em seguida foi criado um fórum com 220 instituições financeiras e de pagamentos participantes, o qual funciona como um comitê consultivo permanente auxiliando o regulador na definição de regras. Há quatro grupos nesse fórum, voltados a negócios, padronização, mensagens e segurança. Com essa estrutura, a ideia do Banco Central é que os pagamentos instantâneos não sejam um evento pontual, mas que tenha uma estrutura de governança permanente, que continuará a evoluir mesmo após o lançamento da plataforma, sempre com foco em ambiente eficiente, competitivo e inclusivo.

Entre os objetivos no país, está aumentar a eficiência e a competitividade do mercado, tanto de pagamentos quando de transferências. Pelo modelo atual, quando o consumidor ou a empresa decidem fazer um DOC ou TED, há a exigência de muitas informações – como banco, agência, número da conta e CPF ou CNPJ do recebedor –, uma experiência propícia a erros e ruim do ponto de vista do usuário. Já no PIX, será possível fazer a transferência por meio de um identificador: CPF, telefone, e-mail ou *QR Code*. No caso de pagamentos, o recebedor tem menos custos com intermediários – como credenciadoras – e a disponibilidade de recursos imediata, podendo fazer conciliação dos valores transacionados de maneira mais fácil. O PIX ainda garante a interoperabilidade entre as contas digitais e carteiras eletrônicas, um dos princípios fundamentais para que essas formas de pagamento se disseminem no país.

Um total de quatro elementos formam o ecossistema de pagamentos instantâneos brasileiro: o arranjo aberto instituído pelo Banco Central, chamado de PIX; os prestadores de serviços de pagamento participantes do arranjo, entre eles instituições financeiras e de pagamentos; a plataforma única de liquidação, chamada de Sistema de Pagamentos Instantâneos (SPI); e o diretório de identificadores de contas transacionais (DICT), responsável por armazenar as informações das chaves ou apelidos dos usuários.

O Banco Central será responsável por desenvolver, operar e gerir a plataforma de liquidação e de armazenamento de dados, portanto o SPI e o DICT, que funcionarão 24 horas por dia, sete dias por semana. A liquidação das transações terá arquitetura centralizada, com base no padrão internacional ISO 20022. A partir desse padrão, será possível encaminhar, junto com os dados de pagamento, outras informações que podem ser usadas para conciliação e automatização de processos.

O modelo brasileiro criou a figura do participante direto do sistema de pagamentos instantâneos, que são instituições financeiras ou instituições de pagamento com mais de 500 mil contas ativas, sejam elas bancárias, de pagamentos, pré-pagas ou poupança. Essas empresas terão conexão com a estrutura de liquidação do Banco Central. Outra figura desenvolvida foi a do participante indireto, que tem menos de 500 mil contas ativas e participará da liquidação por intermédio do participante direto, em um relacionamento contratual de prestação de serviços.

O Banco Central ainda criou o provedor de serviço de iniciação de pagamento, que não oferece a conta transacional, não é instituição financeira nem instituição de pagamento, mas oferece serviços utilizando a conta transacional de terceiros. Embora inicie o pagamento, ele não participa da liquidação diretamente.

O pagamento, por sua vez, pode acontecer de três formas: por meio da leitura de um *QR Code* dinâmico ou estático; por meio da chave ou apelido para identificação da conta transacional, como o número de telefone celular, endereço de e-mail ou CPF/CNPJ; ou por meio de tecnologias que permitam a troca de informações por aproximação ("Near Field Communication"). No futuro, o pagador também vai poder gerar seus próprios *QR Codes*, a partir do telefone celular.

Para os recebedores de valores, os pagamentos instantâneos têm potencial de reduzir – ou até zerar – os custos das transações, uma vez que há eliminação de intermediários que hoje existem em operações de transferência ou pagamentos, a exemplo das credenciadoras de cartões. Já para quem envia os recursos, existe uma maior facilidade de uso, por meio do celular, o que traz a possibilidade de promover maior inclusão financeira. No mercado em geral, o pagamento instantâneo possibilita que diversas instituições financeiras, desde bancos até novas *fintechs*, possam competir na mesma plataforma, reduzindo as barreiras de entrada.

Com entrada em funcionamento prevista para novembro de 2020, o PIX ainda passará por diversos mudanças e aperfeiçoamento ao longo dos próximos anos.

9

O futuro próximo

As cinco forças descritas nos capítulos anteriores indicam que estamos prestes a entrar em um período de profundas mudanças na indústria de cartões de pagamentos brasileira. A concorrência atual, os novos entrantes, a transformação do varejo, a atuação do regulador e as novas soluções tecnológicas podem, de maneira combinada, fazer com que daqui a poucos anos o mercado seja bastante distinto daquele criado ao longo das últimas décadas. Mas o que nos espera no futuro próximo?

A briga pela liderança é um combustível poderoso nesse processo. Os líderes do mercado tentam proteger sua posição atual – vale ressaltar que em alguns casos com uma enorme dificuldade –, enquanto novas empresas buscam ampliar a participação de mercado e elevar o valor a seus acionistas. Facilita a competição entre as empresas veteranas e novatas o fato de a indústria de pagamentos contar com um agente regulador que tenta promover a igualdade entre os participantes, a transparência das regras e, acima de tudo, a inovação e a democratização, como é o caso do Banco Central do Brasil.

A combinação das forças

Um bom exemplo de como a combinação das cinco forças pode gerar transformações interessantes no mercado de pagamentos é a história recente da Zoop.

A empresa iniciou suas operações no final de 2014, como uma subcredenciadora, oferecendo solução de pagamentos para cooperativas de táxi e *marketplaces*. Curiosamente, os sócios fundadores estavam trabalhando na miniaturização de terminais de captura (POS), mas mudaram de foco, abandonaram o *hardware* e se tornaram uma subcredenciadora, sendo essa a primeira mudança importante realizada pela Zoop.

Desde o início, a empresa investiu em uma plataforma tecnológica própria, incorporando conceitos inovadores. A Zoop utilizou tecnologias de processamento na nuvem e uma arquitetura de sistemas aberta, permitindo integrações com parceiros e clientes por meio de APIs.

Como toda *startup*, a empresa enfrentou o desafio do crescimento e a dificuldade de distribuição, mas aos poucos passou a abrir a sua plataforma para que outras empresas a utilizassem em um formato de "whitelabel", adotando o conceito de "PaaS – Payment as a Service".

O crescimento começou a surgir com clientes como Loggi e iFood, no mercado de *delivery*. Uma das dores que as empresas de *delivery* possuem é a necessidade de devolver o terminal de captura utilizado para receber o pagamento em nome da loja. Havia a necessidade de melhorar o processo e integrar os pagamentos tanto presenciais como no comércio *online*.

A solução completa da Zoop para os mundos físico e *online*, com *split* de pagamento e totalmente implementada por APIs foi um sucesso, ao ponto de o próprio iFood recomendar que sua controladora Movile investisse na empresa.

A Zoop passou a integrar o grupo de empresas investidas pela Movile, com um aporte inicial de US$18,3 milhões, em 2018.

A Circular nº 3.765, de 25 de setembro de 2015, do Banco Central do Brasil, determinou a implantação de um sistema neutro em relação aos seus participantes para efetuar de forma centralizada a compensação e a liquidação das transações de pagamento dos principais arranjos baseados em cartões de crédito e de débito. Entretanto, tal sistema só se tornou operacional em novembro de 2017, por intermédio da CIP – Câmara Interbancária de Pagamentos. Muitos *marketplaces* e empresas que recebiam valores dos consumidores e repassavam para os lojistas descobriram que também estavam sob a regulamentação do Banco Central. Houve, então, uma corrida para ajustar seus processos e sistemas, a fim de estar em conformidade com as novas regras. Este movimento foi um verdadeiro "empurrão" para o crescimento da Zoop.

Atualmente, a empresa atende mais de 600 plataformas e milhares de estabelecimentos comerciais, com um TPV de R$ 1,6 bilhão por mês, o que equivale a um TPV anual de R$ 19,2 bilhões ou 1% de *marketshare*.

A empresa nasceu em 2013, atendendo principalmente o mundo físico, cresceu até atingir um processamento total de R$10 milhões por mês em 2017 e, a partir daí, cresceu 160 vezes em três anos, atingindo um TPV de R$ 1.6 bilhão por mês. Um ótimo exemplo de crescimento exponencial. Em 2018, a empresa tinha um quadro de 40 funcionários. Em 2020, cresceu oito vezes e já são 320 colaboradores.

A Zoop parece não se preocupar em se tornar uma credenciadora, uma vez que passou a adotar uma visão mais holística do mercado, oferecendo uma gama maior de produtos e serviços. Assim, prefere definições como "Fintech as a Service" e "Bank as a Service", uma plataforma lançada recentemente.

Entre os novos concorrentes, um destaque para os varejistas que invadiram o terreno dos serviços financeiros, elegendo o consumidor como um rei a ser servido em todas as suas necessidades, seja na escolha de bens ou serviços, seja na jornada de compra, o que envolve os pagamentos. A transformação no mercado é incentivada, ainda, por novas tecnologias disponíveis, comentadas no capítulo 8, algumas já muito bem testadas por vendedores e compradores, outras em rápida evolução, porém, todas com a expectativa de trazer mais simplicidade, promover mais segurança e reduzir os custos nas transações.

A todas essas forças, que já estavam sendo mapeadas ao longo dos últimos anos por quem acompanha a indústria, adiciona-se o elemento improvável, comprovando que qualquer previsão pode ser derrubada em segundos ao ser confrontada pela realidade. A pandemia de COVID-19 produziu efeitos terríveis na saúde e na economia em todo o mundo, inimagináveis até poucos meses antes de chegar e promover o isolamento social a partir de março de 2020 no Brasil. Como um catalisador, essa crise tem acelerado as transformações na forma de pagar que caminhavam a passos mais lentos, promovendo uma velocidade impensável quando comparada ao ritmo anterior.

Uma forma de descrever as mudanças na indústria de cartões de pagamentos é por meio da analogia com uma tempestade. As pessoas conseguem perceber a chuva caindo, a força dos ventos, os raios e trovões, entretanto, durante a tempestade, é difícil ter alguma certeza de quanto tempo ela vai durar, a direção em que caminha e, menos nítidos ainda, quais serão os resultados depois que ela passar. Na evolução dos meios de pagamento, cada força pode, por si só, mudar a história e causar uma tempestade. A combinação de todas elas, acelerada pelos fortes ventos trazidos pela pandemia de COVID-19, produzirá efeitos importantíssimos em um curto espaço de tempo.

Vamos além do óbvio, bastante divulgado não só pelos futurólogos profissionais, mas pelos visionários das redes sociais. Com a intenção de focar nas mudanças que devem ocorrer nos próximos três anos, não pretendemos fazer previsões, mas sim mostrar as expectativas. O jornalista americano Morgan Housel, sócio do fundo de *venture capital* Collaborative Fund e colunista do *The Wall Street Journal*, descreveu bem a diferença em artigo publicado em meio à pandemia de COVID-19.

Com a premissa de que o progresso acontece muito lentamente para as pessoas perceberem, mas os contratempos ocorrem muito rapidamente para serem ignorados, o colunista diz que não está interessado em saber quando a recessão terminará. A indicação de Housel é para que as pessoas tenham menos previsões e mais expectativas. Enquanto a primeira depende de saber quando algo ocorrerá, a segunda se limita a reconhecer que é provável que algo ocorra, uma atitude mais saudável e sem falsas pretensões. Como orientação, ele convida as pessoas a ler mais história, baseado no fato de que muitas situações acabam por se repetir ao longo do tempo.

Basta analisar a depressão de 1929, o evento histórico que mais se assemelhou em termos econômicos ao que está sendo vivido em todo o mundo, para além das duas grandes guerras. Naquela época, a Bolsa de Nova York caiu fortemente, e quem tinha dinheiro em ações se viu basicamente sem recursos. O restante da população, sem condições financeiras, sofreu fortemente, não apenas em 1929, mas ao longo dos anos seguintes. A depressão durou até o ano de 1933. O prolongamento da crise se deu porque a queda da bolsa teve impactos sobre as perspectivas de futuro, que se tornaram mais negativas, afetando os consumidores e, como reflexo, todos os setores da economia.

Na crise causada pela pandemia de COVID-19, é possível dizer que a tendência se repete da mesma forma, com uma expectativa de futuro negativa entre empresas e consumidores. Como em um círculo vicioso, as pessoas consomem menos, as empresas vendem menos e demitem os funcionários, os gastos se contraem ainda mais e a economia encolhe – um ciclo que será quebrado com um choque de confiança, como o desenvolvimento de um tratamento para a doença. O ciclo negativo se repete agora, claro que com uma motivação diferente, mas em uma escala mundial sem precedentes. A velocidade também é maior, já que a crise de 1929 se iniciou nos Estados Unidos, tendo desdobramentos pelo mundo, enquanto a pandemia de COVID-19 está presente em diversos países.

Housel instiga o leitor a aceitar que as previsões têm pouca utilidade – não que isso seja um convite para que nos tornemos fatalistas e cegos. As projeções de janeiro ainda se aplicam neste momento? É claro que não. Mas quando se presta atenção na História, é possível perceber os padrões que orientam como as pessoas interagem em eventos imprevistos, a exemplo de 1929. Analisar o comportamento histórico é o melhor a se fazer para saber o que acontecerá a seguir.

A nova plataforma

Olhar para o passado ajudará a responder uma pergunta que tem sido feita recorrentemente na indústria: a tecnologia do pagamento instantâneo vai destruir o modelo baseado em bandeiras, emissores e credenciadoras de cartões? A dúvida é genuína se imaginarmos que o pagamento instantâneo é a tecnologia que deve trazer mais impactos para a indústria nos próximos três anos. Mas a expectativa é de que as coisas não ocorram nos moldes de uma "destruição" como pode ser propagado pelos mais céticos.

De maneira disruptiva, a plataforma de pagamento instantâneo vai permitir que transferências e pagamentos sejam feitos 24 horas por dia, sete dias por semana, ao custo de apenas R$ 0,01 para cada 10 transações, unindo pagadores e recebedores, sejam eles consumidores, empresas ou governos. A grande novidade é que o Banco Central do Brasil está construindo uma estrutura completamente nova e utilizando de tecnologias modernas, um grande competidor à tradicional indústria de cartões, que usa sistemas complexos e que tem mais de 25 tipos de empresas que precisam ser remuneradas para que uma transação ocorra.

No entanto, olhando novamente para a história – seguindo o ensinamento de Housel – um sistema novo de pagamentos nunca substituiu totalmente o anterior, ainda mais em um curto espaço de tempo após o seu lançamento. De maneira geral, as novas formas de pagamento vão se complementando ao longo do tempo. Foi o que aconteceu com o cartão em relação ao cheque no passado, e é, provavelmente, o que vai ocorrer com o pagamento instantâneo no futuro em relação ao cartão. Nos próximos anos, será possível verificar a plataforma de pagamento instantâneo funcionando, mas dificilmente ela terá a capacidade de, em pouco tempo, substituir o uso do cartão de crédito, da forma como é processado hoje.

De maneira bastante clara e enfática, o Banco Central do Brasil diz que o objetivo do pagamento instantâneo é, na verdade, substituir o papel moeda. Embora as pessoas não percebam no dia a dia, existe um custo alto para produzir e transportar cédulas na sociedade. Apenas no quesito segurança, são necessários ambientes e carros blindados, com alto nível de segurança, que exigem um desembolso altíssimo. O regulador estima que o custo para disponibilizar papel moeda para a população brasileira pode alcançar 1% do Produto Interno Bruto.

Com o passar do tempo, espera-se que o consumidor tenha com o pagamento instantâneo a mesma sensação de "gratuidade" que existe com o papel moeda. Dessa forma, a plataforma permitirá que entre 45 milhões e 50 milhões de brasileiros, que não têm uma conta de pagamento ou bancária, e que usam papel moeda para fazer compras, possam ter uma alternativa digital. Esse instrumento de pagamento, no entanto, tem de vir acompanhado de uma ampla aceitação e facilidade de depositar e sacar recursos. Assim, incentivará o uso por parte dos desbancarizados, aqueles que estão à margem do sistema financeiro.

Há dúvidas sobre a migração das empresas do modelo de cartões tradicional para o modelo de pagamentos instantâneos. Quem emite um plástico se sentirá tentado a abandonar o sistema antigo, criar uma carteira eletrônica e usar a nova plataforma? O custo é um ponto importantíssimo na resposta. As empresas vão ter de colocar na ponta do lápis qual forma de pagamento compensará oferecer aos clientes, considerando a adesão dos consumidores às diferentes formas de pagamento existentes no país.

O custo no pagamento instantâneo é inferior ao modelo vigente, mas não está claro ainda qual será. O sistema de cartões de crédito e débito cobra do lojista uma taxa média de desconto fica em 1,79% a cada transação, no primeiro trimestre de 2020, de acordo com a Abecs. No pagamento instantâneo, o custo de acesso à plataforma administrada pelo Banco Central do Brasil partirá de R$ 0,01 a cada 10 transações, mas ainda é difícil prever o preço que vai ser cobrado dos estabelecimentos comerciais para remunerar a cadeia de prestadores de serviços.

O fato que não pode ser descartado, no entanto, é que a plataforma vai estimular os participantes a buscar novas soluções de pagamento, com base em uma nova infraestrutura moderna, rápida, segura e econômica. O resultado pode ser a desmaterialização do plástico e do terminal de captura e a desintermediação da cadeia, tornando o serviço mais barato do que o modelo tradicional.

Um dos eventos mais importantes dessa nova plataforma é a possibilidade de interoperar as diversas contas de pagamento e bancárias existentes no país. Hoje, se o consumidor tem uma conta pré-paga, mas quer transferir valores para outra pessoa que usa um provedor de serviço diferente, ele simplesmente não consegue movimentar os recursos diretamente. Para ter uma ideia, o pagador teria de transferir o valor da sua conta de pagamento para uma conta bancária e fazer um DOC ou TED para a conta bancária do recebedor. O recebedor, então, poderá transferir o valor para sua conta de pagamento, em uma sequência de transações que torna a operação cara. Com a plataforma de pagamento instantâneo, essa transação se torna simples, rápida e de baixíssimo custo.

Diversos setores poderão ser beneficiados por essa facilidade. Um exemplo é o de microsseguros e seguro por demanda. No Brasil, a penetração das apólices é baixíssima, se comparada com outros países, decorrente de fatores culturais e financeiros. Normalmente, o consumidor brasileiro paga uma mensalidade pela apólice, mesmo que não esteja exposto ao risco nos 30 dias do mês. Com a ajuda da tecnologia, o mercado de seguros já desenvolveu a modalidade "pay per use", em que se paga pelo seguro apenas quando se está exposto ao risco. Como exemplo, com essa apólice, seria possível pagar um seguro de automóvel só para uso no final de semana, o que reduziria consideravelmente os valores.

Contudo, no Brasil, esse tipo de apólice encontra barreiras no sistema atual de pagamentos. Emitir um boleto no final de semana é difícil e a estrutura de cartões é custosa para tíquetes pequenos de compras. O pagamento instantâneo, por sua vez, permitirá que essa transação, de menor valor, ocorra numa plataforma mais ágil, simples e barata.

Dessa forma, com o pagamento instantâneo, espera-se uma tendência de lançamento de mais produtos e serviços financeiros. Os sistemas legados de empresas como bancos, seguradoras e varejistas foram construídos com base em uma arquitetura monolítica, isto é, no mesmo componente de *software* ou no mesmo "coração" que bate para resolver todos os problemas da empresa. O pagamento instantâneo, no entanto, já chega num mundo digital.

Nessa nova arquitetura, os produtos e serviços são construídos separadamente, conectados via APIs e em "nuvem", o que torna a prestação de serviços das empresas mais escalável e aberta para novas parcerias. Com os sistemas legados, como os que foram construídos no passado, uma empresa poderia levar até dois anos entre a concepção de um produto e a entrega ao mercado para o cliente final. Em uma estrutura aberta, de microsserviços e em nuvem, o tempo cai para até 45 dias.

No mundo de pagamentos instantâneos brasileiros, será possível voltar atrás nas transações. As próprias regras do Banco Central preveem reverter a transferência, desde que pagador e recebedor concordem, e criar câmaras de discussão sobre o tema. Dessa forma, em vez de discutir *chargeback* como se discute hoje, no âmbito das bandeiras, dos emissores e dos credenciadores, será possível discutir a devolução de valores dentro das regras do comércio em geral, com o Código de Defesa do Consumidor e a Lei de Comércio resolvendo as questões.

A plataforma permitirá ainda que os participantes diretos ou indiretos agendem uma liquidação para uma data futura combinada. Dessa forma, a transação "compra agora e pago depois" poderá ser feita na plataforma de pagamento instantâneo. Em outras palavras, o PIX viabilizará uma nova forma de crédito direto ao consumidor (CDC).

É possível encontrar elementos dos "6Ds" do crescimento exponencial – digitalização, decepção, disrupção, desmaterialização, desmonetização e democratização – nos pagamentos instantâneos. Com o uso de tecnologias digitais, ele dispensa o plástico ou o terminal, embora este último possa ser usado na geração do *QR Code*, trazendo a desmaterialização em pagamentos. A figura de bandeiras, emissores e credenciadores podem passar por uma forte modificação nesse processo, podendo ser até desintermediadas, o que reduz fortemente o custo, isto é, desmonetizando a cadeia. E, acima de tudo, a plataforma democratiza os pagamentos para os brasileiros que estão à margem do sistema financeiro. Considerando que a indústria de pagamentos passa por uma tempestade, os pagamentos instantâneos trazem fortes ventos de mudanças.

Como vamos pagar

O movimento de criação de carteiras eletrônicas foi tão contundente nos últimos anos no país que elas passaram a ser chamadas, em tom de brincadeira, de as novas "paletas mexicanas". A referência era feita ao grande número de sorveterias mexicanas abertas após a crise de 2015 no Brasil, em quiosques e lojas, mas que logo se revelaram uma verdadeira bolha, resultando no fechamento da maioria das unidades. Pois com as carteiras eletrônicas esse não tem sido o movimento, e a expectativa é de que elas se fortaleçam com a entrada em operação dos pagamentos instantâneos.

Desde 2014, devido ao avanço regulatório, as *fintechs* oferecem carteiras eletrônicas aos clientes, nas quais eles podem cadastrar contas e cartões. Mas, até então, tem sido difícil fazer o "cash in" e "cash out" dos recursos, uma vez que essas carteiras não são interoperáveis e têm acesso restrito à rede de autoatendimento para saques e depósitos, um aspecto que o regulador tem atacado. A plataforma de pagamento instantâneo, no entanto, habilita que os *players* que implementaram carteiras eletrônicas tenham interoperabilidade, com a transferência direta entre pessoas, o que pode trazer um impulso maior para o uso dessas carteiras pelos brasileiros.

O avanço das carteiras eletrônicas será um primeiro sinal claro da desmaterialização do cartão físico. O plástico pode até existir em algum lugar – na carteira, na bolsa ou em uma gaveta –, mas a conta que ele representa estará na carteira eletrônica e essa sim será cada vez mais usada para transferências e compras, nesse último caso com a tecnologia do *QR Code*.

Entre as tantas carteiras eletrônicas disponíveis no mercado, algumas vão utilizar a tecnologia de aproximação ("Near Field Communication") e outras o *QR Code*, sendo que este último tem sido visto como mais simples e democrático. O Brasil já tem um padrão de *QR Code* definido, adotado pelo Banco Central do Brasil no sistema de pagamentos instantâneos, o que facilitará o uso da tecnologia. A expectativa é de uma evolução da combinação de *QR Code* como forma de captura e carteiras eletrônicas como forma de pagamentos e transferências nos próximos anos no país. Em tempos de COVID-19, fica clara a vantagem desse método por evitar o contato entre vendedor e consumidor.

A expectativa é de que os pagamentos recorrentes também devam ganhar mais espaço no país no horizonte de três anos. Eles são definidos como aqueles pagamentos realizados a um valor em determinada periodicidade, sendo mais comum a cada mês. Na prática, eles acabam se tornando "invisíveis" ao cliente, que já concordaram com os valores, mas não querem realizar uma operação de pagamento todo mês. Estão neste grupo a quitação de serviços como academia, revistas ou aplicativos de música. No entanto, é possível que passem a abranger compras em outros comércios e serviços que não eram tão óbvios. Por meio de um contrato de assinatura, é possível receber em casa lâminas de barbear, cápsulas de café ou bebidas alcoólicas, como exemplos.

O link de pagamento, que também ganhou impulso na crise recente devido ao distanciamento social, tem se mostrado uma forma mais simples e rápida de transacionar valores, o que tende a tornar sua adoção mais frequente. O resultado de seu uso é uma "desmaterialização" do processo de captura das transações com cartões, uma vez que não é necessário ter um equipamento para que o pagamento ocorra. O envio do link e o preenchimento de dados é feito basicamente com o acesso à internet, totalmente digital.

De maneira geral, o uso das novas tecnologias traz um movimento muito claro a ser visto no futuro próximo: a menor diferenciação entre transações com cartão presente e com cartão não presente. No primeiro caso, o portador do cartão está na loja física, portanto, possui o cartão em mãos, mostra para o lojista, insere em um terminal, digita a senha ou assina o recibo, efetivando a compra. Do ponto de vista de sistemas, esse processo torna a transação mais segura, principalmente com o "chip and pin" adotado no Brasil. Em uma situação dessas, para ocorrer alguma fraude, alguém teria de roubar o cartão, obter a senha e se passar pelo indivíduo, o que reduz as chances do golpe ser bem sucedido.

Uma transação com cartão não presente ocorre quando o consumidor faz uma compra pela internet ou celular, em que tem de digitar o número de cartão, o código de verificação e a data de validade do plástico – neste caso, a senha não é solicitada. O indivíduo não está na loja, em frente ao vendedor, que pode vir a fazer uma verificação e, evidentemente, reduzir as chances de fraude. Como consequência da ausência de contato olho no olho, o sistema prevê uma taxa de intercâmbio mais alta para o emissor na transação com cartão não presente, para que ele cubra os custos para mitigar fraudes e, eventualmente, assumir perdas.

São duas as tecnologias que podem reduzir a diferença nas compras com cartão presente e cartão não presente. Uma delas é a tokenização, que dispensa que o consumidor exponha as informações do cartão toda vez que realiza uma compra por aproximação, com *QR Code*, pela internet ou pelo celular, reduzindo as chances de que esses dados possam ser roubados por fraudadores para fazer compras. Em vez dos dados, são usadas representações codificadas (*token*), geradas para uma transação específica ou um período de tempo.

Essa tecnologia pode ser combinada com outra, a 3DS 2.0, na qual é entregue pelo varejista ao emissor mais informações sobre o indivíduo que está fazendo a transação na internet, como por exemplo qual o endereço de cobrança, a identificação do dispositivo em que a compra está realizada, dentre outras.

No total, são disponibilizadas até 100 informações, melhorando o processo de autenticação.

A combinação de uma melhor autenticação de quem está por detrás da transação com a tokenização vai tornar o pagamento na internet mais seguro. À medida que ele se torna seguro, pode não haver diferenciação entre o pagamento com cartão presente e o pagamento com cartão não presente.

Essa distinção entre as transações pode perder sentido nos próximos anos e, como consequência, bandeiras e emissores poderão reconhecer que a taxa de intercâmbio cobrada nas transações não presenciais pode se assemelhar àquela cobrada nas transações presenciais. Com a redução do custo da transação *online* (desmonetização), há uma maior democratização e, portanto, maior disseminação do uso dessa forma de pagar. A tecnologia, portanto, deve ajudar nos próximos anos, não só a mitigar o risco de uma transação *online*, mas impulsionar ainda mais o comércio eletrônico.

Em algum momento, nos próximos anos, será possível obter uma simplificação de pagamentos entre empresas, o chamado B2B ("business to business"). Uma empresa acessará o sistema de gestão empresarial (ERP) para fazer pagamentos, sem ter de sair desse sistema e acessar a conta bancária. Isso só está sendo possível porque empresas de tecnologia têm investido na oferta de serviços financeiros, que não são o seu "core business", mas são capazes de trazer uma receita adicional e importante para seus negócios.

Em relação ao *openbanking*, padrão de compartilhamento de informações financeiras, a tendência é que ele afete a vida das empresas e das pessoas no que diz respeito ao barateamento da oferta de crédito. Nos meios de pagamento, por sua vez, ele impactará de forma indireta na medida em que se possa automatizar processos de negócio.

O "cisne negro"

A pandemia de COVID-19 é um daqueles eventos raros, com impacto extremo e explicável apenas após ocorrido, o que a torna um verdadeiro "cisne negro", usando as definições do escritor Nassim Nicholas Taleb (1960-)[81].

---

[81] TALEB, N. N. *A lógica do Cisne Negro: o impacto do altamente improvável*. Rio de Janeiro: ed. Best Seller, 2008.

Em seu livro *A lógica do Cisne Negro: O impacto do altamente improvável* (2008), ele conta que pessoas do Antigo Mundo estavam convencidas de que todos os cisnes eram brancos, baseados em evidências empíricas, até a descoberta na Austrália de uma espécie de cisne negro.

O caso, que poderia ser corriqueiro, ilustra a fragilidade do conhecimento diante do inesperado, e que há problemas no conhecimento adquirido por meio da observação. Ele dá o exemplo de um peru que é alimentado diariamente por membros amigáveis da raça humana, o que reforça a crença de que essa é uma regra geral da vida da ave. Até que na tarde da quarta-feira que antecede o Dia de Ações de Graças, algo inesperado acontece ao peru, que estará sujeito a rever suas crenças.

Segundo Taleb, eventos considerados "cisnes negros" têm se tornado cada vez mais frequente a partir da Revolução Industrial, quando o mundo passou a ficar mais complexo. É possível colocar nesse bloco a ascensão de Hitler, o fim repentino do bloco soviético, o crescimento do fundamentalismo islâmico e a disseminação da internet. O autor segue: "manias passageiras, epidemias, moda, ideias, a emergência de gêneros e escolas artísticas. Tudo segue essa dinâmica do Cisne Negro. Literalmente, quase tudo de importância à sua volta pode se enquadrar nessa definição".

E, por que não, a pandemia de COVID-19? Em poucas semanas, consumidores, empresas e governos tiveram de superar suas crenças sobre saúde, economia, trabalho, convívio familiar e social para enfrentar um evento raro, extremo e ainda difícil de explicar. Com o distanciamento social, hábitos incrustados nas sociedades se tornaram desnecessários, e novos hábitos passaram a ser adotados. As pessoas se acostumaram com o *delivery* de alimentação, compras *online*, transações financeiras via aplicativos, telemedicina, videoconferência com a família, amigos e trabalho em casa. Hoje, é possível imaginar o mundo dos negócios, desde o chão de fábrica até as áreas administrativas, em que o contato humano seja minimizado.

Nesse novo mundo, existe a expectativa de que surja um novo mix de pagamentos entre pessoas, empresas e governos, com efeitos no curto, médio e longo prazo. Muitas tecnologias capazes de propiciar isso já estavam desenvolvidas: o pagamento por aproximação utilizando o protocolo NFC, o *QR Code*, as carteiras eletrônicas, conforme explicamos, já estavam por aí. Mas o fato é que a pandemia de COVID-19, que forçou as pessoas a se isolar socialmente, acelerou o movimento de uso das tecnologias disponíveis.

Nesse ambiente, os pagamentos por aproximação ganharam mais destaque. Um levantamento feito pela bandeira Mastercard mostrou que 69% dos brasileiros afirmaram que a COVID-19 os incentivou a usar pagamentos por aproximação. No comparativo com o dinheiro, 88% dos brasileiros acreditam que os pagamentos por aproximação são mais convenientes, enquanto 82% acreditam que são mais rápidos e 78% consideram que eles sejam mais seguros. Como o conhecimento sobre a modalidade cresceu para 85% dos entrevistados, a tendência aponta para uma maior aceleração dessa forma de pagamento no Brasil após a pandemia.

Sobre os dispositivos mais utilizados durante a pandemia, 72% dos brasileiros indicaram usar o cartão físico e 49% utilizam o *smartphone* por meio de carteiras digitais. As entrevistas *online* foram realizadas com 17 mil consumidores de 19 países, entre os dias 10 e 20 de abril, portanto durante a quarentena. Na América Latina, foram dois mil entrevistados, sendo 500 brasileiros.

De fato, há outros estudos que mostram a tendência de uso dos pagamentos por aproximação. Uma pesquisa feita pela consultoria Bain com mais de 2 mil consumidores brasileiros, em meados de abril, mostrou que 48% deles estão dispostos a mudar a forma de pagar após a quarentena, usando mais cartões e celulares. O percentual aumenta quanto menor a renda, tendo em vista que esses serviços já estão mais disseminados no topo da pirâmide social. Entre o grupo da alta renda, 38% disseram que vão elevar o uso de cartão e celular para pagar, fatia que sobe a 46% na renda média e a 55% na baixa renda.

Apesar da pandemia do coronavírus ter sido uma grande impulsionadora das transações por aproximação, elas já representavam um mercado em ascensão no Brasil. Em 2019, totalizaram R$ 6 bilhões, um crescimento de 565% ante os R$ 903 milhões de 2018, segundo dados oficiais da Abecs.

Espera-se que, de alguma forma, o próprio varejo incentive o uso dessas modalidades, dando a opção ao cliente que está mais receoso com o contágio do novo coronavírus. Embora já estivesse treinado para esse tipo de transação sem contato no passado, não havia um argumento tão forte para estimular o uso. Enquanto isso, bancos emissores, bandeiras e credenciadoras precisarão comunicar as pessoas para educá-las em um novo modelo de pagamento que está ganhando tração durante este período.

No mundo após a COVID-19, da mesma forma que o álcool gel e a máscara farão parte do dia a dia dos brasileiros, também farão o pagamento por aproximação, com *QR Code* e transferência entre pessoas (P2P). A partir da entrada em vigor da plataforma de pagamentos instantâneos teremos mais um catalizador desta tendência.

10

O poder do consumidor

Uma força poderosa tem sido capaz de ditar os caminhos da indústria de cartões de pagamentos ao longo das últimas décadas: os consumidores. Eles é que decidem como, quando e onde pagar por suas compras, restando aos prestadores de serviços analisar seus comportamentos para entender quais estratégias lançar no mercado, baseados nas tecnologias disponíveis, no ambiente competitivo e nas regras impostas pelo regulador.

É comum que as empresas que atuam em pagamentos, sejam elas as credenciadoras novatas ou veteranas, grandes varejistas ou gigantes de tecnologia, foquem no lojista, para quem vendem seus produtos e serviços. Elas esquecem que essa indústria é um mercado de dois lados, no qual, conceitualmente, o valor obtido por uma categoria de cliente, os lojistas, aumenta à medida que se adquire mais clientes de outra categoria, neste caso, o consumidor.

Entender o consumidor, no entanto, não é nada trivial. Essa força poderosa que impacta a indústria é formada por uma massa de pessoas distintas do ponto de vista etário, geográfico, comportamental e de renda. Por sorte, esse desafio não está restrito às empresas de pagamentos e, portanto, especialistas têm se debruçado para compreender os consumidores em suas mais diversas facetas com o objetivo de ajudar os diferentes setores econômicos a atendê-los.

Uma boa forma encontrada para analisar o comportamento dos consumidores tem sido pelas gerações. A princípio, levava-se em conta a faixa etária na definição desses grupos. Pessoas que nascem e vivem em um mesmo período formam uma parcela da população impactada pelo mesmo contexto social e econômico. Por essa razão, esses indivíduos aprendem os mesmos princípios, passam pelas mesmas mudanças e compartilham dos mesmos ensinamentos.

Além disso, pessoas de uma mesma faixa etária se posicionam no mesmo ciclo da vida – criança, jovem, adulto ou idoso –, podem se comportar de maneira parecida e tendem a ter os mesmos costumes e valores. Conforme a fase do ciclo da vida em que se encontra o indivíduo, as experiências vão moldar seus pensamentos e as opiniões se refletirão nas atitudes. Experiências, gostos e até mesmo as formas de encarar os problemas e as conquistas tendem a ser similares na mesma geração.

Mas a idade, apesar de ser um aspecto relevante, não é único. De acordo com Mannheim (1964), em seu texto *O problema das gerações*, as gerações estão conectadas a um mesmo ano de nascimento e à corrente histórica do acontecer social. Forma-se uma geração pela possibilidade de "participar dos mesmos acontecimentos e, sobretudo, fazê-lo a partir do mesmo padrão de estratificação de consciência". No entanto, em uma mesma geração existem distintas unidades geracionais que correspondem a diferentes perspectivas ou posições em relação a um mesmo acontecimento, o que precisa ser considerado.

De maneira geral, pessoas da mesma faixa etária podem pensar e agir de maneira distinta e, por isso, especialistas levam em conta ainda fatores como contexto histórico, social e cultural. Nas pesquisas mais avançadas, todos esses tópicos são levantados para definir uma geração, um conceito que, no fim das contas, acaba tendo limites subjetivos. A principal lição aqui é que as gerações devem ser analisadas como um guia, e não cegamente como uma regra. Não é possível usar características para definir a geração inteira, mas é possível olhar a geração inteira e extrair algumas características presentes.

E quanto tempo dura uma geração? Antigamente, os especialistas consideravam a cada 25 anos, idade média em que as pessoas viravam adultas, começavam a trabalhar, casavam e tinham filhos, dando início à nova geração de pessoas. No entanto, com o rápido avanço da tecnologia e as mudanças comportamentais, o tempo caiu para 20 anos, em média, e já há pesquisadores apontando para a criação de novas gerações a cada década.

Em meio ao fato de que as pessoas têm vivido cada vez mais, as diferentes gerações passam a coexistir por muito tempo, dividindo as mesmas experiências no ambiente familiar, profissional, educacional e durante o lazer. Elas também passam a coexistir no mercado consumidor de produtos e serviços, o que impacta diretamente nas estratégias das empresas. É por isso que o estudo das gerações se tornou tão importante para distintos setores.

As diferentes gerações

A única geração oficialmente designada é a dos "baby boomers", que foi determinada pelo US Census Bureau. O órgão estatístico americano se baseou na explosão de nascimentos que ocorreu após a Segunda Guerra Mundial, em 1946, até o declínio significativo da taxa de natalidade a partir de 1964. A partir dos *boomers*, não há um consenso sobre os limites exatos de início e término das demais gerações, sendo que algumas têm duração maior do que outras. Os novos grupos passaram a ser chamados por letras do alfabeto, em vez de nomes que identificavam suas características mais marcantes.

Começou com a "Geração X", formada por pessoas nascidas entre 1965 e 1979. Sem um identificador cultural flagrante que pudesse determinar suas características, elas passaram a ser chamadas pelo termo "x", normalmente utilizado como uma incógnita nas soluções matemáticas. A lógica adotada foi nomear as demais gerações em ordem alfabética.

Os nascidos entre 1980 e 1994 ficaram reconhecidos como a "Geração Y", mas também ganharam o termo "Millennials", amplamente creditado a Neil Howe (1951-) e William Strauss (1947-2007). A dupla criou o nome em 1989, quando a virada iminente do milênio começou a aparecer fortemente na consciência cultural. O último grupo amplamente estudado é o da "Geração Z", dos bebês nascidos a partir de meados dos anos 2000. Foram criados outros nomes para esse grupo, entre eles, Gen Tech, pós-geração do milênio, iGeneration e Gen Y-Fi, mas o primeiro nome continua a ser o mais utilizado.

A geração X

A geração X foi impactada por muitas incertezas ao longo de sua trajetória de vida, diante de acontecimentos históricos e o contexto social de sua época. Filhos de "baby boomers", os americanos dessa geração temiam uma nova guerra, enquanto os brasileiros tinham medo de uma nova recessão, do desemprego e da escalada da inflação, situações frequentes principalmente na década de 1980.

Embora tenha nascido num mundo analógico, essa geração desenvolveu uma crescente afinidade com a tecnologia. Foi nela que se dominou o uso dos computadores. Aos poucos, esse grupo foi incorporando à rotina pessoal e profissional a internet, os celulares, os *gadgets*, os e-mails e, conforme o avanço tecnológico, tudo aquilo que chegava ao seu conhecimento.

Essa geração vivenciou uma das principais mudanças históricas no mercado de trabalho que foi o ingresso das mulheres de maneira mais massiva, algo que não era observado nas gerações anteriores. Embora esse fato marcante tenha mostrado a importância da carreira para a vida das pessoas, essa foi a primeira geração a despertar para o equilíbrio entre a vida pessoal e profissional.

Nesse contexto em que se inseriram, foram identificadas características marcantes dessa geração como a busca por produtos e serviços de qualidade, a valorização da individualidade e da liberdade e o desejo de estabilidade mental e profissional. No trabalho, em geral, elas acreditam na recompensa por mérito, apresentam forte respeito pelas hierarquias e enfrentam desafios com bastante coragem.

Mas é na estabilidade financeira, no desejo de colocar dinheiro no bolso e na dificuldade de encarar mudanças que estão pontos determinantes para o perfil da geração X. No Brasil, isso ocorre porque provavelmente ela tenha enfrentado no decorrer de seu crescimento diversas crises, e tentativas de recuperação com distintos planos econômicos que acabaram por não dar certo, principalmente no início da carreira.

Por ter vivido um ambiente de mais liberdade do que a geração anterior, tende a adotar uma postura mais competitiva e materialista. No mercado consumidor, estão mais ligados à marca e ao consumo de artigos de luxo. Ter "status" é algo que está presente nessa geração, muito mais do que nas posteriores.

A geração Y ou *millennial*

A geração Y ou *millennial* assimilou a tecnologia de maneira mais natural, já que desde sempre ela pode aproveitar as facilidades da conectividade e dos novos serviços digitais como o computador e a internet. Superexposta à informação, desenvolveu a capacidade de exercer várias funções ao mesmo tempo e facilidade para assimilar novas tarefas

A prosperidade econômica também beneficiou essa geração. A partir de 1994, no Brasil, os indivíduos viveram uma expectativa mais otimista da economia, que foi se materializando ao longo do tempo. Com o Plano Real, houve mais estabilidade das variáveis macroeconômicas, principalmente a inflação, que permitiu que as pessoas que estavam entrando no mercado de trabalho nessa época tivessem uma vida mais fácil.

Diversos estudos mostram que os pais da geração Y, aqueles que viveram em meio a crises econômicas e dificuldades financeiras, tentaram passar aos filhos uma vida mais fácil. Com extremo cuidado e altos investimentos nos filhos, eles não pouparam gastos com cursos, prêmios e ferramentas de reconhecimento antes pouco exploradas.

Com prosperidade econômica e o mimo dos pais, a geração Y acabou por desenvolver impaciência e falta de foco. Na vida pessoal e no mercado de trabalho, essa geração tem dificuldades para receber ordens, se aprofunda pouco nos acontecimentos, apresenta superficialidade nos relacionamentos, além de competição e individualismo extremados. Sem contar que nem tudo foi — e tem sido — relativamente fácil para eles. Com a transformação digital, o mercado de trabalho também foi se transformando. Novas profissões surgiram, muitas foram assimiladas pela automação de processos, enquanto outras acabaram substituídas, embora no Brasil esse processo ocorra de maneira mais lenta do que no restante do mundo.

Além disso, a maioria das pessoas da geração Y assistiu às guerras do Iraque e Afeganistão e tinha entre 5 e 20 anos quando os ataques terroristas de 11 de setembro abalaram os Estados Unidos e o mundo. Essa geração ainda passou pela crise de 2008 e, no Brasil, tem enfrentado a recessão ou baixo crescimento econômico desde 2014.

Diante dessas adversidades, grande parte da geração Y vive, hoje, a busca por felicidade e satisfação pessoal. Virou uma questão de fazer o que se gosta, mas que também dá dinheiro. Por isso, preocupam-se com o futuro do mundo e querem tirar o máximo proveito do potencial gerado pelos indiscutíveis avanços tecnológicos.

Para essa geração, viver experiências acabou tendo mais valor do que adquirir produtos e serviços. Nesse grupo de indivíduos, comprar a casa própria ou ter carros na garagem traz menos satisfação do que para seus pais, o que tem forte impacto na forma como eles consomem.

O Instituto Gallup verificou que a geração Y mudou sua ênfase no trabalho. Eles querem estar em uma organização com missão e propósito bem definidos. A compensação é importante e deve ser justa, mas não é mais o fator determinante. Eles estão em busca de um objetivo. A procura não é por satisfação profissional, mas desenvolvimento. Nesse sentido, essa geração não quer ter chefe, com comando e controle, mas treinadores.

As constantes avaliações anuais não funcionam para eles. Buscam comunicação em "real time", de maneira constante, o que acaba por afetar o ambiente de trabalho. Ela não quer consertar suas fraquezas, mas desenvolver os pontos fortes. A geração Y vê o trabalho como um meio, e foi ela que lançou o conceito de que um emprego não é mais apenas um trabalho – é a vida como um todo.

Como as gerações têm um período de corte que pode ultrapassar uma década, dependendo da forma como se faz a análise, é comum ter pessoas em vários estágios da vida em um mesmo grupo, como observou a Javelin Research em relação à Geração Y. Alguns estão no início da carreira, enquanto outros já construíram uma família.

Nessa geração, os mais jovens podem ser denominados calouros financeiros, começando apenas agora a carreira e conquistando o poder de compra. Já os mais velhos têm histórico de crédito, estão conquistando a primeira hipoteca e criando seus filhos. A lógica da diferença está no fato de que, à medida que as pessoas envelhecem, elas tendem a enfrentar problemas de vida semelhantes. E, quanto mais jovens, mais dramática parece cada fase da vida. O marketing para as gerações, portanto, será mais eficaz se segmentadas as estratégias e as mensagens. Dessa forma, para as empresas, é interessante dividir essa geração em dois grupos: Y.1 e Y.2.

Geração Z

A geração Z é a primeira a ser classificada como "nativa digital", isto é, aquela que teve acesso a novas tecnologias desde os primeiros dias de vida. É comum ver uma criança carregando um tablet ou celular para assistir um desenho, escutar música ou brincar em um jogo. Essa geração usufruiu não apenas dos computadores e internet, tal como as anteriores, mas dos dispositivos móveis, das mídias sociais e do entretenimento e a comunicação sob demanda.

Devido ao fato de ser a mais recente, a geração Z ainda carece de observação para determinar suas características. Acompanhá-la será interessante para notar quais serão as implicações, na vida adulta, de ter um ambiente tecnológico sempre à disposição. Embora as pesquisas recentes mostrem mudanças em atitudes e estilos de vida em uma adolescência "high tech", ainda não se sabe as características que permanecerão durante a vida adulta.

Até o momento, o que se pode dizer é que as revoluções tecnológicas – constantes e crescentes para essa geração – resultaram na Quarta Revolução Industrial, também chamada de Revolução dos Dados. Com ela, profissões e práticas até pouco tempo atrás inimagináveis passaram a surgir no mercado de trabalho. A partir disso, a forma de atuar da geração Z ser tornou bastante peculiar. Esses indivíduos acreditam na flexibilização das relações profissionais, na busca por um trabalho plural e entendem a internet como parte da carreira.

A geração Z aprimora as habilidades para enfrentar os desafios que surgem no contexto econômico, político e social. Ela se adapta melhor às mudanças de cenário, e os consequentes impactos no mercado de trabalho, porque não se apega às carreiras conhecidas e tem flexibilidade maior para se adaptar à realidade.

Com um grande acesso à informação, indivíduos da geração Z desenvolveram a tolerância e o respeito, assim como assimilaram uma vontade constante de melhorar o mundo. Eles navegam sobre diferentes pontos de vista, diante do acesso a dados e informações, e sentem a necessidade de compartilhar suas opiniões em redes sociais. Não é de se espantar que, por isso, começaram a empreender em busca de uma vida com mais sentido. Embora o propósito exista na geração anterior, ele foi potencializado na Z. A vontade de empreender e de transformar o mundo alcançou níveis poucas vezes vistos.

De fato, a capacidade empreendedora se iniciou na geração Y, que foi a mola propulsora para a criação de novas empresas pelo mundo afora, as chamadas *startups*. O otimismo, a relação com a tecnologia e a proteção dos pais levaram essa geração a ser mais propensa à tomada de risco, e com isso, se tornou mais simples e fácil se voltar ao empreendedorismo.

Um impulso veio no início nos anos 1990, entre a transição da geração Y para a Z, quando o mundo vivenciava os primeiros sinais da chamada bolha da internet – o forte crescimento de negócios baseados na *web*, com forte valorização em bolsa, mas que acabaram por perder valor após mudança de percepção dos investidores, com muitos deles ficando pelo caminho. Foi nesse período que surgiram no Vale do Silício empresas com o objetivo de transformar a forma de viver, trabalhar e se comunicar das pessoas.

Entre as incertezas deste período da história, venceu o risco em ousar e transformar o incerto em um negócio altamente sustentável. O conceito de *startup* começou a ser difundido, com aspectos como inovação, ideias disruptivas, afinidade com a tecnologia, e potencial para crescimento. Esses pontos são identificados na geração Y, mas acabam fortalecidos na geração Z.

Basta um olhar mais cuidadoso para perceber que os profissionais de *startups* não têm suas funções delimitadas, gostam de *feedback*, estão preparados para mudanças e, portanto, nessas empresas, os processos não são tão rígidos. Os profissionais que se destacam nessas companhias são multidisciplinares e conectados. É exatamente o que se encontra na geração Y e Z. Para elas, não há tempo a ser perdido. Com o ritmo acelerado de mudanças, tendem a buscar o crescimento de maneira constante e sistemática, por isso a agilidade é parte do perfil do profissional dessas gerações, o que se encaixa na veia empreendedora das *startups*.

Importante destacar aqui que essas gerações estão dos dois lados da equação: são consumidores que vão comprar os produtos e serviços, mas também são os profissionais que estão nas empresas para desenvolvê-los. Portanto, elas também farão parte das inovações em diversos setores da economia no mundo todo, incluindo o comércio e os meios de pagamentos.

Como elas consomem

O aprofundamento do estudo nas gerações Y e Z tem uma motivação bastante simples: estima-se que, em 2030, esses grupos representarão, juntos, 70% do consumo no mundo inteiro. Além disso, já são metade da população mundial e a maior força de trabalho atual. São essas gerações que definirão o relacionamento com as marcas e a forma de comprar. E como se dará essa relação?

Um estudo realizado pela consultoria Delloite, com mais de 16 mil indivíduos em 42 países no ano de 2019, dá algumas pistas sobre como as gerações Y e Z pensam e agem. Vale a pena mencionar que, na análise dos dados, é preciso levar em consideração o contexto em que as respostas foram obtidas. Trata-se de um período em que o mundo está vivendo um aumento significativo nas disputas sociais e políticas, evidenciadas e acentuadas pelas redes sociais. Como resultado, as respostas podem vir com um tom de pessimismo e descrédito, não apenas na política, mas também nas empresas. Caso tivesse sido feita após a pandemia de COVID-19, no entanto, mostraria mais fortemente a tendência dessas gerações de ver o mundo melhor, de ressaltar os valores para o planeta e a vida e acelerando a visão sobre a digitalização da economia.

Essas gerações não são menos ambiciosas do que as anteriores, mas apenas metade dos indivíduos entrevistados quer ganhar altos salários e ser ricos. Suas prioridades evoluíram ou foram adiadas por restrições financeiras, trazidas pela recessão econômica do fim dos anos 2000. Ter filhos, comprar casas, sinais tradicionais de sucesso na idade adulta, não encabeçam a lista de ambições, até por conta das dificuldades. Elas deixaram esses pontos de lado para "ganhar a vida": 39% preferem ter filhos e formar famílias, enquanto 46% são mais atraídos por causar um impacto positivo em suas comunidades.

Nesse contexto, para essas gerações, viajar e ver o mundo estão no topo de suas listas de desejo. Um contingente de 57% respondeu que essas são as principais aspirações. Entre as mulheres, 62% estão mais interessadas em viajar pelo mundo, enquanto entre os homens a fatia cai para 51%. Pouco menos da metade, 49%, desejam ter a própria casa, o sonho de gerações anteriores. Indivíduos Y ou Z "conversam" com seus bolsos. Para eles, não é preciso mais ser dono, mas experimentar.

No geral, essas gerações patrocinam e apoiam empresas que se alinhem com seus valores. Dizem que não hesitam em reduzir ou encerrar relacionamentos quando discordam da prática de negócios, valores ou tendências políticas das empresas. São gerações "interrompidas" porque uma das características é deter uma relação mais cheia de desconfiança do que de otimismo, nos aspectos políticos e econômicos.

Embora todos os consumidores sejam suscetíveis à publicidade, e ficam frustrados com o serviço ruim ou produtos com baixo desempenho, aqueles das gerações Y ou Z interrompem o relacionamento por motivos muito pessoais. Muitas vezes, a razão está relacionada ao impacto positivo ou negativo na sociedade. Por exemplo, 42% iniciaram ou aprofundaram um relacionamento comercial porque perceberam que os produtos ou serviços de uma empresa tiveram impacto positivo na sociedade e no meio ambiente. E, enquanto 37% disseram que pararam ou diminuíram um relacionamento comercial por causa do comportamento ético da empresa, outros 36% iniciaram ou aprofundaram um relacionamento porque acreditavam que a empresa era ética.

Chama bastante atenção a preocupação com a proteção de dados pessoais: 79% dos entrevistados temem ser vítimas de fraudes *online*, o mesmo patamar daqueles que disseram ter medo do roubo de sua identidade. Essas gerações estão apreensivas em relação à segurança de dados detidos pelas empresas e pelos órgãos públicos. No total, 73% deles se preocupam com as informações fornecidas às empresas e 70%, ao poder público.

Para que se tenha uma ideia, cerca de um terço dos entrevistados disseram que pararam ou diminuíram um relacionamento comercial devido à quantidade de dados pessoais solicitados pela empresa. Um quarto fez o mesmo por causa da incapacidade de uma empresa de proteger seus dados privados ou pela maneira como a empresa rastreia ou personaliza os comportamentos de compras *online* do usuário. Dessa maneira, é possível observar que essas gerações querem retomar o controle de seus dados.

Essas gerações têm uma relação de amor e ódio com os dispositivos móveis e as mídias sociais. Embora eles possam ser usados para manter contato com amigos e acessar informações, são alvo de fraudes e crimes. Quase dois terços consideram que seriam fisicamente mais saudáveis se reduzissem o tempo gasto nas mídias sociais. Seis em cada dez disseram que isso os tornaria pessoas mais felizes. Metade afirmou que a mídia social faz mais mal do que bem. Mas ainda há 44% que ficariam ansiosos se não pudessem verificar as mídias sociais. A tendência de menor uso, no entanto, ainda tem de superar a rotina digital.

A segurança de dados – e o receio de fraude – também impacta a visão sobre os dispositivos móveis e as mídias sociais. Entre os indivíduos que enxergam de maneira positiva o uso dessas plataformas, metade diz que é preciso fazer mais para proteger as informações das pessoas. Entre aqueles com uma opinião negativa, no entanto, a fatia aumenta para dois terços.

As gerações Y ou Z mostram uma lealdade mais profunda aos negócios que enfrentam com ousadia os problemas que mais lhe interessam, como proteger o meio ambiente e o superar o desemprego da população. E, como consumidores, tendem a gastar sua renda em produtos e serviços de marcas que falam sobre essas questões.

Esses grupos querem que toda a conversa sobre propósito das empresas se torne ação significativa e que os líderes sirvam como agentes para mudanças positivas. Eles buscam, principalmente nos líderes das organizações, que sejam provocadores de transformações positivas. Eles esperam que os negócios melhorem vidas e proporcionem meios de subsistência, portanto, não os enxergam como apenas "preenchendo o vazio" na sociedade.

Essas gerações não são o futuro, são o presente. Na próxima década, elas vão transformar a forma de consumir e, portanto, de fazer seus pagamentos. Elas podem criar ou quebrar negócios inteiros. Há uma oportunidade tremenda e genuína para os líderes – no governo, nos negócios e na sociedade em geral – de capturar os corações e mentes das gerações mais jovens. Aqueles que podem tornar o futuro mais brilhante para a geração Y e para a geração Z têm uma perspectiva melhor de futuro.

11

Os pagamentos no futuro

A Amazon lançou em 1999 o botão "1 click" para a realização de pagamentos em seu site. A ideia era bastante simples: os consumidores inseriam uma única vez as informações para o envio dos pedidos, como o endereço de entrega, e os dados para pagar. A partir daí bastava usar o botão "1 click" para finalizar a compra, também incluindo a transação de pagamento. O serviço representava uma inovação que garantiu uma patente à companhia – posteriormente, em setembro de 2017, os direitos expiraram, embora a marca ainda seja de propriedade da Amazon.

O pagamento em "1 click" foi revolucionário em sua época porque educou os consumidores para que cadastrassem os seus dados na Amazon, incluindo as informações de pagamento. A partir daí, eles conseguiam realizar compras no *e-commerce* de forma mais rápida, segura e com o mínimo de atrito. Dessa forma, reduzia-se a ocorrência de uma das maiores dores de cabeça de um varejista *online*: o abandono do "carrinho de compras virtual".

Embora lançado quando a Amazon vendia basicamente livros em seu site, o mesmo conceito de "checkout" foi levado aos demais negócios da Amazon, incluindo o *marketplace*, contribuindo para o crescimento do varejista nos anos seguintes[82]. A tecnologia se tornou ainda mais importante com o advento das compras em dispositivos móveis, visto que telas menores traziam um com-

---

[82] <https://knowledge.wharton.upenn.edu/article/amazons-1-click-goes-off-patent/>. Acesso em 01/05/2020.

ponente de atrito adicional e o uso de apenas 1 botão para "checkout" aumentava a probabilidade de conversão.

O método "1 click" é algo tão óbvio, que muitos ainda questionam se a ideia poderia ser patenteada. Discussões à parte, fato é que podemos extrair algumas lições dessa experiência para o futuro do comércio e dos pagamentos.

O cuidado com a experiência de compra será um fator chave na forma como o comércio ocorrerá no futuro. E o exemplo do "1 click" mostra que a Amazon já estava preocupada com o assunto na década de 1990. Desde então, a companhia implementou um conjunto de estratégias que tornou a experiência de compra única para seus clientes. Além do botão, podem ser citadas iniciativas como políticas de preços baixos, logística simplificada, atendimento de excelência ao cliente, uso intensivo de dados históricos de compra e navegação no site para recomendar novas compras.

É difícil mensurar o impacto de cada uma dessas estratégias de forma isolada no sucesso da empresa, mas certamente elas trazem elementos que o comércio deve buscar, como conveniência, eficiência, segurança, tecnologia e uso intensivo de dados. Podemos afirmar que o futuro do comércio não tratará apenas do desenvolvimento de novas tecnologias, mas, acima de tudo, do lançamento de soluções que melhorem os processos de comércio e pagamento.

O mercado de varejo global representou o volume financeiro de US$ 25 trilhões em 2019[83], o que nos dá uma dimensão da sua importância e do que ele representa para os pagamentos de forma geral. E, em uma visão de longo prazo, considerando a próxima década, qual será a evolução do comércio e dos pagamentos? Em vez de fazermos previsões – uma abordagem que queremos evitar –, vamos discutir como a evolução do consumidor e do comércio poderá impactar os pagamentos no futuro. E, considerando o tamanho e a representatividade, decidimos começar pela gigante China.

---

[83] CONNOR, D.; KERR, W.; SCHWALB, N. "China Commerce 2020". *Harvard Business School*. Background Note 820-014, fevereiro de 2020 (revisto em junho de 2020).

Um olhar para o modelo chinês

Há anos ouvimos que a China é uma demonstração do futuro no que diz respeito ao comércio e aos pagamentos e que veremos as mesmas transformações que ocorrem por lá chegarem ao Brasil. Temos uma visão particular. Para isso, vamos contar um pouco sobre o que ocorreu no país.

Alguns números ajudam a contar o que ocorreu por lá. O comércio *online* B2C ("business-to-consumer") cresceu para 36% do total de vendas no varejo em menos de 15 anos[84]. Ao final de 2018, o país tinha 1,2 bilhão de usuários *mobile*, mais de 80% da população. Os pagamentos por celular cresceram 28 vezes em cinco anos, com o volume financeiro atingindo US$ 41,5 trilhões. Mais de 60 bilhões de pagamentos móveis foram realizadas em 2018, quando comparado a 1,67 bilhão em 2013.

Duas empresas são protagonistas dessa transformação: as plataformas de pagamento móvel Alipay e WeChat Pay. Lançado em 2011 pela Tencent como um aplicativo para redes sociais e troca de mensagens, o WeChat reportou, em 2019, 1,1 bilhão de usuários ativos. Em 2017, ele era responsável por 40% dos pagamentos móveis na China. Já o Alipay, sistema de pagamento operado pela Ant Financial, empresa ligada ao Alibaba, tinha uma fatia de 54%. Em 2019, o ecossistema do Alibaba conectava aproximadamente 10 milhões de pequenos e médios comerciantes, com mais de 200.000 marcas e 700 milhões de compradores, totalizando US$ 768 bilhões em vendas.

O movimento de transformação do comércio chinês teve início quando o Alibaba, que atuava no varejo *online*, fez uma expansão para o varejo físico, investindo em algumas redes de lojas, como supermercados (Lianhua), de departamento (Intime) e de eletrônicos (Suning). O crescimento do grupo foi calcado na missão de "facilitar a realização de negócios em qualquer lugar na era digital"[85], com a formação de um ecossistema físico e digital robusto.

A Tencent seguiu um caminho diferente. A empresa foi criada como uma rede social e, aos poucos, adicionou outros serviços como jogos, pagamentos, conteúdo de mídia e armazenamento em nuvem. Essa jornada foi repleta

---

[84] *Idem* nota 83.
[85] Alibaba Digital Economy Strategy, Zhang, D., Executive Chairman and CEO, Alibaba Group, 2019 Investor Day, setembro de 2019. <https://www.alibabagroup.com/en/ir/presentations/Investor_Day_2019_AlibabaDigital.pdf>. Acesso em 20/08/2020.

de aquisições e parcerias. A empresa investiu na JD.com, empresa de *e-commerce*, e tornou-se o segundo principal varejista *online* da China. Depois disso, adquiriu a Yonghui, uma cadeia de supermercados, e firmou parcerias com Carrefour e Walmart. A empresa também comprou o aplicativo Pinduoduo, de *e-commerce*, com o objetivo de atender cidades menores.

Ambas as empresas implementaram o conceito OMO, "online merged with offline", uma evolução do O2O, "online to offline". No novo modelo, o foco é possibilitar experiências sem atrito no comércio, permitindo que consumidores adquiram produtos e serviços, a qualquer hora e de qualquer lugar, por meio de seus aplicativos. Tudo isso vem se tornando possível com a total digitalização e integração das cadeias de valor *online* e *offline* das empresas envolvidas.

Interessante notar que as gigantes Alibaba e Tencent investiram em diversas empresas de diferentes negócios e tamanhos, tanto no mundo digital como físico, criando seus próprios ecossistemas fechados e ganhando acesso a um enorme volume de dados sobre o comportamento de clientes, o que passou a ser utilizado para potencializar as diversas linhas de negócio das empresas[86].

Os dois ecossistemas de varejo da China foram construídos em torno de super aplicativos, que consolidam acesso a diversos serviços, entre eles: chat, comércio *online*, transferências, jogos, mídia social e pagamentos em um único ambiente. As duas empresas abriram os seus super aplicativos por meio de APIs para empresas com serviços complementares, fortalecendo o conceito de ecossistema em torno do consumidor.

O WeChat, por exemplo, possui um sistema de "miniaplicativos" que funcionam dentro do ambiente do super aplicativo. Por meio deles, outras empresas desenvolvem serviços complementares, permitindo que a experiência do usuário ocorra com menor atrito, pois o consumidor não precisa sair do ambiente do aplicativo para realizar as operações, ao contrário de outras soluções em que o consumidor é direcionado para um *website* e perde o link com o ambiente original.

Além de prover uma experiência com menor atrito para os consumidores, os miniaplicativos se tornaram uma estratégia eficiente também para o comércio, tendo em vista que evitam a necessidade de o consumidor ter mais

---

[86] CHENG, J. ROOT, J. "There's only One Way to Break into China's Crowded Retail Market, Root". *Harvard Business Review*, Agosto de 2018. < https://hbr.org/2018/08/theres-only-one-way-to-break-into-chinas-crowded-retail-market>. Acesso em 20/08/2020.

um aplicativo no celular. Dessa forma, reduzem os custos de aquisição de clientes pelos próprios varejistas. Ainda, a plataforma do super aplicativo concentra e compartilha dados de comportamento dos consumidores com os diversos parceiros do ecossistema.

Uma maneira de olhar o impacto desse modelo no país é analisar o que ocorreu com empresas que atuavam por lá há décadas. Um exemplo perfeito é o do Carrefour, que entrou na China em 1995 e se tornou o maior varejista internacional no país, bem como a empresa de maior crescimento entre os grandes varejistas estrangeiros. Em 2010, a subsidiária do Carrefour na China era a segunda maior operação geradora de caixa para a rede de supermercados fora da França, o país de origem da companhia. Com uma população de mais de 1 bilhão de habitantes, a economia que mais crescia no mundo e em pleno processo de urbanização, a China estava numa clara e evidente disparada do consumo das famílias, que beneficiaria qualquer vendedor de alimentos.

Cinco anos depois, no entanto, a subsidiária começou a perder fôlego nas vendas, um movimento que parecia improvável para aquela operação que tinha tudo para dar certo. Os chineses consumiam mais carnes, eletrodomésticos, cosméticos, itens que estavam presentes nas prateleiras do Carrefour. Entretanto, após atingir 5 bilhões de euros de receita líquida em 2015, a empresa observou um decréscimo importante nas vendas nos anos seguintes, chegando a 3,6 bilhões de euros em 2018, uma queda de 28% em três anos[87].

A piora do resultado do Carrefour decorreu da ascensão do varejo *online* na China que começou a acelerar a partir de 2010, se tornando o maior mercado de *e-commerce* no mundo em 2017. Para responder ao movimento, o Carrefour fechou lojas e priorizou o *e-commerce*. A empresa, a partir daí, passou por diversos desafios de tecnologia e logística, resultando em uma experiência ruim para os consumidores. Em 23 de junho de 2019, o Carrefour vendeu 80% da sua rede na China para a Suning, um dos principais varejistas chineses[88].

O Carrefour falhou em entender e responder adequadamente aos movimentos que ocorriam no *e-commerce* da China e a mudança de hábitos de compra e pagamento, causados principalmente pela ascensão de novos competidores, Alibaba e Tencent, que criaram ecossistemas envolvendo comércio e consumidor.

---

[87] <https://daxueconsulting.com/carrefour-in-china/>, acesso em 30/08/2020.
[88] <https://techcrunch.com/2019/06/24/carrefour-china-suning-alibaba-tencent/>, acesso em 30/08/2020.

A realidade brasileira

Por que o salto chinês na digitalização dos meios de pagamentos ainda não aconteceu no Brasil? Uma pergunta que todo mundo nos faz. Fica claro nas trajetórias de Alibaba e Tencent que a China, pelas suas características de país em desenvolvimento e com uma baixa penetração de cartões de crédito, constituiu um ambiente favorável para um salto no processo de digitalização do comércio e meios de pagamento ("leapfrog"), em vez de passar por uma evolução incremental.

No Brasil, a evolução histórica da indústria de pagamentos nos mostra que novas formas de pagar normalmente não substituem totalmente a anterior, mas complementam e coexistem. Foi assim com a adoção dos cartões de crédito e débito, em detrimento dos cheques. E está sendo assim, *enquanto escrevemos esse livro*, com o uso das carteiras digitais via NFC e *QR Code* e dos aplicativos, em detrimento dos cartões físicos.

Acreditamos, no entanto, que em determinado momento um salto na digitalização dos meios de pagamento inevitavelmente irá ocorrer no Brasil, principalmente com o lançamento do PIX. Entretanto, precisamos analisar alguns detalhes. A China difere do Brasil porque digitalizou o pagamento à vista, substituindo o dinheiro que era o principal meio de pagamento em uso no país. Na China, o crédito ao consumidor praticamente não existe, com os bancos oferecendo apenas algumas linhas no setor imobiliário. No país, o cartão de crédito existe para uso em viagens ao exterior.

A digitalização dos pagamentos, então, se tornou rápida e mais efetiva no país porque ela foi feita em uma base de consumidores que só utilizavam dinheiro e cartões de débito. Ademais, culturalmente, o povo chinês não gosta de dívida, a tradição cultural é economizar, e o cartão de crédito tem um significado de pequenos empréstimos.

A China é uma sociedade com baixo nível de confiança, então as transações *online* eram difíceis de ocorrer porque vendedores não tinham certeza de que receberiam o pagamento, e compradores não tinham certeza se receberiam o produto. Assim, quando o Alipay começou, operava, principalmente, um serviço de custódia ("escrow agent"), retendo o pagamento até o comprador confirmar que recebeu a compra.

Nas palavras de Jack Ma, fundador do Alibaba: "Quando nós criamos o Alipay em 2003, nós resolvemos a questão da confiança entre pessoas. E, por resolver a questão da confiança entre as pessoas, nós também resolvemos a questão dos pagamentos"[89]. O impulso à mudança ganhou ainda mais velocidade considerando que os dois *players*, que já tinham o cliente em suas plataformas, passaram a oferecer outras facilidades de comércio e aquisição de serviços aos consumidores, criando um ecossistema.

No Brasil, os cartões de pagamentos representam 43% do consumo privado das famílias, tendo o cartão de crédito como o principal instrumento de compra. O próprio varejo se utiliza dos cartões de crédito para estender crédito ao consumidor, por meio das transações parceladas sem juros. A cultura de comprar agora e pagar depois está inserida na sociedade brasileira e, além disso, na grande maioria do consumo, o crédito é fornecido pelo lojista.

O pagamento instantâneo, chamado de PIX, tem grande potencial para digitalizar o papel moeda, mas também para concorrer com outros meios de pagamento à vista, como cartões de débito, transferências e pagamento de boletos. Na sua formulação original, o PIX é uma nova plataforma de pagamentos que não concorre com as trilhas tradicionais de cartões de crédito.

Na China, Alibaba e Tencent criaram suas próprias trilhas de pagamento. O PIX não só cria uma trilha, instantânea, como também interoperável. De certa forma, o PIX tem o mesmo potencial de crescimento exponencial percebido na China, mesmo não concorrendo ainda diretamente com os cartões de crédito. Como ele é uma plataforma ágil e de baixo custo, podemos esperar que novos negócios sejam criados e que, no futuro, a plataforma seja utilizada para levar crédito diretamente ao consumidor, aumentando sua relevância nos meios de pagamento.

Os potenciais ecossistemas brasileiros

Como na China, empresas brasileiras têm avançado na digitalização dos seus negócios e desenvolvido estratégias para a criação de plataformas e ecossistemas. Empresas de varejo, tecnologia, pagamentos, logística e bancos

---

[89] <https://www.npr.org/sections/alltechconsidered/2017/06/29/534846403/in-china-a--cashless-trend-is-taking-hold-with-mobile-payments>, acesso em 18/07/2020.

digitais avançam cada vez mais na integração de cadeias de valor, para atender ao cliente de forma completa e serem remunerados de forma incremental por um número maior de serviços.

Talvez o principal exemplo de estratégia de plataforma seja o Magazine Luiza. A forte combinação de lojas físicas, *e-commerce*, *marketplace*, marketing, logística, pagamentos e serviços financeiros, além da tecnologia proprietária, colocam a empresa muito bem posicionada, com potencial de evoluir para um ecossistema brasileiro.

O Magazine Luiza foi apontado como um dos cinco maiores casos de sucesso no mundo em transformação digital no varejo, segundo trabalho conduzido por um grupo de estudiosos da Universidade de Harvard[90]. Essa jornada começou em 2016, quando Frederico Trajano, assumiu a presidência, levantou capital em uma oferta na bolsa de valores e anunciou uma iniciativa de transformação digital. O processo envolveu mudança de cultura, adaptação e priorização do *e-commerce*, a criação de um *marketplace online* e a integração de áreas como marketing e operação das lojas.

Antes de Trajano assumir, a empresa era uma varejista de "tijolo e argamassa" e crescia de maneira saudável a uma taxa de um dígito. É raro ver uma empresa totalmente analógica se transformar tão rapidamente. De certa forma, o varejista soube usar muito bem as lojas físicas, torná-las mais produtivas, mas ainda assim adicionar valor com uma iniciativa digital, de tal forma que ambas se complementaram. Hoje, são mais de 1.000 mil lojas espalhadas pelo Brasil, que funcionam como "hub" apto a prover o "last mile", a capacidade logística de entrega para chegar ao menor tempo e custo na casa do consumidor.

O Magazine Luiza fez muito bem o salto do varejo tradicional para *marketplace* e, depois, uma plataforma. De certa forma, ele passou por alguns daqueles "Ds" do crescimento exponencial: digitalização de suas atividades, desmaterialização dos processos, desmonetização e democratização dos produtos e serviços. Mas o varejista ainda avança para se tornar um ecossistema completo. Talvez o que falte neste momento seja evoluir nas formas de pagamento próprias, incluindo produtos bancários, o que está em curso por meio da Magalu Pagamentos e MagaluPay. A empresa ainda precisa fornecer serviços

---

[90] GUISSONI, L.; TEIXEIRA, T.; VELUDO-DE-OLIVEIRA, T. "Digital Transformation at Brazilian Retailer Magazine Luiza". *Harvard Business School*. Estudo de caso, agosto de 2018.

complementares que atendam cada vez mais a demanda de seus clientes. Dessa forma, o Magazine Luiza pode ter um crescimento exponencial, assim como o verificado em ecossistemas chineses.

Outras empresas de varejo têm adotado a mesma estratégia, como por exemplo a B2W e a Via Varejo, embora estejam em estágios diferentes de evolução. Mas um exemplo relevante no mercado brasileiro é o Mercado Livre. A empresa, que nasceu como *marketplace*, foi incorporando outras verticais como serviços de logística, pagamentos, publicidade e serviços financeiros. O Brasil representa mais da metade dos negócios da companhia que atua em diversos países da América Latina.

Mercado Livre também está no caminho para formar um ecossistema poderoso no país. Como um *marketplace*, a empresa atraiu diversos lojistas, que entenderam que seria mais fácil vender por meio da sua plataforma porque teriam acesso a uma base de clientes que, sozinhos, não conseguiriam alcançar no mundo *online*. Uma máxima ajudou o Mercado Livre em sua trajetória: a empresa recebe o dinheiro do consumidor, mas só entrega para o vendedor quando a mercadoria é recebida, como se ele tivesse a tutela dos recursos até que a transação comercial seja finalizada.

Junto a isso, o Mercado Livre desenvolveu um forte sistema de pagamentos próprio, o Mercado Pago, e uma rede logística com hubs espalhados por todo o país. Incluiu serviços financeiros, conta digital, formas de fidelização e, aos poucos, tem incentivado os clientes a movimentar os recursos em sua plataforma. Uma pessoa que venda um carro no Mercado Livre pode receber pelo Mercado Pago, comprar outros produtos e serviços com esses recursos no próprio Mercado Livre, ou em outro estabelecimento comercial, sem sequer passar pelas trilhas tradicionais do mercado de pagamentos, formado por bandeiras, credenciadoras e emissores. O Mercado Pago é uma das verticais mais importantes, crescendo em lojas físicas e expandindo a atuação da plataforma.

Podemos notar movimentos interessantes em outros setores da economia, com a tentativa de empresas em se tornarem plataformas ou ecossistemas. Este é o caso de iFood e Rappi, que lançaram sistemas de pagamento e contas digitais. O iFood é uma empresa de nicho em alimentação e o Rappi se posiciona como delivery de quase tudo. Podemos notar, conforme a forma de atuar, que essas empresas caminham na direção de formar ecossistemas, porém ainda possuem potencial limitado, de acordo com nossa análise nossa análise. Ainda assim, elas estão incrementando a digitalização do comércio e pagamentos no Brasil.

Outras plataformas estão sendo desenvolvidas. As empresas de pagamentos buscam adicionar serviços financeiros e de tecnologia, como o caso de Stone e PagSeguro. As empresas de tecnologia estão avançando em pagamentos e serviços financeiros, o que se convencionou chamar de *techfin*, como é o caso da TOTVS e Linx.

Para nós, um ecossistema compreende a capacidade de atender a todas (ou quase todas) as demandas dos consumidores de forma digital. O elemento-chave para o sucesso depende do acesso direto aos dois lados mais importantes da equação, o consumidor e o vendedor, que muitas vezes se misturam. Dessa forma, empresas como Magalu e Mercado Livre já mostraram a capacidade de atrair tanto o consumidor quanto o comerciante, enquanto empresas como TOTVS, Linx, Stone e PagSeguro estão trabalhando para atender de forma plena apenas um lado do mercado: o comerciante.

No Brasil, está em curso o movimento de construção de ecossistemas, uma verdadeira transformação digital do comércio. Embora alguns já se mostram como vencedores, não acreditamos que haverá apenas dois participantes, como é o caso da China. Ganharão mercado aquelas empresas que servirem aos seus clientes de forma mais completa, atendendo suas expectativas e encantando o cliente.

Uma vez conquistado o cliente, o ecossistema transforma a relação comercial, tornando, por exemplo, o ato de pagar um processo automático. Em outras palavras, desmaterializando o pagamento e o tornando invisível, na percepção do consumidor. A plataforma de pagamento instantâneo, o PIX, aumenta o potencial de que os ecossistemas ganhem escala e ameacem os atuais líderes na indústria de pagamentos.

O novo papel da loja física

Em um mundo mais digitalizado, o varejo evoluiu na direção de uma experiência "omnichannel", onde há convergência e fusão dos mundos *online* e *offline*. A loja do futuro ainda está em construção, mas já sabemos que o seu propósito, design, processos e métricas de operação serão diferentes[91]. A China desenvolveu

---

[91] BELL, D.; GALLINO, S.; MORENO, A. "The Store is Dead – Long Live the Store". MIT Sloan Management Review, primavera de 2018. <https://sloanreview.mit.edu/article/the-

uma nova forma de comércio e as inovações ali aplicadas começam a se espalhar para outros países, fazendo com que líderes locais repensem as estratégias considerando as inovações que ocorreram por lá e as características locais.

Não há como negar que o varejo *offline* foi afetado e está sendo influenciado pelo *online*. Ao longo dos últimos anos presenciamos, em todo o mundo, milhares de lojas serem fechadas e, o que se observa, é que a loja física do futuro continuará existindo, mas terá características diferentes do que encontramos atualmente. A tendência é que as lojas sejam menores, equipadas com novas tecnologias e integradas à cadeia de suprimentos *online*, mais focadas na experiência do consumidor, minimizando atrito e fomentando personalização, trazendo uma menor quantidade de produtos e operando como última milha para entrega de pedidos feitos de forma *online*.

Uma estratégia que ganha corpo é o de "Retail as a Service", na medida em que empresas que criam plataformas e ecossistemas começam a exportar suas capacidades para outras regiões. Vemos esse mesmo movimento ocorrer no Alibaba, que por meio de uma parceria com o varejista espanhol "El Corte Inglés", fornece novas tecnologias e capacitação em varejo, pagamentos, computação em nuvem e estratégias OMO ("online merges with offline"). No Brasil, o Magazine Luiza está implementando estratégia similar com o Magalu as a Service ("MaaS") e lançou o propósito de se tornar o "sistema operacional" do varejo brasileiro, ofertando serviços como automação da loja física (PDV), *marketplace*, serviços de pagamento, logística e publicidade.

As lojas físicas ainda são avaliadas por indicadores como faturamento por metro quadrado, lucro gerado ou número de funcionários. Manter os padrões do passado pode ser um erro em um varejo em transformação. O papel da loja física deve ser totalmente repensado no contexto de um varejo "omnichannel" e mais tecnológico.

Alguns movimentos já são observados, como é o caso das lojas sendo redesenhadas para serem pontos de contato, relacionamento e experiência entre marcas e consumidores. E, também, o próprio uso da loja como ponto de retirada pelo cliente de produtos comprados no *e-commerce*, ou mesmo, de envio de um pedido para o cliente a partir do estoque da loja, reduzindo, assim, os custos envolvidos na última milha da logística. Novas métricas e formas de

-store-is-dead-long-live-the-store/>. Acesso em 20/08/2020.

operação e avaliação de desempenho das lojas precisam ser pensadas, tendo como base a utilização de dados e o foco no cliente.

As lojas físicas terão que operar com o mínimo de atrito em processos. Precisarão de tecnologia para aumentar sua assertividade em gestão de sortimento, precificação, disponibilidade de produtos, velocidade de processos e qualidade do serviço. Também terão que elevar o grau de experiência para os clientes, a fim de motivá-los a visitar a loja e fidelizá-los.

Precisarão ser plataformas de serviços e soluções, capazes de resolver problemas de clientes em vez de apenas vender produtos. Como exemplo, pode-se mencionar a tendência de transformação de farmácias em centros de saúde e bem-estar. O futuro da loja será vigoroso, desde que seu papel seja ampliado e sua capacidade de geração e mensuração de valor seja efetivamente aproveitada.

Os "cases" Amazon Go, Hema e Zaitt

Em janeiro de 2018, o lançamento para o público da primeira loja Amazon Go, em Seattle, que estava em testes desde 2016 para funcionários da Amazon, nos deu uma ideia de como o futuro da loja física será: diferente de tudo que existia no varejo até então, sem filas e sem *checkout*. O cliente usa o seu celular com o aplicativo Amazon Go para ingressar, simplesmente fazendo o *scan* do seu *QR Code* em um leitor na entrada. Caso esteja com filhos ou acompanhantes, basta realizar o *scan* no mesmo *QR Code* para cada membro acompanhante.

A partir daí, câmeras com tecnologia de visão computacional controlam tudo que o cliente, seus filhos e amigos, vinculados ao mesmo *QR Code*, pegam ou devolvem nas gôndolas, incluindo ou excluindo os produtos do carrinho virtual automaticamente. Esse serviço se torna viável a partir da combinação de dados coletados por sensores e analisados por algoritmos em tempo real.

Importante notar que a tecnologia associa as pessoas com o *QR Code* e, por consequência, ao carrinho virtual, o que não permite que os clientes auxiliem outros a pegarem algum produto, pois serão cobrados. Quando a compra está finalizada, basta sair da loja e o valor que está no *checkout* é automaticamente cobrado do cartão cadastrado na conta da Amazon.

Também em 2018, a Alibaba, na China, criou sua versão de loja automatizada, por meio da cadeia de lojas Hema, que deu um passo além com relação à Amazon Go. Além de oferecer toda a tecnologia de compras sem *checkout*, a Hema possibilita que clientes façam a sua compra com entrega pelo *delivery* em até 30 minutos. Todo o processo de compra é controlado por meio do aplicativo, o que permite a geração de dados sobre as compras e o comportamento dos clientes. Além disso, as lojas possibilitam uma experiência gastronômica, com os clientes podendo escolher frutos do mar para serem preparados e consumidos na hora, bem como comida pronta.

Aqui pelo Brasil, algumas iniciativas também têm sido verificadas. O Zaitt, por exemplo, é uma experiência brasileira de mercado autônomo. Após um piloto em Vitória, abriu uma loja no bairro do Itaim Bibi, em São Paulo, em uma parceria com a rede Carrefour. O Zaitt utiliza tecnologias para a implementação de estratégias O2O, como o uso de aplicativo, *QR Code*, reconhecimento facial e RFID[92] para compra, autenticação e autorização do pagamento. Os produtos são identificados por *tags* RFID e o consumidor confirma os itens que está levando ao deixar a loja. O controle acionário da Zaitt foi comprado pela Sapore, empresa nacional de refeições coletivas.

A desmaterialização dos pagamentos

As experiências acima mostram que a digitalização chegou ao comércio, seja ele físico ou *online*, com reflexo no mundo dos pagamentos. Dessa forma, perceberemos fortes mudanças nas transações no futuro.

Importante destacar neste contexto o papel do cartão de plástico. O avanço no uso de *token* faz com que o cartão, como credencial de pagamento, seja substituído por uma forma digital, passando por um processo conhecido como desmaterialização. Cada vez mais as informações para pagar estão disponíveis e armazenadas em dispositivos de uso do nosso dia a dia, como celulares, relógios, pulseiras, assistente de voz, automóveis e outras formas de IoT. Ou seja, qualquer dispositivo que tenha a capacidade de armazenar e transmitir dados se torna um potencial instrumento de pagamento.

Dessa forma, no futuro, o consumidor decidirá como prefere pagar, com base nos benefícios e vantagens oferecidos por *wallets* e ecossistemas ou,

---

[92] RFID ("Radio-Frequency Identification") a identificação por rádio frequência é um método de identificação automática por intermédio de sinais de rádio utilizando dispositivos denominados etiquetas RFID, que guardam e transmitem informações sobre produtos, <https://pt.wikipedia.org/wiki/Identificacação_por_radiofrequência>, acesso em 22/09/2020.

simplesmente, por meio da comodidade do pagamento embutido em um dispositivo de uso rotineiro.

Além disso, a combinação de tecnologias como a tokenização e o 3DS 2.0 tornam os pagamentos digitais mais seguros e praticamente eliminam a distinção entre pagamentos com cartão presente e não presente

No Brasil, já percebemos uma adoção gradativa de pagamentos digitais em lojas físicas, impulsionados por aplicativos e carteiras digitais baseados nas tecnologias de NFC e *QR Code*. O NFC está disseminado em 90%, ou mais, das máquinas de cartão instaladas no Brasil, permitindo que os pagamentos ocorram por meio das carteiras digitais Apple Pay, Samsung Pay ou Google Pay.

A tecnologia NFC ainda representa um percentual pequeno dos pagamentos eletrônicos, 0,8% ou R$ 3,9 bilhões do volume de pagamentos por cartão de crédito, débito e pré-pago no primeiro trimestre de 2020. Porém, ela está crescendo a taxas aceleradas, apresentando um número 456% superior ao segundo trimestre de 2019, segundo a Abecs.

Um interessante estudo da Panorama Mobile Time/Opinion Box – Comércio Móvel no Brasil, realizado em abril de 2020, revelou que 35% dos consumidores internautas e usuários de *smartphone* no Brasil já realizaram pagamentos por meio de um *QR Code*, enquanto 23% já realizaram pagamentos por aproximação usando o NFC.

Faz um PIX!

Existe um consenso de que o PIX proporcionará uma evolução importante em concorrência e eficiência nos pagamentos. O sistema conectará todas os tipos de contas, sendo elas contas corrente, de poupança e contas de pagamento, essas últimas fornecidas pelas *fintechs* e instituições de pagamentos (não financeiras). Dessa forma, o sistema bancário se tornará mais interoperável, pois todas essas instituições estarão ligadas por meio do SPI (Sistema de Pagamentos Instantâneos).

O PIX é uma nova estrada para os meios de pagamento ("payment rail"). Ele não significa uma evolução incremental na indústria atual de meios de pagamento como vimos na maioria das inovações até hoje. O PIX conjuga o potencial de uma inovação disruptiva e de crescimento exponencial.

Quando pensamos em disrupção, vemos que o PIX inicia atendendo as movimentações mais simples dos consumidores, como transferência entre contas, sendo o pagamento instantâneo, um potencial substituto ao cartão de débito. Mas, com o passar do tempo, outras inovações poderão ser adicionadas, como crédito instantâneo, parcelamento de compras vinculado a garantias e seguro instantâneo sob demanda, ficando a cargo dos participantes criar produtos sob a nova infraestrutura estabelecida.

Ao redor do mundo, o sucesso da adoção dos pagamentos instantâneos tem sua razão no incentivo e suporte dos bancos centrais, o que tem ocorrido no Brasil de forma importante. A empresa de consultoria Roland Berger lançou estudo intitulado "PIX – A revolução silenciosa no mercado de pagamentos", de 20 de agosto de 2020, em que três cenários são propostos para o impacto do PIX no mercado de pagamentos.

De acordo com a consultoria, em um cenário conservador, em que a transformação ocorre de forma lenta, o impacto na receita líquida das credenciadoras será de R$ 3,8 bilhões, representando uma queda de 18% quando comparado ao cenário de 2019. O impacto no cenário de sucesso do PIX chega a R$ 8,7 bilhões ou uma redução de 40,6%. Por fim, no cenário de mais elevado impacto para as credenciadoras a queda nas receitas chega a até R$ 13,4 bilhões, representando uma queda de 63%, no cenário em que a consultoria intitulou como o "fim da credenciadora".

No foco do Banco Central em iniciativas como o PIX está, também, a necessidade de bancarização da população brasileira. Estatísticas recentes dão conta que cerca de 45 milhões de brasileiros não possuem uma conta bancária. Além disso, 56%[93] das pessoas no Brasil ainda recebem seus salários e realizam suas compras com dinheiro. Essa população não tem acesso aos serviços financeiros ou tem um acesso muito precário, com altas taxas de juros e cobrança exagerada de tarifas que, no final das contas, acabam por complicar ainda mais a vida financeira das pessoas.

A inclusão financeira não é tema apenas no Brasil, um país em desenvolvimento. Até mesmo nações ricas têm esse desafio pela frente. Para melhorar a percepção sobre o tema, é interessante notar que, nos Estados Unidos, existem 25 milhões de americanos fora do sistema financeiro. Eles não usam cartões de débito, obtêm crédito com agiotas e pagam em dinheiro pelas suas compras. O problema não para por aí. Outro dado mostra que 70 milhões de americanos, embora tenham provavelmente conta bancária e acesso a algum serviço, são

---

[93] Banco Central do Brasil.

mal servidos, no sentido de que eles gastam US$ 180 bilhões por ano em tarifas bancárias, soluções de pagamento e taxas de juro. O sistema é caro para eles. O sistema não é adequado e tampouco democrático.

No Brasil, situação semelhante é identificada, embora não tenhamos tantos dados estatísticos a respeito. Mas convidamos o leitor a pensar como é o dia a dia de uma pessoa que tem uma família e recebe o salário em espécie – lembre-se que, neste caso, estamos falando da maioria dos brasileiros.

Imagine por um instante que você seja uma dessas pessoas. Você recebe sua remuneração em papel moeda, tem que transportar, guardar, administrar e fazer todos os seus pagamentos. Certamente neste momento você já percebeu o nível de insegurança adicionado à sua vida. Mas não é apenas isso, esqueça o pagamento de boleto na internet, a não ser que você tenha um cartão de crédito que lhe permita isso. Pagar suas contas em dia se torna um trabalho adicional e não remunerado, que pode até mesmo influenciar negativamente nas atividades profissionais, pois terá que se locomover até uma agência bancária ou um correspondente bancário, no horário de expediente, a fim de quitar seus débitos.

Hoje, a tecnologia é fundamentalmente "a solução" para a inclusão financeira. Como inclusão financeira entende-se, também, inclusão social. Trazer a população para os ecossistemas e plataformas é importantíssimo. Existem estudos que mostram que sociedades que investiram em tecnologia para fazer inclusão social tiveram um ganho de renda para a população desbancarizada na ordem de 30%. A capacidade de dar um instrumento de acesso ao sistema financeiro e de promover a educação financeira transformam a realidade do país.

No Brasil, estamos no caminho para que isso ocorra, impulsionado pelo Banco Central. Primeiro, com a regulamentação das contas de pagamento a partir de 2013, bastante utilizadas pelas credenciadoras, bancos digitais e *fintechs* para oferecer uma alternativa à conta bancária a pessoas físicas e microempreendedores. Em 2020, com a plataforma de pagamentos instantâneos, o PIX. Todas essas iniciativas, juntas, vão permitir uma capacidade de digitalização do papel moeda, incluindo milhões de brasileiros ao sistema financeiro.

Diante dessa nova realidade, a jornada do cliente muda completamente: em vez de receber em dinheiro, ter de andar para lá e para cá com as cédulas, sob o risco de ser assaltado, e enfrentar fila para pagar contas, o cidadão recebe em uma conta digital. Acessada pelo celular, ela dá a possibilidade de uso em qualquer local que a pessoa estiver, seja para pagar diretamente a um estabelecimento comercial ou até mesmo para transferir dinheiro rapidamente para outra pessoa. Espera-se que, com isso, aconteça um ganho de tempo, dinheiro e um melhor controle financeiro por parte do brasileiro. Uma vez educado financeiramente, o cidadão vai se render às novas tecnologias e facilidades – e, quem sabe, impulsionando ainda mais o crescimento dos ecossistemas e plataformas pelo país afora.

Estamos muito otimistas quanto à adesão ao PIX pela população que recebe e paga em dinheiro. Entretanto, devemos estar atentos que o sucesso depende da capacidade do governo em conjunto com as empresas fomentar a comunicação, conscientização e educação, sobre as vantagens da inclusão financeira, para que essa população comece experimentando a modalidade de pagamento instantâneo – PIX.

A expansão da biometria

Em um ambiente mais digital, a segurança se torna um fator primordial. Uma tendência que não podemos deixar de tratar é do uso da biometria, como impressões digitais e reconhecimento facial, principalmente em meio ao grande número de senhas que os usuários precisam memorizar, o que está dificultando a criação de senhas exclusivas e fortes.

Desde que a Apple introduziu a identificação biométrica com o sensor de impressão digital do iPhone em 2013, as empresas têm explorado a tecnologia como uma forma de finalmente impedir fraudes e solucionar problemas generalizados de segurança cibernética. As carteiras digitais Apple Pay, Google Pay e Samsung Pay já utilizam métodos de autenticação baseados em reconhecimento facial e digital, e percebemos uma tendência na adoção de tal padrão, inclusive no comércio.

Uma pesquisa recente da Visa mostrou que 68% dos compradores nos Estados Unidos abandonaram uma compra *online* devido ao esquecimento de uma senha, problemas para fazer *login* ou para receber uma senha única. Além disso, as senhas estão sob constante ameaça de hackers, com 80% das violações de dados envolvendo senhas comprometidas e fracas, de acordo com o Verizon Data Breach Investigations Report 2019[94].

---

[94] <https://www.nist.gov/system/files/documents/2019/10/16/1-2-dbir-widup.pdf>. Acesso em 20/08/2020.

As expectativas dos consumidores em relação à velocidade, conveniência e segurança jogam a favor da biometria. Mais da metade dos titulares de cartão de crédito que responderam à pesquisa (53%) disseram que trocariam de banco se o atual não oferecesse opções de autenticação biométrica.

É por isso que consumidores têm migrado para a biometria. Dois terços das pessoas pesquisadas pela Visa já usaram biometria e consideram-na mais fácil e rápida de usar do que as senhas tradicionais. Os três principais benefícios incluem: 42% disseram que não precisam mais se lembrar de senhas; 34% acreditam que a biometria traz maior segurança; 33% preferem por evitar esquecer ou perder a senha.

A biometria é definitivamente melhor do que as senhas quando analisamos a experiência do usuário, afinal decorar senhas longas e complexas é uma atividade que consome muita energia, mas quando se trata de segurança, não é infalível e pode se tornar um problema muito mais sério.

Em geral os sistemas de segurança se baseiam em três maneiras de identificar e autenticar uma pessoa:

- Algo que você tem: documento com foto, cartão de crédito com nome, *token* de segurança etc.;
- Algo que só você sabe: uma senha;
- Algo que você é, ou uma identidade biométrica: impressão digital, íris, face, DNA etc.

Isso funciona muito bem quando as interações são entre pessoas. Em algum momento da sua experiência, por exemplo ao pagar em uma loja fora do país, é provável que, além de mostrar o seu cartão de crédito, seja pedido uma identidade com foto (algo que você tem), digitar uma senha (algo que você sabe) ou assinar o comprovante (algo que você é). No entanto, em um ambiente totalmente digital, em que a autenticação raramente envolve a interação entre duas pessoas, esse esquema não funciona muito bem.

Os autenticadores também devem ser determinísticos. Dadas as mesmas entradas, o processo de autenticação sempre produzirá exatamente os mesmos resultados. Por exemplo, uma senha está sempre correta ou errada; não há nenhum estado "intermediário" ou "talvez" em que algum algoritmo tenha que fazer um julgamento que vá além de "absolutamente correto" e "absolutamente incorreto".

No entanto, a biometria é probabilística. Ou seja, há um "algoritmo de julgamento" que faz sua "melhor estimativa" se os dados recebidos correspondem aos resultados da característica biométrica previamente registrada. É por isso que às vezes um leitor de impressão digital não consegue reconhecer seu dedo, ou um scanner facial não consegue reconhecer seu rosto. Ou, pior, poderá aceitar a impressão digital ou rosto de outra pessoa como sendo sua. Os autenticadores devem ser absolutos e, por isso, a biometria não é autenticadora válida.

Mesmo que possa aceitar a biometria como forma de autenticação, o que preocupa é o fato de não ser revogável. As senhas são claramente revogáveis: uma vez comprometida, você a substitui. Mas e quanto à biometria? Como você revoga e substitui um autenticador biométrico? Bem, claramente, você não pode.

Ao acessar um meio de pagamento por meio de um *smartphone* utilizando uma autenticação biométrica, troca-se conveniência por risco. Se você tiver o reconhecimento facial ativado em seu dispositivo, então um criminoso pode simplesmente segurar o dispositivo em frente ao seu rosto e desbloqueá-lo, dando-lhes acesso total ao dispositivo em um instante. No entanto, o uso de uma senha complexa complica o acesso, pois o criminoso teria que forçá-lo a inserir a senha, um atraso que poderia aumentar substancialmente a chance de ele ser pego no meio do roubo.

Portanto, como você não pode revogar sua identidade, sua biometria é um meio de identificação e não de autenticação. Assim, existem apenas dois meios de autenticação: "o que você sabe" e "o que você tem".

Como se você já não tivesse o suficiente para se preocupar com roubo de identidade, informações reveladas em uma convenção internacional de hackers na Alemanha sugerem que suas impressões digitais agora podem ser roubadas de fotos que você publica *online*. A descoberta foi discutida na 31ª convenção anual Chaos Computer Club em Hamburgo, Alemanha, a maior associação de *hackers* da Europa. Naquela ocasião, um hacker chamado Jan Krissler mostrou como recuperou a impressão digital da ministra da Defesa alemã, Ursula von der Leyen, usando fotos publicadas pela imprensa encontradas na internet.

Com as câmeras agora produzindo imagens de alta qualidade, mais detalhes podem ser obtidos nas fotos, mesmo quando as fotos são tiradas à distância. Suas impressões digitais não só podem ser identificadas em fotos públicas que mostram suas mãos, mas também podem ser roubadas por qualquer pessoa que possua uma simples câmera.

Por fim...

Conforme o combinado, não é nosso propósito fazer previsões, principalmente de logo prazo. Talvez apenas desenhar um cenário para 2030. Entretanto, abordamos neste capítulo as tendências que se mostraram possíveis, não só pela experiência internacional, mas principalmente pela ambição demonstrada por participantes e postulantes do sistema de pagamentos brasileiro.

Aprendemos com o futurólogo James Canton que, em vez de tentar adivinhar o futuro, em um exercício difícil e complexo, preferimos olhar atentamente para os problemas e dores que as empresas e empreendedores estão tentando resolver. Canton acredita que quando existe uma certa quantidade de energia investida na busca de uma solução, ele passa a ter certeza de que a dor ou o problema será resolvido, restando apenas definir quando.

Analisamos muitas dessas iniciativas, neste e nos capítulos anteriores. Resumidamente, o comércio se modifica e se torna cada vez mais digital, para atender a expectativa de consumidores cada vez mais exigentes. Ecossistemas crescerão, ganhando importância além do próprio comércio. Pagamentos digitais eliminarão a diferenciação entre os mundos físico e digital. As credenciais de pagamento se multiplicarão, permitindo que o novo consumidor pague a qualquer momento e em qualquer lugar, com segurança. O roubo de identidade digital continuará a preocupar a toda sociedade e os processos de autenticação de um cliente e de uma transação de pagamento continuarão se aperfeiçoando, num processo contínuo de evolução.

No futuro, bancos e *fintechs* terão de ser capazes de validar as credenciais apresentadas por seus clientes, de forma independente, para o sucesso da segurança. Em outras palavras, não basta eu mostrar quem sou, o banco terá de ser capaz de validar quem sou. O processo e o ato de pagar continuará na desmaterialização, ao ponto de o consumidor simplesmente nem perceber que já pagou por produtos e serviços, no futuro. Lembrar que o pagamento se tornará invisível pode parecer mais um jargão, entretanto, as análises mostram como os processos de pagamento desaparecem e se tornam automáticos, restando ao consumidor decidir somente pela compra. O varejo se beneficiará dos métodos e formas de pagamentos simples, rápidos, seguros e com custos menores.

Como consequência dessas transformações, podemos esperar uma indústria de pagamentos maior e mais sofisticada, entretanto, com redução significativa da capacidade de capturar valor isoladamente.

Posfácio

PAYMENTS X.0 - A Aventura Continua

Introdução

Foi uma honra ser convidado pelos amigos, autores desse livro, *Payments 4.0*, Edson Santos e Luis Filipe Cavalcanti, para escrever este posfácio. Agradeço a oportunidade de aprender com quem conhece profundamente a evolução desse mundo de meios de pagamento, por terem sido – e continuarem sendo – protagonistas de muitos de seus marcos e avanços nas últimas décadas. Também agradeço poder contribuir um pouco com algumas considerações que apontam para fundamentos e perspectivas.

Edson e Luis Felipe nos descrevem, com muito cuidado e rica ilustração, qual é o estágio atual de evolução desse mercado de *Payments*, batizado por eles de 4.0, ou seja, em sua 4ª configuração estrutural, depois de já ter passado por várias etapas anteriores, ao longo da extensa história de evolução e aperfeiçoamentos, muitos deles descritos sinteticamente nesse livro e mais extensamente no delicioso livro anterior do Edson Santos, *Do Escambo à Inclusão Financeira* (2014), em que tive o prazer de escrever uma nota na contracapa e participar do lançamento e sessão de autógrafos.

Merece elogio essa contribuição relevante dos autores ao registro, análise e discussão sobre temas de grande importância para o mercado de pagamentos, bem como para o contexto mais amplo dos serviços financeiros e para a sociedade em geral.

O Mundo dos Pagamentos e as relações essenciais que dão origem aos Serviços Financeiros

Para uma melhor contextualização, é fundamental colocarmos o **Mundo dos Pagamentos** em uma perspectiva mais ampla, entendendo-o como um dos principais componentes das relações financeiras essenciais, ou seja, aquelas que fazem parte da vida da maioria – senão da totalidade – das pessoas (físicas ou jurídicas, ou seja, indivíduos ou empresas). Pagar (e receber, seu espelho) constitui provavelmente a atividade financeira mais frequente na vida das pessoas, parte de uma relação essencial, a troca, ou seja, a relação de consumo. A qual, por sua vez, se estabelece e existe para atender a uma série de necessidades – das básicas às mais sofisticadas –, e que envolve uma troca de produtos ou serviços por uma contrapartida financeira, um pagamento.

Outra relação financeira essencial é a que dá origem ao **Mundo da Intermediação Financeira**. De um lado há pessoas que possuem excesso de recursos financeiros, uma poupança, e que buscam protegê-los e rentabilizá-los, transformando-os em investimentos *lato senso*. Do outro lado, há pessoas que precisam de recursos financeiros para consumir ou empregar em seus projetos produtivos, tornando-se buscadores de crédito. O sistema financeiro faz o papel de canal de condução desses excessos de recursos de um lado e falta do outro, assumindo o risco envolvido e gerenciando a oferta e a demanda.

Há também a relação entre os que buscam proteção para seu patrimônio ou a vida, expresso em vários aspectos, e aqueles que se dedicam a oferecer proteção, assumindo riscos de sinistro. É o **Mundo dos Seguros** em suas múltiplas expressões.

E finalmente, perpassando e conectando todas essas interações, há o **Mundo do Relacionamento**, que envolve a busca de conhecer melhor e fidelizar clientes, de um lado, e clientes dispostos a serem mais fiéis em troca de reconhecimento e recompensa. Essa certamente é uma dimensão que vai muito além do mundo de serviços financeiros, mas é cada vez mais fundamental nesse campo e, na sua essência, também envolve uma relação de troca.

O essencial e o eventual em Pagamentos

Para entender melhor tanto a evolução dos Pagamentos quanto suas tendências e caminhos futuros, é importante identificar e separar o que é essencial e estrutural daquilo que é eventual e conjuntural, ou seja, o que está na base e que deve permanecer como conteúdo, diferentemente do que é sua forma provisória, sua configuração temporal, mesmo que dure bastante tempo. O essencial no pagamento (e recebimento) é que ele é uma parte de uma relação de troca, que, por sua vez, existe para atender necessidades fundamentais de compradores e vendedores. Isso é bastante evidente, mas muitas vezes nos esquecemos e acabamos confundindo o meio com o fim, a aparência com a essência. Compradores se tornam consumidores ao buscar satisfazer suas necessidades de subsistência (alimentação, moradia, limpeza, transporte, vestimenta etc.) e outras crescentemente mais sofisticadas (lazer, relacionamento, imagem, comunicação etc.). E, para tanto, buscam provedores de bens e serviços que os atendam, que são vendedores, ou seja, varejistas em sentido mais amplo. O pagamento, nesse contexto de troca, é a transferência de recursos financeiros do comprador para o vendedor. O que pode se dar de diversas maneiras, tanto na forma quanto no tempo.

É aí que surgem, como o nome apropriadamente diz, os Meios de Pagamento, ou seja, os instrumentos pelos quais se dá a liquidação da contrapartida de uma relação de consumo, que é essencialmente uma relação de troca. Nesse sentido, os meios de pagamento podem ser colocados em um contexto mais amplo de vários instrumentos e canais do processo de consumo, que envolve várias interações tanto pré quanto pós-pagamento. E aqui tomamos o pagamento só como um referencial por ser esse nosso ponto de observação e não por sua importância para o vendedor e o comprador, que em realidade, o colocam em um patamar de igualdade ou até mesmo de menor importância em relação a outras instâncias. Antes de pagar há todo um processo em que o consumidor identifica sua necessidade e busca soluções (produtos e serviços) ou mesmo é atraído e seduzido por ofertas daquilo que nem tinha consciência previamente. Essa interação, sempre permeada de aspectos racionais e emocionais, também envolve comparação, informação, referências e influências até a decisão – com maior ou menor consciência. E aí vem o pagamento, com sua gama de instrumentos e provedores de soluções, prazos, mecanismos de crédito etc., o que o torna também mais um passo de escolha e decisão. E, a partir daí, é seguido pela entrega, avaliação, comentários, reclamações, elogios, interações e todo os aspectos do relacionamento.

E para que essa mágica do meio de pagamento aconteça a contento há uma série de agentes e provedores de serviços financeiros atuando tanto no lado do comprador, quanto no lado do vendedor e na interrelação entre ambos. Além disso, há todo um processo de habilitação e preparação que acontece antes do pagamento, de ambos os lados, e uma ação decisiva no momento da transação, seguido por um conjunto de atividades após a transação até a sua efetiva liquidação em ambas as pontas. Instituições financeiras, provedores de serviços e equipamentos operacionais e tecnológicos atuam ao longo de todo esse ciclo para garantir que esse processo aconteça com segurança, rapidez e o devido controle.

As várias tecnologias e *devices* já utilizados e que ainda serão criados e adotados no processo de pagamento são a parte mais visível – e, muitas vezes, tangível – do que chamamos de meios de pagamento. Mas, da mesma forma como já aconteceu ao longo da história mais longa e recentemente, são só meios e, portanto, mutáveis, substituíveis – parcial ou totalmente. E não devem ser confundidos com o que continua na essência dessa relação.

Forças e vetores de transformação

E para onde vamos no Mundo dos Pagamentos? Para ter um bom guia na busca de respostas e criação do futuro – melhor forma de predizê-lo, inclusive – é recomendável prestar atenção nos grandes vetores de transformação já em curso e novos que se podem antecipar. Costuma-se dar muita relevância às chamadas Forças Disruptivas. E, claro, são fundamentais, pois quebram o antigo e criam o novo, envolvendo processos, comportamentos, instrumentos e práticas. Mas a elas é necessário também contrapor o que podemos batizar de Forças de Arrasto, o que nos prende ao passado e que retarda ou mesmo impede o avanço. E é desse contraponto de vetores de forças contrárias que resulta o efeito final de evolução.

Dentre as **Forças Disruptivas** mais relevantes, podemos destacar as **mudanças regulatórias**, que têm tido um papel decisivo em criar e estimular um ambiente de inovação, mais competição e inclusão financeira, promovendo uma enorme aceleração de processos e antecipando o amanhã e criando o novo. Nesse sentido, merece destaque o papel do Banco Central em ser um grande orquestrador de enormes mudanças regulatórias em serviços financeiros em geral e no mundo de pagamentos, em particular. E, indo além de suas funções clássicas de regulador *strictu sensu*, tem assumido um papel de protagonista no caso do PIX – Pagamentos Instantâneos, atuando como provedor de infraestrutura.

As **inovações tecnológicas** são outro componente vital, viabilizando novas formas de interação, comunicação, transação, registro e trocas. E tudo isso envolve diretamente o Mundo dos Pagamentos. Os chamados pagamentos desmaterializados – com um mínimo ou mesmo prescindindo de meios materiais – e os pagamentos invisíveis – quando não há percepção de que se pagou – só são viáveis com o suporte e a inovação trazida pela tecnologia. Que certamente continuará a desempenhar um papel central na evolução desse mercado.

Não podemos esquecer de que, no coração dessa evolução, também está o **comportamento do consumidor**. Mudando continuamente em função de processos geracionais, de novos valores, aspirações e necessidades.

Porém, se contrapondo a todos esses vetores, as **Forças de Arrasto** se manifestam de várias formas. Entre elas, destacam-se as **restrições culturais**, ou seja, hábitos e costumes arraigados. No caso dos Meios de Pagamento, o dinheiro vivo ainda é – e será durante um bom tempo, apesar de tendência declinante – a principal, senão a única para muita gente, forma de pagar e receber. Em populações de mais baixa renda, nas periferias das grandes cidades, nas cidades pequenas, nas regiões mais afastadas dos grandes centros, o dinheiro ainda é rei. Representando familiaridade, confiança, hábito e percepção de custo zero, entre outras qualidades que justificam sua preferência.

A essa se soma outra força que a potencializa, a enorme **informalidade** existente na nossa economia. Que é impulsionada por diversos fatores. A busca de pagar menos ou nenhum imposto, o medo do controle governamental e a criminalidade em suas diversas formas, envolvendo o roubo, a droga, o assassinato, a corrupção, o desvio de recursos etc.

A realidade brasileira é marcada por muita **pobreza, além de desigualdade social e econômica**. E isso é uma enorme barreira ao acesso a serviços financeiros em geral e especificamente a meios eletrônicos de pagamento. Renda baixa, desemprego ou subemprego mantém uma grande parte da população apartada desse mundo.

O baixo **nível educacional** também trabalha contra. Ainda temos um enorme contingente de analfabetos totais ou funcionais, que mal sabem assinar seu nome, o que os incapacitam a compreender, decidir e operar com informações e recursos tecnológicos básicos e indispensáveis para participar do mundo financeiro moderno. A restrição dessa deficiência de educação se multiplica quando consideramos seus impactos na vida em geral, na chamada vida digital até atingir a vida financeira.

As tentativas de "copiar e colar" **modelos de negócio** adotados em outros países, sem considerar a devida adequação à realidade brasileira, é outra grande restrição e causa de muitas tentativas frustradas. Historicamente o segmento de meios de pagamento observou atentamente, se inspirou e copiou os modelos vindos dos Estados Unidos da América, que acabaram mais recentemente deixando de ser referência por perderem sua capacidade e ritmo de atualização, inovação e ousadia para a ruptura. Ultimamente, tem-se olhado muito para a China como se fosse a fonte da nova referência nesse campo. E, em todas essas situações, se esquece de que o Brasil tem uma realidade distinta desses países. E uma história e características sócio-econômico-culturais que exigem soluções próprias e adequadas, não uma mera reprodução de modelos de outras realidades.

Os enormes **investimentos** já feitos na configuração, operação e gestão do sistema atual acabam também sendo uma âncora que nos impede de ousar cortar amarras e navegar por novos mares.

E o enorme **poder dos grandes *players***, chamados de incumbentes, altamente concentrados e verticalizados reforçam a tendência a uma mudança mais restrita, gradual e controlada.

O **custo** – real e percebido – ainda é uma séria restrição para adotar novos meios de pagamento. Pagar para possuir, para acessar, para manter, para transacionar etc. com meios eletrônicos explicita custos que muitos não percebem quando vivem exclusivamente no mundo do dinheiro vivo.

Nossa **infraestrutura** ainda é muito precária, com muitos locais sem acesso adequado a conexão com internet, recurso indispensável para acessar e operar meios eletrônicos. E o custo desse serviço ainda é também proibitivo para muitas pessoas.

As oportunidades em pagamentos de empresas

O mundo de pagamentos é comumente olhado por sua perspectiva mais usual e visível, ou seja, os pagamentos feitos por pessoas no seu consumo ao final da cadeia. Porém, há um campo muito maior em tamanho (cerca de duas vezes e meia), que é o pagamento de empresas, feitos entre si, na cadeia de suprimentos, e os pagamentos feitos a funcionários e provedores pessoa física, além, claro, dos impostos e tributos, pagos aos vários níveis de governo. Além de gigantesco, esse é um *front* de grandes oportunidades de evolução, com possibilidades de aperfeiçoamento de processos, maior automatização e integração, melhor gestão, conciliação mais efetiva, entre outros avanços. Comparativamente o segmento de pagamentos de pessoas físicas evoluiu muito mais na última década do que no mundo das empresas. E aí está uma grande oportunidade para explorar esse enorme "oceano azul" ao se comparar com o "oceano vermelho" que o mundo de pagamentos de pessoa física representa, visto da perspectiva de negócio e geração de valor. A possibilidade de integrar pagamentos, recebimentos, *cash management* com crédito, seguros, investimentos, dentro de um contexto de gestão de relacionamento integrado, com o cliente no centro é uma grande fronteira a desbravar por empresas em seus ecossistemas e por provedores de serviços financeiros em toda a sua cadeia.

Conclusão

Ao longo do tempo, muitas mudanças já aconteceram com os meios de pagamento. Incorporando formatos variados, *devices* diferentes e tecnologias distintas. De uma maneira ou de outra, sempre buscando responder a necessidades de seus vários usuários essenciais (compradores e vendedores) e seus provedores (bancos, prestadores de serviços, operadores etc.). Atualmente estamos dando mais um grande salto qualitativo, envolvendo mais mobilidade, desmaterialização, invisibilidade, integração etc. E isso é só mais um passo nessa longa jornada de evolução. Muitos outros ainda virão.

Porém, um fator crucial que deve ser observado são as forças de arrasto, aquelas que nos condicionam e nos seguram, dificultando o avanço. Quando mais um país avança em uma onda de inovação, maior é a dificuldade de pegar a próxima onda. E isso vale para um país pioneiro e líder durante muito tempo no mundo de meios de pagamento, como os Estados Unidos, como para o Brasil. Isso pelo peso principalmente dos investimentos já feitos em infraestrutura, enorme poder e influência dos *players* dominantes e cultura estabelecida.

Já quem entra no jogo sem o "peso do passado" tem mais facilidade de criar o novo e fazer um salto (*leapfrog*) para o futuro. Portanto, mais importante do que prever o futuro, é construí-lo. A partir de processos e mudanças que podem conviver ou se suceder em ritmos graduais ou mais acelerados, em configurações de adaptação ou mais disruptivas.

Uma coisa já está ficando bem clara. Os meios de pagamento estão cada vez se tornando o que o próprio nome diz, um meio, um instrumento, e não um fim em si mesmo, ou seja, mais um suporte a uma transação dentro de uma relação essencial de consumo entre compradores e vendedores, funcionando com enormes volumes, muita eficiência e baixos custos. E menos um negócio em si, fonte de enorme valor para seus provedores, como foi durante muito tempo.

Assim, *Payments 4.0*, que dá nome a esse livro, e que nasce muito oportunamente para nos atualizar e orientar nessa evolução, é mais um capítulo na longa história do mundo dos pagamentos, a caminho das suas próximas e melhores versões, em um processo incessante de criação e inovação, que podemos batizar de *Payments X.0*. Quem viveu a história, tem habilidade e ousadia, como os autores do livro, sabe contar o que nos trouxe até aqui. Além de sinalizar caminhos e possibilidades de evolução para o futuro. Que é certamente pleno de potencialidades. Ou seja, a aventura continua!

Boanerges Ramos Freire
Presidente da *Boanerges & Cia Consultoria* - Inteligência em Pagamentos, Crédito e Fidelização

Lista de Siglas e Abreviaturas

Abecs – Associação brasileira das empresas de cartões de crédito e serviços.
Abranet – Associação brasileira de internet.
B2C – *Business to Consumer*.
B2B2C – *Business to Business to Consumer*.
CAC – *customer acquisition cost*.
Cade – Conselho administrativo de defesa econômica.
CAE – Comissão de Assuntos Econômicos.
CBSS – Companhia Brasileira de Soluções e Serviços.
CEO – *Chief Executive Officer*.
CIP – Câmara Interbancária de Pagamentos.
CMM – *Card and Merchant Management*.
CNPJ – Cadastro Nacional de Pessoa Jurídica.
COO – *Chief Operating Officer*.
CVC – código de verificação do cartão.
DCC – *Dynamic Currency Conversion*.
DICT – diretório de identificadores de contas transacionais.
DOC – Documento de Ordem de Crédito.
ERP – *Enterprise Resource Planning*.
FIC – *Fidelity National Information Services*.
FIDC – Fundo de Investimento em Direito Creditório.
FGC – Fundo Garantidor de Créditos.
GSM – *Group Special Mobile*.
HSM – *Hardware Security Module*.

IBGE – Institudo Brasileiro de Geografia e Estatística.
ICA – *Interbank Card Association.*
Ipos – *Integrated Point of Sale.*
LTV – *Lifetime value.*
MaaS – *Magalu as a Service.*
MEI – microempreendedor individual.
NFC – *Near Field Communication.*
NPS – *Net Promoter Score*
O2O – *Online to Offline.*
OMO – *online merged with offline.*
P2B – *peer-to-business.*
P2P – *peer-to-peer.*
PAT – Programa de Alimentação do Trabalhador.
QR Code – *Quick Response Code.*
SBDC – Sistema Brasileiro de Defesa da Concorrência.
SCG – Sistema de Controle de Garantias.
SPB – Sistema de Pagamentos Brasileiro.
SPI – Sistema de Pagamentos Instantâneos.
STR – Sistema de Transferências de Reservas.
TCC – Termo de Compromisso de Cessação de Prática.
TED – Transferência Eletrônica Disponível.
TEF – Transferência Eletrônica de Fundos.

Índice Onomástico e Remissivo

1 click (botão), 209, 210
6Ds, 58, 59, 60, 190
11 de setembro de 2001, 40, 201
99 Taxis, 171
ACI Worldwide, 90, 92
Acqio, 93
Afterpay, 11
Airbnb, 57
AirFox, 138
Alibaba, 67, 107, 124, 127, 128, 142, 172, 211, 212, 213, 214, 215, 219, 220
Alipay, 67, 109, 172, 211, 214, 215
Amazon, 11, 60, 107, 114, 120, 124, 129, 130, 134, 140, 141, 209, 210, 220
Amazon Go, 128, 220
Amazon Pay, 109
Amazon Prime, 129
Ame Digital, 106, 139, 171
American Bank Note S.A, 72
American Express, 25, 150, 166,
Americanas, 139,

Ant Financial, 211
Apple Pay, 21, 95, 109, 110, 171, 175, 222, 225
Associação brasileira das empresas de cartões de crédito e serviços (Abecs), 30n, 44, 45, 135, 188, 195, 222
Associação brasileira de internet (Abranet), 150, 151
B2B2C, 16
B2C, 16, 211
B2W, 139, 140, 142, 172, 217
baby boomers, 67, 141, 199
Bain, 195
Banco 24Horas, 173,
Bancoob, 89, 162
Banco BGN, 86
Banco Central do Brasil, 10, 11, 12, 19, 20, 34, 37n, 38, 39, 41, 42, 43, 66, 81, 83, 88, 96, 97, 109, 111, 114, 115, 138, 145, 146, 147, 148, 149, 150, 151, 153, 154, 156, 157, 158, 159, 161, 162, 169, 173, 179, 180,

183, 184, 187, 188, 190, 191, 223, 224, 233
Banco do Brasil, 26, 71, 72, 73, 75, 95, 96, 111, 139, 162
Bank Americard, 25, 26
banQi, 139
Bematech, 103
Best Buy, 129, 130, 131
Bigtechs, 65, 107, 108, 109, 110, 112
Bin, 89
Blockbuster, 54, 55
BNP Paribas, 140
Bom Preço (rede), 96,
Bower, Joseph, 52, 53, 57, 58
Bradesco, 26, 71, 72, 74, 75, 95, 96, 137
Brasil, 9, 10, 11, 12, 16, 19, 21, 24, 26, 27, 28, 29, 30, 31, 33, 40, 42, 44, 45, 46, 48, 49, 50, 64, 65, 66, 67, 71, 72, 73, 74, 75, 81, 82, 84, 87, 88, 89, 90, 91, 94, 95, 96, 97, 100, 101, 102, 103, 104, 105, 110, 111, 112, 114, 115, 116, 125, 127, 129, 132, 135, 136, 139, 141, 145, 146, 150, 159, 160, 164, 165, 167, 168, 171, 172, 173, 174, 176, 179, 185, 189, 190, 191, 192, 195, 200, 201, 211, 214, 215, 216, 217, 218, 219, 221, 222, 223, 224, 234, 235
Braspag, 73, 86
Buscapé, 82, 133
Cadastro Nacional de Pessoa Jurídica (CNPJ), 71, 179, 180
Caixa Econômica Federal, 71, 72, 95, 96, 149, 155, 162
Califórnia, 26, 103
Câmara Interbancária de Pagamentos (CIP), 34, 35, 49, 154, 155, 157, 184
Campos Neto, Roberto, 161
Canadá, 45
Canaltech, 142
Canton, James, 64, 228
Card and Merchant Management (CMM), 92
Cardif, 140
Cardmonitor, 39n, 40, 89
Carrefour, 212, 213, 221
cartão de crédito, 20, 21, 26, 30, 31, 32, 34, 35, 36, 37, 39, 51, 115, 132, 135, 137, 138, 139, 140, 141, 146, 147, 148, 153, 155, 157, 158, 159, 168, 187, 214, 215, 222, 224, 226,
cartão de débito, 20, 21, 33, 38, 39, 51, 111, 158, 159, 166, 172, 176, 223,
Casas Bahia, 137, 138
cashback, 37
Cateno, 75, 76
Centro-oeste (região), 45
Chaos Computer Club, 227
chargeback, 50, 177, 190
Chevrolet, 52
Chile, 80, 135, 136
China, 9, 67, 127, 128, 142, 171, 210, 211, 212, 213, 214, 215, 218, 220, 234,
Christensen, Clayton, 52, 53, 54, 57, 58,
Cielo, 26, 27, 29, 31, 37, 39, 71, 72, 73, 74, 75, 76, 85, 86, 88, 93, 96, 105, 106, 116, 139, 151, 154, 155, 158
Cielo LIO, 78
Cielo Mobile, 74

Cielo Pay, 76, 77
cisne negro, 193, 194
Citibank, 26, 77
Clover, 75, 101
código de verificação do cartão (CVC), 48, 164, 165, 175, 176, 192
Comissão de Assuntos Econômicos (CAE), 152
Companhia Brasileira de Soluções e Serviços (CBSS), 75
Conductor, 92, 95
Conselho administrativo de defesa econômica (Cade), 12, 66, 78, 83, 89, 145, 146, 150, 151, 152, 153, 155, 157, 159, 160, 161
Conselho Monetário Nacional, 157
Conta Azul, 102
Coreia do Sul, 45, 178
Cosentino, Laércio, 102
Coutinho, Pedro, 11, 81
COVID-19, 16, 17, 76, 95, 149, 157, 170, 185, 186, 191, 193, 194, 195, 205
Crefisa, 89
customer acquisition cost (CAC), 87, 123,
Datasul, 103
decepção, 58, 59, 190
Delivery, 67, 128, 171, 172, 184, 194, 217, 221
Delloite, 204
Democratização, 58, 60, 61, 114, 183, 190, 193, 216
Depressão de 1929, 186, 187
Desmaterialização, 14, 16, 58, 59, 61, 188, 190, 191, 192, 216, 221, 228, 235

Desmonetização, 58, 59, 61, 190, 193, 216
Diamandis, Peter, 55, 58, 59
Digitalização, 55, 58, 59, 61, 118, 128, 140, 141, 174, 178, 190, 205, 212, 214, 215, 216, 217, 221, 224,
dilema da inovação, 52, 70
Diners Club 25, 26, 96; Diners, 25, 47
Direção, 105,
diretório de identificadores de contas transacionais (DICT), 180,
Discover, 96
disrupção, 9, 16, 58, 59, 63, 65, 66, 73, 92, 100, 190, 222
Documento de Ordem de Crédito (DOC), 66, 179, 189
Donato, Luiza Trajano, 140
Donato, Pelegrino José, 140
Dortas, Ricardo, 82
Dotz, 72
Dynamic Currency Conversion (DCC), 81,
eBay, 60, 110, 114, 123
Ebitda, 73
e-commerce, 27, 36, 50, 73, 80, 83, 95, 101, 114, 118, 119, 120, 121, 122, 123, 124, 125, 131, 133, 138, 140, 141, 170, 175, 176, 177, 209, 212, 213, 216, 219
ecossistema, 11, 57, 66, 78, 94, 95, 128, 129, 139, 142, 143, 161, 172, 179, 211, 212, 213, 215, 216, 217, 218
Elavon, 91
Elo, 79, 95, 96, 97, 106, 147
equipamentos de captura, 26, 84, 163, 167

Esquadrão Geek, 129, 130, 131
Estados Unidos (EUA), 9, 25, 30, 45, 47, 48, 55, 56, 73, 74, 75, 80, 82, 89, 91, 102, 103, 126, 132, 133, 140, 166, 186, 201, 223, 225, 234, 235
Estratégia do oceano azul, 99, 100, 235
Europay, 29, 166
Facebook, 55, 76, 107, 109, 110, 111, 120, 124, 170
Fernandes, Nércio, 104
Fidelity National Information Services (FIS), 101
fintech, 65, 103n, 185
First Data, 75, 88, 100, 154
Folha de São Paulo, 84
Ford, 52
France Télécom, 166
Frias, Luiz, 11, 83
Friedman, Milton, 32
Fuji, 55
Fundo de Investimento em Direito Creditório (FIDC), 115,
Fundo Garantidor de Créditos (FGC), 148,
gateway, 50, 78, 80, 86, 170
Geest, Yuri van, 60
geração X, 67, 199, 200
geração Y, 16, 67, 199, 200, 201, 202, 203, 204, 207
geração Z, 16, 67, 199, 202, 203, 204, 207
Getnet, 39, 71, 72, 79, 80, 88, 92, 93, 105
Global Payments, 74, 83, 90, 91, 92, 101,

Goldberg, Reuben Garrett Lucius, 50, 51
Goldfajn, Ilan, 161
Google, 56, 57, 65n, 67, 107, 108, 120, 124
Google Pay, 95, 109, 110, 171, 222, 225
Google Wallet, 21
Grã-Bretanha, 166,
Group Special Mobile (GSM), 56
Grupo Globo, 87
Harvard (universidade), 56n, 216
Harvard (Business Review), 52n, 54, 57n, 212n
Harvard (Business School), 56n, 118, 119n, 140n, 210n, 216n
Hardware Security Module (HSM), 49
Hax, Arnoldo, 69, 70,
Hema, 128, 220,
Hiper, 79, 96, 97
Hipercard, 96
Housel, Morgan, 186, 187
Howe, Neil, 199
HP, 90, 131
HSBC, 155
Hubsales, 142
Hyundai, 52
iFood, 171, 184, 217
iFood Pay, 67
InLoco Media, 142
inovação disruptiva, 52, 53, 54, 55, 57, 58, 61, 63, 85, 222
Insead, 99
Instagram, 55, 111, 170
Instituto Brasileiro de Geografia e Estatística (IBGE), 45

Instituto Gallup, 201
Integrated Point of Sale (iPOS), 75
Interbank Card Association, 25
Intime, 211
Ismail, Salim, 60
Itaú 26, 77, 96, 155, 160; Itaú Unibanco, 71, 72, 77, 78, 79, 96, 137, 140, 159, 160
Iti, 171
iTunes, 60
Javelin Research, 202
Kia, 52
Kim, W. Chan, 99
Klarna, 11
Klein, Michael, 138
Kodak, 55
Koum, Jan, 110
Krissler, Jan, 227
Leyen, Ursula von der, 227
Lianhua, 211
Linx, 75, 102, 104, 105, 106, 107, 112, 139, 218
LogBee, 142
Loggi, 184
Logocenter, 103
Luizacred, 140
Luiza Labs, 140
m-commerce, 122, 125,
Ma, Jack, 125, 215
Malone, Michael S., 60
Mannheim, Karl, 198
máquina de Goldberg, 50, 51
Mastercard, 24, 26, 27, 29, 36, 49, 72, 77, 83, 89, 95, 97, 110, 114, 136, 139, 147, 151, 166, 173, 195
Masterpass, 173

Mauborgne, Renée, 99
MaxiPaggo!, 78
Mercado Crédito, 114, 115
mercado de dois lados, 22, 23, 24, 197
Mercado Envios, 114, 115
Mercado Livre, 28, 82, 113, 114, 115, 116, 123, 132, 138, 140, 171, 172, 217, 218
Mercado Pago, 28, 67, 82, 106, 109, 110, 113, 114, 115, 116, 138, 217
Merchant e-Solutions, 73
México, 80, 102, 103, 135, 178
microempreendedores individuais (MEIs), 30, 36, 74, 80, 83, 85, 87, 172,
Microserv Comércio e Consultoria Ltda, 104
microsseguros, 189
Microsoft, 57, 124, 131
Microsoft Windows, 22
Midbyte, 103
Millennial, 16, 67, 120, 130, 141, 199, 200
modelo "Delta", 70
Moip, 28, 82
Moreno, Roland, 126, 165, 166, 218n
Movile, 184
National Bank Americard, 26
Navteq, 57,
Near Field Communication (NFC), 67, 167, 180, 191
Neon, 138
NetCredit, 86
Netflix, 54, 55, 65n
Nokia, 55, 56, 57
Nordeste (região), 45

Nubank, 111, 138
O'Connor, Daniel, 118, 119n, 210n
Oi Paggo, 73
Omie, 102
Omnichannel (estratégia), 122, 124, 125, 126, 127, 140, 141, 218, 219,
online merged with offline (OMO), 128, 212
open banking, 109, 161, 162
Paga Fácil, 85, 86
PagSeguro, 27, 28, 39, 74, 75, 80, 81, 82, 83, 84, 85, 87, 88, 89, 93, 112, 150, 151, 155, 172, 218,
Pão de Açúcar, 119, 171
Parker, Geoffrey, 123
PAX, 65, 84
payment rail, 48, 222
PayPal, 27, 82, 110,
Pessoa, Fernando, 117, 118
PicPay, 67, 106, 171
Pinduoduo, 212
PIX, 10, 66, 96, 97, 161, 162, 179, 181, 190, 214, 215, 218, 222, 223, 224, 225, 233
Plano Real, 26, 135, 201
platinização, 38, 158
Premmia, 72
private label, 25, 97, 137
Quadrant, 105
quarta revolução industrial, 58, 133, 203; Revolução dos Dados, 203
QR Code, 66, 67, 94, 106, 139, 161, 162, 164, 168, 169, 172, 173, 178, 179, 180, 190, 191, 192, 194, 196, 214, 220, 222
Rappi, 106, 129, 171, 217

Rappi Pay, 67
Recarga Pay, 171
Recife, 96
"reco-reco", 48
Redecard 9, 26, 29, 31, 37, 39, 71, 82, 83, 88, 89, 103, 150, 151; Rede, 26, 27, 29, 31, 39, 71, 72, 77, 78, 79, 89, 93, 96, 105, 106, 116, 154, 155, 158, 159, 160,
Reino Unido, 45, 101, 178
RM Sistemas, 103
Rochet, Jean-Charles, 22
Safra, 92, 155
Salt Pay, 11
Samsung Pay, 21, 109, 110, 171, 222, 225
Santander, 39, 71, 72, 79, 95
São Paulo (cidade), 87, 104, 119, 137, 140, 221
São Paulo (estado), 45,
Sapore, 221
Sasson, Steven, 55
Schumpeter, Joseph, 163
Segunda Guerra Mundial, 199
seguro por demanda, 189
ShopTime, 139
Sicredi, 89, 111, 162
SIM Card, 49
Sipag, 89
sistema antifraude, 80,
Sistema Brasileiro de Defesa da Concorrência (SBDC), 151,
Sistema de Controle de Garantias (SCG), 155
Sistema de Pagamentos Brasileiro (SPB), 10, 74, 145, 148

Sistema de Pagamentos Instantâneos (SPI) 162, 180, 222
Smiles, 72
Sony, 22, 131
Starbucks, 131
Stelo, 75
Stone, 11, 12, 39, 73, 75, 81, 83, 85, 86, 87, 88, 91, 93, 106, 107, 112, 116, 139, 155, 157, 218
Stone HUBs, 87
Stoq, 142
Strauss, William, 199
Street, André, 12, 85, 86
Submarino, 129, 139
subprime, 40
Sudeste (região), 45, 46
SumUp, 74
Suning, 211, 213
Supplier, 104
Tag, 157
Taleb, Nassim Nicholas, 193, 194
Tauber, Hanus, 26
Techfin, 103, 106, 107n
Telegram, 170
Teles, Fernando, 94, 95
Tencent, 67, 107, 124, 128, 172, 211, 212, 213, 214, 215
Terminalização, 65
Termo de Compromisso de Cessação de Prática (TCC), 151, 152
Tesla, 126
Tesouro Nacional, 148
The Wall Street Journal, 186
The Weather Channel, 133, 134
Tirole, Jean, 22
token, 66n, 95n, 164, 171, 174, 175, 192, 221, 226
tokenização, 66, 95, 192, 193, 222
TOTVS, 75, 102, 103, 104, 105, 106, 107, 112, 218
TOTVS Labs, 103
Toyota, 52, 168
Trajano, Frederico, 140, 141, 216
Transferência Eletrônica Disponível (TED), 10, 66, 179, 189
Transferência Eletrônica de Fundos (TEF), 49, 80, 105
Tribanco, 155
Turquia, 135
Uber, 57, 58, 60, 65n, 171,
Uber Eats, 171
uberização, 58
Unibanco, 26, 77, 96, 137, 140
Unilogic Media, 142
UOL, 27, 39, 74, 81, 82, 83, 84, 93, 132, 150
Verifone, 90
Via Varejo, 138, 139, 140, 142, 172, 217
Visa, 24, 26, 27, 29, 36, 72, 83, 89, 94, 95, 96, 110, 115, 136, 147, 150, 151, 166, 173, 225, 226
Visa Checkout, 173
Visa Complete, 95
Visa Electron, 96
Visanet, 9, 26, 29, 31, 39, 71, 86, 89, 151
Xerox, 52, 53
Walmart (rede), 96, 97, 212
Waze, 57
WeChat, 67, 109, 172, 211, 212
WeChat Pay, 109, 211

wearables, 95, 168, 171
Worldpay, 101
Whatsapp, 76, 109, 110, 111, 112, 170
WhatsApp Pay, 109, 110, 111
Wirecard, 28
Yonghui, 212

Zaitt, 220, 221
Zoop, 183, 184, 185
Zurich, 139

Créditos das imagens

Capa, imagem de fundo: Shutterstock, vetor stock 1112652284, binary circuit board future technology, blue ciber security, concept background, abstract hi speed digital internet.motion move blur.eye pixel vector, por Titima Ongkantong.

Moeda da capa e da "Nota sobre a escolha de Janus": Moeda romana © claudiodivizia/iStock by Getty Images.

Figura 9: Rube Goldberg Machine, por Jeffrey Coolidge, Getty Imagens, imagem 108007040.

Figura 13: Ecossistema Magalu, de propriedade de Magazine Luiza S/A.

Todos os gráficos e tabelas constantes no livro, bem como as imagens 1, 8, 11 e 12, foram compostos pelos autores, Luis Filipe Cavalcanti e Edson Luiz dos Santos, e tiveram acabamento de imagem de Rogério Salgado/Spress em sua arte final.

Foto dos autores: Glória Flügel.

Colofão: Bico de pena de Monteiro Lobato, por Fátima Lódo.

UM PAÍS SE FAZ COM
HOMENS E LIVROS.
Monteiro Lobato

Esta obra foi composta pela Spress em Minion (texto) Swiss 721 (título) e impressa em papel pólen soft 80g/m² no miolo e cartão supremo 250g/m² na capa pela Eskenazi para a Linotipo Digital Editora e Livraria Ltda, no verão de 2024.